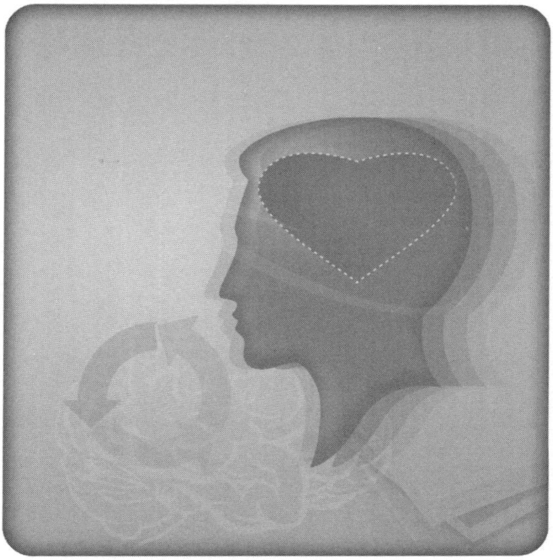

마음, 뇌 그리고 학습

James P. Byrnes 저 김종백 · 신종호 공역

학지사

Minds, Brains, and Learning: Understanding the Psychological and Educational Relevance of Neuroscientific Research
by James P. Byrnes

역자 서문

교육상황에서 일어나는 가르치는 사람과 배우는 사람 간의 상호작용을 이해하기 위해서 그들의 마음을 이해하는 것은 매우 중요한 일이다. 인간의 마음을 이해하기 위해 최근에 많은 교육학자들이 뇌연구의 결과에 관심을 보이기 시작했다. 인간의 마음을 이해하기 위한 단위가 개별 인간의 뇌여야 하는가 하는 논제는 물론 중요하다. 그에 못지않게 인간이 상황을 어떻게 해석하고 정보를 처리하는지에 대한 과정을 파악하는 것 또한 중요하다. 뇌에 대한 연구는 핵심적 단서를 제공한다.

저자가 서문에서 밝혔듯이 역자도 비슷한 동기로 이 번역을 시작하게 되었다. 국내 및 외국에서 뇌에 대한 연구가 매우 활발하게 진행되고 있는데 그 연구의 성과들을 학습하고 교육심리학을 비롯한 여타 다른 영역의 발전에 어떻게 기여할 수 있는지에 대한 비판적 탐색을 하고자 하였다. 여러 뇌 관련 서적들 중에서 특히 이 책을 번역하기로 선택한 이유는 저자가 교육학자로서 뇌연구, 심리학적 과정, 여러 교육내용 영역을 통합적으로 연계하여 보고자 하는 노력을 기울였다는 점이었다. 그리고 저자가 뇌연구에 대해 맹목적 신뢰가 아니라 현재 진행되고 있는 연구의 흐름과 그 성과에 대해 객관적인 시각을 가지려고 노력하고 있다는 점이었다.

번역하는 데 있어서 영역과 용어 등에 대한 생소함으로 여러 차례 어려움을 겪었으나 많은 사람의 도움으로 이 책의 번역을 마칠 수 있었다. 가장 먼저 공역자로서 후반기 작업을 깔끔하게 마무리 짓도록 물심양면으로 도움을 제공해 준 서울대학교의 신종호 교수님께 감사를 드리고 그동안 이 번역서가 나오도록 도움을 준 여러 동료들과 제자들 그리고 인내심을 가지고 책이 나오도록 도움을 준 학지사에 감사의 마음을 전달하고 싶다. 뇌 관련 공부모임을 하면서 여러 가지 모양으로 학문적 자극을 주었던 강인구, 김동민, 김정섭, 도승이 교수님에게 감사드리고 한국교원대학교 재직시절 지도교수도 아닌데 일주일에 한 번씩 연구실에 나와 더운 여름날을 이겨 가며 함께 공부에 참여해서 이 책이 나오도록 도움을 주었던 제자들 조성현, 우은실, 정미수, 채은주, 나인경 선생에게 늦었지만 감사를 드린다.

역자 대표
김종백

저자 서문

이 책은 1994년 가을 내 자신이 직면했던 도전으로부터 시작되었다. 그 당시 나는 뇌연구로부터 얻을 것이 없다는 입장을 강하게 지지하고 있었다. 나는 결국 생물학자가 아니라 심리학자였던 것이다. 그러면서 다년간 이루어진 과학적 업적에 대해 혹시 내가 마음의 문을 닫고 있는 것이 아닌가 하는 걱정이 들었다. 게다가 주위의 가장 친하며 존경하는 동료 연구자들이 뇌연구를 열성적으로 받아들이고 있었다. 그래서 내가 아주 중요한 것을 놓치고 있는 것은 아닌지 확인한다는 생각에서, 대학원에서 뇌연구 강의를 개설하기로 결정했다. 내 목표는 문헌들을 정확히 이해할 수 있을 정도로 친숙해지는 것이었다. 그런데 결국에 가서는 놀랍게도, 교육과 심리학의 여러 영역에서 뇌연구가 특정 관점에서 매우 유익할 수 있다는 확신을 가지게 되었다. 나는 Nathan Fox 교수와 함께 논문을 저술하는 과정에서 배우고 생각한 것들을 정리하고 요약했다(Byrnes & Fox, 1998). 이 책이 나오게 된 것은 Guilford 출판사에 있는 Chris Jennison이 그 논문과 내 생각들을 읽고 내용을 확충한다면 훌륭한 책이 될 수 있을 것이라고 생각한 데서 비롯되었다.

이 책이 의도하는 독자는 세 부류다. 첫째, 뇌연구에 대해 회의를 가지고 있거나 호기심을 가지고 있는 심리학자다. 둘째, 교사를 위한 책이나 발달 관련 전문세미나에서 쏟아지는 뇌 관련 정보로 혼란스러운 교사 혹은 교육관련 종사자다. 셋째, 뇌에 관해 알고 싶지만 신경과학 문헌의 방대함과 난해함으로 두려움을 가지고 있는 사람들이다. 희망컨대, 심리학 분야의 내 동료들이 이 책을 읽고 뇌연구에 대해 갖고 있는 회의를 풀 수 있게 되기를 기대한다. 더 나아가서, 나는 교육자들이 아무 근거 없는 탐색과 가능성 있는 뇌연구 적용의 차이를 이 책을 통해서 구분해내길 기대한다. 마지막으로 나는 단순히 뇌에 대해 흥미로워하는 사람들이 이 책을 통해 많은 것을 알게 되고 동기를 불어 넣어 뇌에 대한 연구에 지속적인 관심을 가지게 되기를 희망한다.

나는 이 지면을 빌려 많은 사람들에게 감사를 표하고 싶다. 우선 1994년도에 대학원 수업에 참여했던 대학원생들로, Donnetta Cochran, Vic Emerson, Mary Ann Krehbiel, Cedric Lynch, Mary Jo Primosch, Todd Riniolo, Susan robertson, Mark Stout, Carolyn Veiga, 그리고 Maryanne Reynolds 에게 감사한다. 여러모로 그들의 열정과 생각들은 뇌연구로부터 학습을 보는 지혜를 이해하도록 도왔다. 두 번째로 감사해야 할 그룹은 내가 Fox 교수와 함께 저술한 논문(Byrnes & Fox, 1998)을 읽어 주었던 내 동료들인데, Lou Schmidt, todd riniolo, Mike Pressley, Keith Stanovich, Ginger Berninger, David Corina, Dave Bjorklund, Rhonda Douglas Brown, David Geary, Rich Mayer, Michael O' Boyle, Harwant Gill, Dale Schunk, Merlin Wittrock, Steve Benton, Michael S. Meloth는 좋은

지적을 많이 해 주어서 나의 원래 학문적 입장을 수정하는 데 도움을 주었다. 그러나 여기서 내가 견지하는 입장은 고유의 개인적 입장이라는 점을 밝혀 둔다. 다음은 Nathan Fox 교수에게 감사하고 싶다. 그는 원 논문을 함께 저술했던 동료로 그의 실험실에서 그의 동료들과 함께 일할 수 있도록 도와주었고 나에게 전문적인 의견으로 이 책을 저술하는 데 도움을 주었다. 또 Guilford 출판사에 있는 Chris Jennison에게 감사하고자 한다. 그가 처음 책을 저술하도록 권유했고 책이 저술되는 전체과정 동안 도움을 준 사람이다. 마지막으로 이 책을 쓰는 동안 내 아내 Barbara Wasik과 내 아이들 Julia와 Tommy가 보여 준 사랑과 인내에 감사한다.

저자

James P. Byrnes

차 례

제1장 서 론

제2장 뇌 발달

제3장 기 억

제4장 주 의

제5장 정 서

제6장 읽 기

제7장 수학기술

제8장 결 론

제1장

서 론

오랜 세기 동안 다양한 학문 분야의 학자들은 사고와 학습의 신경학적 기초에 관심을 가졌다. 르네상스 기간 René Descartes와 같은 철학자는 어떤 물질(두뇌)이 비물질(정신)을 만들어 내고 그에 연결되는지 궁금해했다.

시간이 흐르면서 의사들과 심리학자들은 뇌손상을 입은 사람들에게 나타나는 (호기심을 유발하는) 결손현상에 대해 흥미를 갖게 되었다(Posner & Raichle, 1994). 1800년대 후반 심리학의 등장과 함께 뇌와 마음 사이의 관계에 관한 새롭고 다양한 질문들이 생겨났다. 비록 사실은 아니지만 뇌 기능은 심리학자의 관심사가 될 수 없다는 일반적인 인식 때문에 당시에는 비교적 적은 수의 심리학자들이 이 관계에 대해 탐구했다. 뇌연구가 심리학과 관련이 없다는 인식이 여전히 심리학 분야에 널리 퍼져 있지만 최근 점점 더 많은 수의 심리학자들이 그들의 생각을 바꾸기 시작했다(Byrnes & Fox, 1998). 예를 들어, 1980년대에는 인지에 대한 소수의 논문이 신경과학적 색채를

띠었음에 반하여 1990년대에 발간된 많은 수의 인지 논문은 인지와 학습의 신경학적 기초에 초점을 맞추고 있다.

무엇이 관점의 변화를 일으켰을까? 이와 관련하여 몇몇 역사적인 경향을 확인할 수 있다. 첫 번째 촉진요인은 1980년대 후반 인지과학 분야의 등장이다. 시작부터 인지과학은 지능연구에 관심을 가진 많은 분야의 학자들의 협력을 필요로 했다. 이 협동연구에서 인지심리학과 신경과학이 협력하여 중요한 역할을 했다(Posner & Raichle, 1994). 두 번째 촉진요인은 인지에 연결주의적인 접근이 이루어진 것이다. 연결주의의 중요 전제는 인지의 이론적 모형은 뇌 기능에 대한 현재 지식에 기초해야 한다는 것이다(Rumelhart, 1989). 세 번째 촉진요인은 개인의 인지적 · 정서적 연구과정에 유용한 뇌활동 감지를 제공하는 뇌영상 촬영기술의 발달이다. 그 예로 '양전자 방출 단층촬영기법(PET)' 과 '기능 자기공명 영상법(fMRI)' 이 있다(Posner & Raichle, 1994). 네 번째 촉진요인은 1990년대를 '뇌의 시기' 라고 명명한 의회에서 만들어진 결의안(resolutions)에 대한 논쟁이었다(Wolfe & Brandt, 1998). 이 결의안은 연방기구(federal agencies)들로 하여금 신경과학적 연구에 더 많이 투자하도록 하는 계기가 되었다.

종합적으로 이 네 경향은 신경과학 연구가 학습과 인지에 관한 중요한 질문에 대답을 제공할 수 있다는 것을 더 많은 사람들이 수용하도록 하는(보편적이지는 않지만) 분위기를 만들었다. 나는 여기에서 '제공할 수 있다' 는 표현을 강조하고 싶다. 대부분의 학자들은 사용 가능한 신경과학적 증거가 자극을 주고 흥미롭다는 것을 인정하지만 결론을 내리기에는 아직 부족하다고 말한다. 하지만 유감스럽게도 이 사실이 작가와 언론인들이 발견된 신경과학적 증거들을 잘못 이해하고 과대평가하는 것을 막지는 못했다(Bruner, 1997; Byrnes & Fox, 1995). 이 책을 통해 내가 달성하고자 하는 목표 중 하나는 독자들이 신경과학적인 증거에 의해 현재 지지될 수 있는 여러 종류의 결론과 지지될 수 없는 결론을 구별하도록 하는 것이다. 각 장에서 '발견된 증거가 믿을 수 있고 유효한가?' '발견 결과가 여러 학문 분야에서 일관성을 유지하는가?' 와 같은 질문을 통해 특정 연구의 결과를 비판적으로 분석할 것이다. 이런 질문을 반복적으로 제기함으로써 독자는 최근 출판되고 있는 인기 있는 출판물의 근거 없는 추론들을 어떻게 구별하는지 그 방법을 알게 될 것이다. 제8장에서는 이 책에서 정보로 사용되는 결론을 설명하고, 그 결론에 대한 특수한 예를 비평할 것이다.

이 장의 목표는 앞으로 전개될 장들에 대한 해석적 배경을 제공하는 것이다. 다음 부분에서는 심리학적 질문에 대한 적절하지 못한 신경과학적 증거에 관해서 최근 진행된 논쟁을 고찰할 것이다. 그리고 중요한 뇌 구조와 영역에 대한 전문용어를 포함하여 중요한 신경과학적 용어를 정의하고 설명할 것이다. 마지막에는 신경과학자들에 의해 사용된 특별한 방법론을 설명하고 비평할 것이다. 처음 세 절에 나온 내용을 이미 알고 있는 독자는 마지막 절을 읽어도 된다.

1. 뇌연구의 관련성에 대한 찬반 논쟁

비록 많은 심리학자와 교육자들이 최근 성장하고 있는 뇌연구에 대해 긍정적인 태도를 보이지만, 이 분야의 많은 학자들이 여전히 학생을 가르치는 것이나 자신의 연구에서 뇌연구가 차지하는 부분에 많은 가치를 부여하지 않는다. 예를 들어, 심리학 또는 인간 발달 과정을 전공하는 학생이 심리적인 현상의 생리적 기초에 대한 강좌를 들어야 할 필요성에 대해서 찬성하는 모습은 찾아보기 힘들다. 이런 분야의 강의를 들어야 한다는 것에 반대하는 심리학자와 교육자들은 뇌에 대해서 잘 알지 못하더라도 지장이 없다고 주장한다. 뇌연구에 친숙하지 않은 교수들은 자신의 개인적인 경험에 더하여 자신의 주장을 지지하기 위해 저명한 사람이 저술한 영향력 있는 논문에 의지한다. 신경과학적인 증거를 살펴보기 전에 먼저 심리학과 뇌연구의 관련성에 반대하는 입장의 장점을 고려해야 할 것이다.

1) 논쟁 1: 컴퓨터 유추

지금까지 다양한 형태의 컴퓨터 유추가 출현했다. 기본 전제는 인간의 뇌는 컴퓨터의 하드웨어와 유사하고, 반대로 인간의 마음은 컴퓨터의 소프트웨어와 유사하다는 것이다. 이와 관련하여 Neisser(1967: 6)는 다음과 같이 설명하고 있다.

> 인간의 인지를 이해하고자 하는 심리학자들의 과제는 어떻게 컴퓨터가 프로그램화되었는가를 알려고 시도하는 사람과 유사하다. 특히, 그 프로그램이 정보의 저장과 재사용에 관련되었다면 어떤 방법과 절차에 의해 그것이 수행되는지 알려고 할 것이다. 주어진 목표를 달성하기 위해 그들은 자신의 컴퓨터가 마그네틱 코드나 얇은 필름으로 정보를 저장하는가에 대해서 별 관심을 두지 않을 것이다. 하드웨어가 아니라 그 프로그램을 이해하기를 원하고, 컴퓨터의 겉모습이 아니라 그것을 이용할 수 있는 방법을 알기를 원할 것이다.

유사하게 Marr(1982)는 심리적 과정에 계산적 수준(computational level)과 알고리즘적 수준(algorithmic level, 연산적 수준) 그리고 실행 수준(implementation level)의 세 가지 수준이 있다고 주장했다. 계산적 수준은 어떤 시스템이나 개인에 의해 수행될 수 있는 기본적인 과제를 기술한다(예: 곡선 아래 면적 찾기). 알고리즘적 수준은 과제를 수행할 때 개인이 취하는 단계들에 대한 설명이다(예: 미적분을 사용하거나 자를 이용해서 면적 측정하기). 실행수준은 연산이 어떤 물리적 시스템에서 수행에 사용되는 기제를 설명한다(예: 두뇌 또는 컴퓨터). Marr는 연구자들이 계산적 수준 또는 알고리즘적 수준에서 어떤 인지과정(예: 시각)을 컴퓨터로 모사하는 연구를 수행하고자 할 때 실행 문제를 잠시 보류할 수 있다고 주장한다. 다시 말하면, 연구자들은 과제가 무엇이고 어떤 알고리즘을 그 과제의 해결을 위해 사용할 것인가 고려할 때 그 프로그램을 매킨토시나 IBM 컴퓨터에 작동시킬 것인지에 대해서 걱정할 필요가 없다는 것이다. 많은 학자들은 심리학자들이 정신적인 사건(mental events)에 관한 이론을 구성할 때 계산적 수준이나 알고리즘적 수준에서 대개 작업한다는 것을 주장하기 위해 Marr의 설명을 인용해 왔다. 이와 같이 그들은 실행수준에 대해서는 관심을 두지 않았다(예: 어떻게 두뇌는 인지과정을 수행해 내는가?).

컴퓨터 유추는 '마음에 대한 계산이론(computational theory of mind)' (Block, 1990; Pylyshyn, 1989)으로 알려진 상위 패러다임의 일부분이다. 계산이론의 기본 주장은 마음은 뇌 프로그램이고, 마음의 기제는 컴퓨터에 나타나는 표상에 관한 계산법과 같은 종류의 계산법을 포함한다(Block, 1990: 247)는 것이다. 이 절에서는 이 주장에 대해 세세하게 짚고 넘어가는 것보다는 독자들이 다음을 인식하는 것이 더 중요하다.

> 마음에 대한 컴퓨터 모형은 완전히 무생물적이다. 인간은 유용하고 흥미 있는 생물학적 설명수준을 가진 존재이지만, 마음을 설명하는 것을 목표로 하는 컴퓨터 모형은 인지구조의 생물학적 실현과 거리가 먼 추상적인 설명을 목표로 한다. 물론 컴퓨터 모형이 생물학적 접근과 더불어 공존할 수 없다고 말하는 것은 아니다. 생물학적 접근과 컴퓨터 접근의 협력은 뇌 프로그램을 발견하는 데 중요하다. 그럼에도 불구하고 마음에 대한 컴퓨터 모형은 다음의 관점에서 반생물학적인 경향을 만들어 왔다. 만약 컴퓨터 모형이 옳다면 우리는 우리 이미지에서 지적인 시스템을 만들 수 있을 것이다. 마음에 대한 컴퓨터 모형이 옳은지 아닌지는 여전히 실험적 문제로 남겨졌다. 그것이 옳지 않은 경우에만 마음의 과학인 심리학은 생물학이라고 말할 수 있을 것이다 (Block, 1990: 261).

그렇다면 결과적으로 심리학자와 교육자들은 마음에 대한 연구가 신경과학적 질문과 관계가 없다는 그들의 주장을 방어하기 위해 여전히 우세한 컴퓨터 이론에 쉽게 의존할 수도 있다. 예를 들어, 어떤 교육자는 이렇게 말할 수 있다. "나는 수학 문제를 해결하기 위해 어린이가 사용할 전략에만 관심이 있습니다(예: 알고리즘적 수준). 나는 이 전략을 구상하고 수행하기 위해서 뇌와 관련된 생물학적 기제에는 관심이 없습니다(예: 실행수준). 후자를 아는 것이 어떻게 내가 더 훌륭한 교사가 되도록 만들 수 있습니까?"

이러한 질문은 분명히 좋은 질문이며 설득력 있는 견해에 근거하고 있다. 이 주장의 결함을 찾는 핵심 열쇠는 '마음에 대한 컴퓨터 유추' 를 적용하는 것이 오해를 불러일으키거나 잘못되었다고 지적하는 것이다. Rumelhart(1989: 134)는 오해를 불러일으킬 수 있다는 입장을 수용하고 Marr의 세 수준의 설명에 대해 다음과 같이 부연한다.

> Marr의 세 수준 설명은 근본적으로 같기 때문에 컴퓨터에서는 셋 다 사실이다. 우리는 컴퓨터를 진공관 혹은 트랜지스터로 만들거나 IBM 혹은 애플컴퓨터 어느 것을 사용하건 간에 전체적으로 동일한 일반적인 디자인을 사용한다. 그러나 다른 구조(예: 뇌)를 볼 때는 구조로부터 큰 차이가 만들어진다. 기계에서 가장 쉽게 수행될 수 있는 일련의 규칙이 어떻게 형성되는가를 질문하면서 시작하는 것이 바람직하다. 기계의 구조가 바로 프로그램의 중요한 본질을 결정한다. 그러므로 뇌의 구조에 대해서 우리가 무엇을 아는가와 어떻게 뇌가 생물학적 지능과 인간 정신생활의 기저를 이루는 일련의 규칙을 형성하는가에 대해서 아는가를 질문하면서 시작하는 것이 바람직한 것이다.

Rumelhart의 논쟁을 확장시키기 위해 다음을 생각해 보자. 비행전문가가 비행에 대해 이론적 설명을 하고 있을 때 날고 있는 물체를 무시할 수 있을까?(Iran-Nejad, Hidi, & Wrttrock, 1992) 조금만 생각해 본다면 답은 '아니다' 라는 것을 알 수 있다. 어떻게 새가 날 수 있는가를 설명하는 것은 어떻게 비행기가 비행할 수 있느냐를 설명하는 것과 중요한 관점에서 차이가 난다. 비슷하게 물리학자가 자석의 기능에 대해 설명할 때 자석의 특별한 분자구조를 무시할 수 있을까? 그 대답 역시 '아니다' 이다. 어떤 물체는 그것을 통해 전기가 흐를 때만 자석의 성질을 띨 수 있고, 어떤 물체는 영원히 자석의 성질을 띨 수 있으며, 또 어떤 물체는 잠시 동안 자석의 성질을 띨 수 있다.

그러므로 비행하는 물체 또는 자석의 성질을 가진 금속은 분명히 중요하다. 만약 우리가 관련된 물체에 대해 생각하지 못한다면 결코 비행이나 자기학 이론이 유용하거나 정확한 이론으로 발전될 수 없을 것이다. 똑같은 방식으로 만약 심리학이 물리학과 화학에 견줄 만한 과학이라면 뇌나 컴퓨터가 일련의 과정을 어떻게 수행하는지에 대해서 아는 것이 심리학 연구자에게는 중요할 것이다.

Searle(1992)은 컴퓨터 유추가 오해를 일으킬 뿐만 아니라 옳지도 일관되지도 않다고 주장한다. 위에서 언급한 대로 이 유추의 기본 가정은 특별한 일련의 규칙이 잠재적으로 무한한 수의 물리적 기제를 수행할 수 있다는 것이다. 예를 들어, 일(하나)을 더하는 것은 손가락으로도, 계산기로도, 주판으로도, 혹은 다른 방법으로도 할 수 있다. 그는 여러 가지 물리적 매체에서 계산적으로 동등한 과정을 통한 다양한 실현은 그 과정들이 추상적이지도 않고 결코 시스템에 내재하는 특성도 아니라고 주장한다. 그것들은 외부로부터의 해석에 의존한다(Searle, 1992: 209). 다시 말하면, 사람들은 계산기와 같이 입력과 산출에 의미를 부여한다. 단순히 수뿐만 아니라 단어 혹은 다른 것들에 대해서도 동일한 트랜지스터 상태와 키 누름을 하도록 만들 수 있기 때문에 숫자와 수학적 조작은 계산기에 본질적인 것은 아니다.

만약 뇌가 다른 사람들이 그렇게 생각하듯이 인지를 일으킨다면 인지는 컴퓨터에서 존재하지 않는 다른 면에서 뇌의 기본적인 특성이 된다. 이와 마찬가지로 인지는 물체의 분자구조(예: H_2O는 물을 나타낸다)나 일반적인 사물의 형태 또는 색(예: 오렌지의 둥근 형태)과 같은 실세계의 특성과 같다. 반면에 계산은 예를 들어 '소풍가기에 좋은 날'과 같은 속성으로(Searle, 1992) 관찰자가 세상에 대한 속성을 부여할 것을 요구한다. 관찰자를 제거한다면 그러한 특성은 존재하지 않을 것이다.

2) 논쟁 2: 설명적인 용어 기술

과학 이론들은 '현상을 의미 있는 작은 부분으로 나누어 설명한다. (carve nature at it' s joints)' (Pylyshyn, 1984; Kosslyn & Koening, 1992). 각각의 개별 과학은 다른 수준에서 다른 유형의 현상들을 설명한다. 예를 들어, 물리학자, 생물학자, 심리학자가 함께 야구경기를 관전하고 있는 상황을 상상해 보자. 한 이닝 동안 투수는 커브볼을 던지고 타자를 스트라이크 아웃시킨다. 만약 어떤 사람이 "왜 그는 커브볼을 던졌는가?" 라고 묻는다면, 심리학자는 지식과 욕구와 같은 주된 심리학적인 이론들을 사용하여 그 질문에 만족스러운 대답을 제공할 것이다(예: "그는 타자를 스트라이크 아웃 하는 것을 원했고 그 타자가 커브볼을 치는 데 능숙하지 않았던 것을 알고 있었다."). 대조적으로 물리학자와 생물학자는 물리학 또는 생물학으로부터 모든 가능한 이론을 사용하여도 앞에 제기된 질문에 대해 만족스러운 대답을 제공할 수는 없을 것이다. 예를 들어, 물리학자는 "경기에 발생하는 기류들은 공의 커브의 원인이다." 와 같이 말하고, 생물학자는 "신경의 충동이 그의 팔 아래로 움직여 갔으며 그의 오른팔 근육에 수축이 발생하였다." 와 같이 말할 것이다. 이러한 대답들은 왜 공이 커브되는지와 어떻게 인간의 신체가 커브볼을 만들기 위하여 움직이는지를 알려 주지만, 위에서 제기된 질문에 보다 정확한 답은 제공하지 못한다. 어떤 면에서 그것은 오직 심리학자가 답할 수 있도록 의도된 질문이다.

이와 같이 생물학적(또는 유사생물학적) 어휘를 가지고 심리학적인 질문에 답하려고 노력하였던 어떤 사람도 끝내 부적당한 대답을 제공할 것이다(Pylyshyn, 1984; Putnam, 1973).

이러한 설명이 이치에 맞는 것처럼 보일지라도 어떤 사람들은 심리학적 질문에 신경학적 답을 제공하기 위해 노력할 것이라는 사실에 주목할 필요가 있다. 신경과학은 "왜 그가 커브볼을 던졌는가?"와 같은 질문에 답을 제공하지 않는다. 이는 오히려 심리학적인 답을 요구하는 질문이다. 그렇지만 공간적이고 언어적인 두가지 작동기억 시스템에 관한 Baddeley(1999)의 주장에 관하여 알고 난 후에 신경과학자는 내게 "이 두 가지 유형의 기억과 일치하는 뇌의 영역이 있다는 것이 진실일까?"라고 물을 수 있다. 마찬가지로 영재아들이 비영재아보다 더 능숙하게 수학 문제를 해결한다는 것을 알고 난 후에 신경과학자는 수학적 지식이 영재아와 비영재아의 뇌에 다르게 표상될지 아닐지 궁금해할 수 있다. 이처럼 신경과학적인 질문은 어떤 기능을 수행하기 위한 뇌의 능력에 관한 것을 넘어 확장되고 있다. 이는 신경과학이 오로지 '어떻게'를 답으로 요구하는 질문에만 관련된다는 생각이 오해의 소지가 있다는 것을 보여 준다.

더 나아가 설명적인 용어 기술에 대해 환원주의(신경과학적인 질문의 유용성을 반대하는)에 반대했던 주장이 처음부터 제안되었다는 것을 주목할 필요가 있다. 환원주의 철학자들은 심리학, 사회학과 같은 이른바 상위 단계 과학의 법 규칙이 생물학, 화학, 물리학과 같은 보다 낮은 단계의 과학을 약하게 할 수 있다는 것을 주장한다(Putnam, 1973). 또한 환원주의자들은 우리가 심리학적인 용어를 사용하는 유일한 이유는 우리들이 생물학을 완전히 이해하지 않았기 때문이라고 주장한다. 이에 반해 반환원주의자들은 심리학적으로 설명된 용어들이 꼭 필요하다는 것을 보여 줌으로써 심리학이 생물학에 환원되지 않는다는 것을 증명한다.

여기서 심리학 이론을 위해 신경과학 연구의 함의들에 흥미를 가지는 것과 더욱더 정밀한 생물학 어휘를 가지고 애매한 심리학적 용어를 대체하기를 원하는 것 사이에 중요한 차이가 있다는 것을 주목해야 한다. 후자의 접근이 환원주의적인 반면, 전자의 접근은 관심의 초점이 그들의 분리와 통합을 유지하려는 두 과학 사이의 접점(interface)이기 때문이며 이는 환원주의가 아니다. 앞으로 분명하게 드러나겠지만, 나는 이 책에서 접점 접근법을 적용한다. 게다가 본질적으로 뇌에 대한 흥미가 환원주의를 필연적으로 요구한다는 주장에는 그 어떤 근거도 없다.

3) 논쟁 3: 뇌에 대하여 거의 알려져 있지 않다

몇몇 학자들은 자료가 여전히 다소 가설적이고 기초적이기 때문에 신경과학적 연구가 현재에 매우 유익하지 않다고 주장한다. 만약 이 주장이 사실이라면 심리학자들은 두 가지 선택을 할 수 있다. 즉, 인지 모형을 구성하기 전에 유입될 더 많은 신경과학적 정보를 기다리거나, 그들 모델의 생물학상의 계열성을 고려하지 않고 추측하여 앞서 나가는 것이다. 몇몇 저명한 연구자들은 후자의 방식대로 연구하는 것이 더 좋은 방법이라고 주장하였다(Neisser, 1967; Simon, 1996). 이런 연구자들의 대부분이 마음의 계산이론을 지지하는 것은 놀랍지 않다. 비록 이 '홀로 앞서는' 접근법이 합리적이고 더 분석적으로 보이지만, 그것은 다소 비현실적일 것이고 많은 실수를 유도할 수 있다고 여겨진다. 이를 더 분석하기 위해 다음 예를 생각해 보자. 젊은 커플이 그들만의 집을 디자인하기 위하여 건축가에게 2,000달러를 지불하였으나, 가능한 해결책들의 중요한 제한조건들(예: 집이 2,800평방 피트보다 작아야 하고, 건물은 지진에 견딜 만큼 충분히 강해야 한다)에 대하여 건축가에게 말하는 것을 잊었음을 알게 되었다. 실제로 좋은 건축가는 디자인을 하기 전에 그런 제한조건들에 대하여 아마도 문의할 것이다. 그러나 이 경우 디자이너가 그렇게 하지 않았다고 가정하자. 이러한 상황에서 우리들은 제한조건들에 대한 정보가 없는 건축가 모두가 부부를 위해 잘못된 건물을 설계할 수 있다는 것을 알 수 있다. 만약 그 부부가 각 디자인을 위하여 2,000달러씩 지불했다면, 그들의 돈(그리고 건축가의 시간)은 각기 잘못된 해결책으로 낭비될 것이다.

심리학자의 경우에는 인지의 정밀한 모형을 디자인하는 문제에 대한 가능한 해결책과 관련된 몇 가지 매우 실제적인 생물학적 제한조건들이 존재한다(Sejnowski & Churchland, 1989). 그런데도 그러한 제한조건들을 무시한 이론가들은 많은 실수를 범하고 그들의 시간을 낭비할 수 있다. 그러나 이것이 뇌에 대하여 더 많은 지식을 알게 될 때까지 기다리고 아무것도 하지 말아야 한다는 것을 의미하는가? 조금 생각하면 그렇지 않다는 것을 알 수 있다. 적어도 인지 연구자들은 뇌의 구체적인 영역에서 수행될지 모르는 기본 조작들의 종류를 결정하기 위하여 연구를 수행해야만 한다(Posner & Raichle, 1994; Stanovich, 1998). 인지 연구자들에 의해 제안된 모델에 의해 기본 조작들과 일치하는 영역이 발견된다면 그들의 모델은 지지를 얻을 것이다. 사실상 인지 연구자들은 확실한 신경과학적 연구와 잠재적으로 가능한 것을 위해 '로드맵'을 제공한다(Byrnes & Fox, 1998).

덧붙여 신경과학의 관점을 가진 연구들은 인지 연구자들에 의해 예기치 않은 뜻밖의 발견을 하는 결과를 나타낼 수 있다(Byrnes & Fox, 1998). 예를 들면, 우리들은 어떤 사람이 부정적인 정서를 경험하거나 유창하게 말을 할 때마다 뇌의 특정 영역이 매우 활성화되는 것을 알게 될지도 모른다(Posner & Raichle, 1994). 왜 이 표면적으로 분리된 두 개의 정신적 기능들이 뇌의 같은 영역에서 활성화되는가? 그것들은 어떤 방식으로든 관련이 있는가? 그러한 예상치 못한 발견을 하게 됨으로써 인지이론은 더욱더 발전될 수 있다. 이처럼 인지 연구자들은 추측하여 앞서 나서지 말아야 할 것이다. 오히려 그들은 신경과학 동료들과의 적극적인 협력과 정보 전달에 참여해야만 한다.

4) 요약

몇몇 설득력 있는 논의는 심리학자나 교육학자들이 뇌에 대하여 더 많이 배우지 않아도 된다는 것을 지지하기 위해서 사용될 수 있다. 그러나 이러한 논쟁이 잘못된 가정에 근거를 둔다고 증명할 만한 이유가 있다. 이 책의 중심적인 전제는 신경과학적 증거가 ① 인지와 학습의 현재 모델을 입증하는 것(또는 반박하는 것)과 ② 신경과학적 중요성이 결여된 현대 심리학 이론에만 의지할 경우 기대하지 못할 놀라운 발견과 관련되어 있다는 것이다.

2. 필수적인 신경과학적 용어와 뇌의 구조

이 책에 요약되어 인용된 대부분의 연구는 뇌에서 기본적인 인지 작용이 일어나는 위치에 초점이 맞추어져 있다(예: 인쇄된 단어와 소리를 연합시키는 능력. 제6장 참고). 일부의 사람들은 어떤 위치를 설명할 때 '당신의 오른쪽 귀 위 혹은 뒤에 있는 대뇌피질에서 부풀어 오르는 부분' 과 같은 표현을 선호할지도 모르지만, 이 책에서는 신경과학자가 사용하는 것(이 경우 왼쪽 '모이랑')보다는 일반적인 용어들을 사용할 것이다. 이런 전문용어들을 배우는 것은 외국어 어휘들을 배우는 것과 어느 정도 유사하다. 그러나 사람들은 전자가 훨씬 쉽다고 느낄 것이다. 왜냐하면 중심 개념을 이해하기 위해 습득해야 하는 신경과학적 용어의 수가 극히 제한적이며, 게다가 그러한 용어의 대부분이 여러 장들에서 반복되기 때문이다.

신경해부학자는 뇌구조를 여러 다른 방식으로 나눈다. 첫 번째 접근방식은 특정 종들에서 뇌의 부분들의 존재 여부(또는 상대적인 크기)에 따라 구조들을 나누고, 특정 뇌구조의 출현(예: 큰 전두엽)을 진화사에서 중요한 사건(예: 상징적인 의사소통과 도구의 사용)과 연결시키는 것이다. 이러한 접근으로 구뇌(old brain, 즉 진화의 초기 단계부터 있었던 구조들), 신뇌(new brain, 즉 진화사에서 가장 최근에 나타난 구조들)와 같은 표현을 사용하게 되었다. 두 번째 접근방식은 뇌조직의 유형에 따라 구조를 나누는 것이다(예: 회색질 대 백색질, 아교세포 대 추체세포). 세 번째 접근방식은 태아기 초기의 뇌 발달과 뇌구조 관련의 측면에서 구조를 나누는 것이다. 이러한 세 가지 접근방법을 알아보기 위해 뇌를 ① 대뇌피질, ② 주요 피질하부 구조들, ③ 브로드만 영역으로 나누어 분석하고자 한다.

1) 대뇌피질

대뇌피질은 뇌에서 최상층의 구조이며 매우 복잡하게 얽혀 있는 모양이다. 피질의 표면적(약 2400cm²)은 너무 커서 두개골 내에서 할당된 면적에 적합하지 않기 때문에 주름이 존재한다(Johnson, 1997). 각 주름의 부풀어오른 부분은 이랑(gyrus, 복수형은 gyri)이라 부른다. 그리고 이랑 사이에 존재하는 홈은 대뇌고랑(sulci, 단수형은 sulcus)이라 부른다. 다음 장에서 살펴보겠지만, 대뇌피질은 감각정보의 처리과정(예: 시각, 청각 등), 동작의 제어, 경험의 저장(즉, 학습과 기억)에 주로 관련된다. [그림 1-1]은 네 가지 엽들(전두엽, 측두엽, 두정엽, 후두엽)뿐만 아니라 대뇌피질의 전체적 구성을 보여 준다. 누군

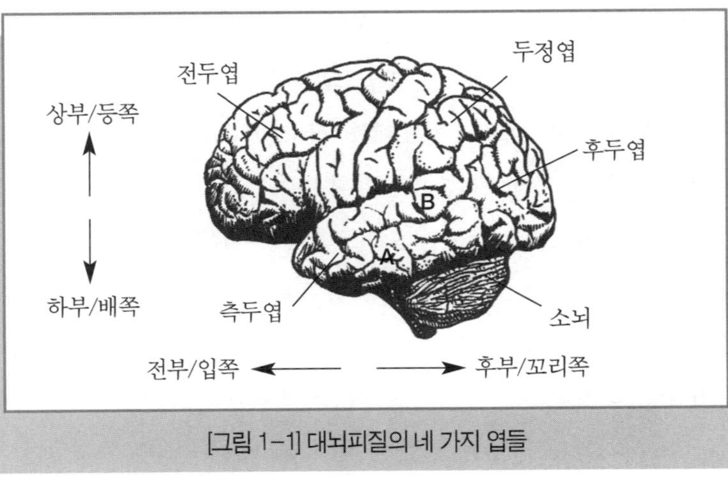

[그림 1-1] 대뇌피질의 네 가지 엽들

가가 독자를 왼쪽에서 보고 두개골을 제거한다면 그림과 같은 뇌의 측면이 보일 것이다. 전두엽은 사람의 이마 뒤에 있다. 뇌의 오른쪽 면도 비슷한 모양이며 똑같이 네 개의 엽으로 나누어진다. 대뇌피질은 두 부분(우반구, 좌반구)으로 나누어진다. 이에 왼쪽 전두엽, 왼쪽 측두엽, 왼쪽 두정엽, 왼쪽 후두엽은 모두 좌반구를, 오른쪽 전두엽, 오른쪽 측두엽, 오른쪽 두정엽, 오른쪽 후두엽은 모두 우반구를 구성한다.

여기서 신경과학에서 찾을 수 있는 몇 가지 방향성을 나타내는 용어를 소개하는 것이 유용할 것이다. 이러한 전문용어는 종양 혹은 (조직의) 손상 같은 것들의 위치를 효율적이고 정확하게 나타내기 위해 과학자와 의사가 소개한 것이다. "환자가 당신의 왼쪽을 향해 있다고 상상하라."와 같은 표현으로 항상 위치 묘사를 한다는 것은 얼마나 성가신 일인가. 정확성을 위해서 외과의사는 종양이 있는 반구 외에도 더 많은 것을 알아야 한다. 그는 엽(예: 전두엽)과 엽 안에 있는 위치(전두엽의 거의 최상부, 반구를 구분하는 중간선으로부터 3인치)를 알아야 한다. 상하 방향에 관련해서는 구조의 정상 부분을 상부(superior, 혹은 등쪽(dorsal). 마치 돌고래의 등지느러미와 같다), 구조의 바닥 부분을 하부(inferior, 혹은 배쪽(ventral))라 부른다. 또한 전후 방향에 관련해서는 사람의 얼굴을 향해 나아가는 구조를 전부(anterior, 혹은 입쪽(rostral). rostrum은 라틴어로 코를 의미한다), 머리의 뒤쪽을 향해 위치하는 구조를 후부(posterior, 혹은 꼬리쪽(caudal))라 부른다. 전후 방향을 사용하여 [그림 1-1]에서 후두엽이 대뇌 피질의 뒤쪽에 위치함을 알 수 있다. 대조적으로 전두엽은 다른 엽들보다 앞쪽에 있다. 유사하게 측두엽은 가장 아래에 있고, 전두엽과 두정엽은 가장 위쪽에 있다.

다음 장들에서는 두 가지 방향체계(전후, 상하) 모두가 각각의 엽 혹은 뇌구조 내의 위치를 표시하기 위해 사용될 것이다. 예를 들면, 그림에서 대문자 A로 나타난 부분은 측두엽하부로 묘사될 것이며, 대조적으로 B는 상위 측두 고랑 근처에 위치한다고 설명될 것이다.

2) 피질하부의 구조

피질은 아래의 다른 구조들을 덮는 아주 넓은 퀼트 같은 것이다. 최근에는 '피질하부 구조'로 부른다. 비록 뇌 속에는 사실상 수많은 피질하부 구조가 있지만, 제2장에서 제7장에 제시된 연구 주제와 관련된 구조들에만 초점을 맞추겠다(즉, 뇌 발달, 기억, 주의, 정서, 읽기와 수학). [그림 1-2](뇌를 앞에서 뒤로 중간선으로 쪼갠 것)에 묘사된 구

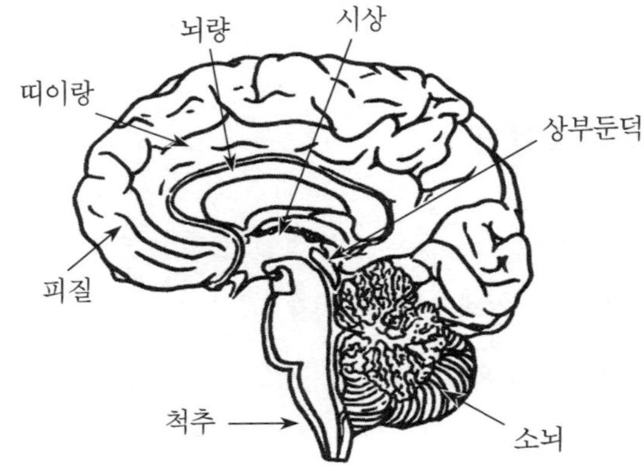

[그림 1-2] 피질하부 구조

조는 시상(thalamus), 상부둔덕(superior colliculus), 뇌량(corpus callosum), 띠이랑(cingulate gyrus), 소뇌(cerebellum)를 포함한다. 시상은 '연결 장소' 로서 감각수용기(예: 눈, 귀, 피부 등)를 거친 자극을 피질의 다른 영역으로 전달한다. 자극이 말단에서 뇌로 통과할 때는 수입(afferent, 혹은 구심)이라 부르고, 자극이 반대로 통할 때(즉, 뇌에서 말단으로)는 수출(efferent, 혹은 원심)이라 부른다. 따라서 시상은 중요한 수입자극 통로를 거치는 구조다. 상부둔덕은 시상하부 뒤쪽에 위치하며 안구운동과 시각적 주의의 역할을 담당한다. 뇌량은 밀집한 섬유다발로 두 개의 대뇌반구를 연결한다. 이 섬유질이 손상되었을 때 두 대뇌반구는 서로 의사소통하지 못한다. 그리고 띠이랑은 대뇌 피질의 영역으로 뇌량의 상부에 위치한다. 이후의 장에서 살펴보겠지만 앞쪽 부분은 사람들이 인지적인 과제를 수행할 때 활성화되는 것으로 알려져 있다. 소뇌는 하부와 측두와 후두엽 뒤에 위치하는 구조로 동작 조정, 균형, 몇몇 인지적 과업을 관장하는 역할을 한다.

3) 브로드만 영역

그동안 신경해부학자들은 기본적인 인지적 조작이 발생하는 뇌의 영역을 표시하기 위해 여러 숫자로 이루어진 참조체계를 개발하였다. 많은 측면에서 이것은 뇌의 '지도' 로 캠퍼스의 주요 건물을 나타내기 위해 대학에서 사용하는 지도와 유사하다. 대부분의 신경해부학적 지도는 뇌손상 환자들의 사례연구를 통해 얻은 정보로 만들어졌다. 예컨대, 많은 환자들이 왼쪽 측두엽의 특정 영역이 손상된 후에 말하는 능력을 잃었다면 신경해부학자들은 이 영역을 숫자로 표시하고 '말하기 영역' 이나 그 유사한 용어로 부른다.

가장 자주 사용되는 신경해부학적 지도의 하나는 20세기 초 독일의 신경해부학자인 Korbinian Brodmann 박사에 의해 고안되었다. 그의 지도가 다른 지도보다 더 유용하거나 정확한 것이 아닌데도 그동안 대부분의 사람들이 사용하였다(Moyer, 1980). 브로드만(Brodmann)은 특수한 인지 기능과 뇌의 부분을 관련지어 40개 이상의 영역을 구분하였는데, 여기서는 뒷장에서 논의될 몇몇 부분들만 살펴볼 것이다. 이는 [그림 1-3]에서 볼 수 있는 것처럼 말하기와 언어 작동기억과 관련된 전두엽의 44와 46번 영역, 청각처리와 관련된 측두엽의 22와 42번 영역, 공간 작동기억과 음성처리와 관련된 두정엽의 40과 39번 영역, 시각처리와 관련된 17, 18, 19번 영역을 포함한다. 브로카(Broca) 영역으로 알려진 44번 영역은 표현능력의 실어증(언어처리 불능)과 관련해서 유명하다. 이해능력의 실어증 유형인

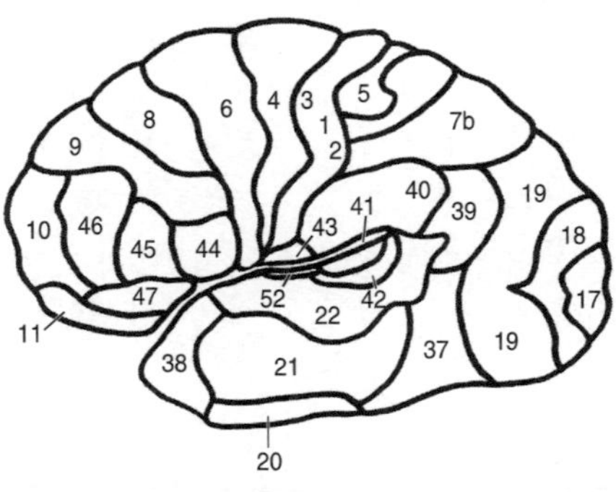

[그림 1-3] 대뇌피질의 브로드만 영역

표 1-1 뇌구조의 조직상의 모형

구 조	위치	관련 기능
대뇌피질	엽들로 나누어진 뇌조직의 최상위층	엽들의 특수 영역들은 본문 참고
전두엽	이마 뒤 피질의 앞부분	특정 언어와 읽기기술, 기억적 측면, 심한 불면증, 스트레스, 각성, 억제, 감정적인 처리, 추론, 수학적 기술
측두엽	귀 뒤와 머리 옆 피질의 측면 부분	청각 정보처리, 기억적 측면, 감정적 반응, 수학적 기술, 난독증
두정엽	피질의 상부, 후부	기억적 측면, 주의력 측면, 수학적 기술
후두엽	머리 뒤 피질의 후부	시각적 처리, 공간 작동기억
피질하부 구조		
시상	뇌의 중앙 안쪽	단순 암기기억, 주의력 측면, 각성, 감정적인 반응
상부둔덕	시상의 후부, 하부	안구운동, 시각적 주의
뇌량	시상 상부	두 반구 사이의 의사소통을 가능하게 하는 섬유질
띠이랑	뇌량의 상부	사람들이 많은 인지적 과제를 수행할 때 사용되는 전면 부분
소뇌	측두엽과 후두엽의 하부, 후부	동작 조정, 균형, 조건화, 특정 언어와 시각 과제

베르니케(Wernicke) 실어증은 개인이 시각적 혹은 청각적 언어 입력을 이해하는 능력이 상실되었을 때, 즉 22와 39번 영역이 모두 손상되었을 때 발생한다. 또 다른 매우 중요한 영역은 44와 45번 상부에

놓인 이랑을 주로 포함하는 후외쪽 전전두엽 피질(dorsolateral prefronatal cortex: DLPC)이다. DLPC는 작동기억과 행동 억제를 포함한 과제와 관계된다(Goldman-Rakic, 1994).

이 책에 나타난 해부학적 정보를 조직할 또 다른 도구로써 〈표 1-1〉을 보라. 표의 왼쪽 줄에는 핵심적인 뇌구조가 나열되어 있으며, 나머지 줄에는 정의, 위치, 추정된 구조의 기능이 기술되고 있다. 더불어 독자는 이 책의 끝 부분에 제시되어 있는 용어 목록을 참고할 수 있다. 이 용어들에 익숙해지기 위한 최상의 방법은 이들을 다음 장들의 맥락 속에서 접하고, 이 장의 각 절과 그림 및 어휘 목록을 의미 기억 보조물처럼 참고하는 것이다. 독자들은 이 책을 공부해 나갈수록 점차적으로 기억자극이 필요 없게 될 것이다.

3. 신경과학적 연구방법과 그 한계

앞서 나는 신경과학자들이 심리학자들과는 다른 질문들을 하는 경향이 있다고 제안했다. "얼마나 많은 기억의 형태들이 있는가?"라는 전형적인 심리학적 질문이 있는 반면, "뇌의 어느 영역이 공간기억과 관련이 있는가?"라는 전형적인 신경과학적 질문이 있을 수 있다. 후자와 같은 질문에 답하기 위해 신경과학자들은 네 가지 주요 방법론적인 기술들에 의존해 왔다. 즉, ① 뇌 손상자의 사례연구, ② 동물을 대상으로 한 외과적 수술기술, ③ 뇌영상, ④ 전기적 기록이 그것이다. 다음에 이러한 접근들 각각에 대해 차례대로 서술하고 비판할 것이다.

1) 뇌 손상자 사례연구

인지적 기능의 손실을 통해서 뇌손상의 결과를 분석하는 연구자를 '인지신경심리학자' 라고 한다(McCarthy & Warrington, 1990; Kosslyn & Koening, 1992). 사례연구들의 세심한 분석을 통해 인지신경심리학자들은 구체적인 인지과정을 뇌의 구체적인 영역과 연결하고자 노력해 왔다. 예를 들어, 앞서 언급했듯이 좌반구(즉, 브로카 영역 또는 브로드만 영역 44)의 세 번째 전두뇌회에 손상을 입은 사람들은 종종 말로 표현하는 능력을 상실한다. 그러나 여전히 그들은 들은 것을 이해할 수는 있다. 반면에 베르니케 영역(좌측 반구에서 측두두정부 교차점에 위치한)에 손상을 입은 사람들은 말로 표현할 수는 있지만 들은 것을 이해하지 못하고 종종 무의미한 말을 한다(McCarthy & Warrington, 1990). 서로 다른 영역에서 선택적인 손상이 나타나는 이런 형태들을 '이중 해리' 라고 부른다.

인간에게 일어나는 자연적 손상의 발생을 연구하면서 연구자들은 더불어 수술 전에 뇌를 점차적으로 마취시킴으로써 발생하는 증상과 간질을 치료하기 위해서 뇌량을 절단한 후 발생한 증상을 조사하여 영역별 기능에 대한 통찰을 얻었다(Squire, 1987; McCarthy & Warrington, 1990).

뇌손상과 수술 후 결과의 분석을 통해 읽기 또는 기억과 같은 인지과정의 본질이 많이 알려졌긴 하지만 이 접근은 몇 가지 중요한 한계점을 가지고 있다. 첫째, 단단위 기록과 시술 같은 기법들은 보다 큰 규모의 기술(예: 선의 방향을 찾아내는)의 특수요소가 뇌의 보다 작은 영역과 연관되어 있다는 것을 나타내었다. 대부분 자연 발생적인 손상은 동시에 다수의 뇌의 작은 영역들에 영향을 미친다(Kosslyn & Koening, 1992; Squire, 1987). 둘째, 한 부위에 대한 손상이 특수한 행동을 약화시킨다고 해서 확실하게 문제의 그 부위(또는 반구)가 그 행동을 통제한다고 가정할 수는 없다. 이 점을 설명하기 위해 Kosslyn과 Intriligator(1992)는 라디오에서 레지스터를 제거할 때 라디오가 윙 소리를 낸다고 해서 그 레지스터가 '윙 소리를 방지하는 장치' 는 아니라고 말한다. 셋째, 한 영역의 손상은 보통 완벽하게 그 기능을 제거하지 못한다. 그것은 단순히 수행능력을 크게 떨어뜨리는 것이다. 만약 부위와 기능 사이에 일대일 대응이 있다면 광범위한 손상이 그 기능을 완벽하게 사라지게 해야 한다는 논리가 나온다. 넷째, 사람들마다 구체적인 손상을 일으키는 위치에 상당한 개인차가 있다(McCarthy & Warrington, 1990). 예를 들면, 몇몇 전두엽 손상 환자들은 사물의 이름을 말하는 능력이 떨어지는데, 측두엽 손상을 입은 환자들에게도 동일한 증상이 나타난다.

지난 몇 년 동안 연구자들은 경두개자기자극법(transcranial magnetic stimulation: TMS)이라는 기술을 이용하여 '가상적' 또는 일시적 손상을 일으키기 위해 노력해 왔다. TMS에서는 다량의 전류가 자기장을 생성하는 손에 쥘 만한 크기의 코일을 통과한다(Walsh & Rushworth, 1999). 자기장은 머리를 통과하고 외피조직을 관통한다. 이때 자기장은 신경계통의 활동을 만듦으로써 피질에 영향을 준다. 뇌의 한 영역이 활발하게 어떤 일(예: 말하기)을 수행하고 있을 때 되풀이되는 파장의 연속은 말을 더듬게 하는 등의 기능 방해를 야기할 수 있다. 특히, 운동피질과 관련된 파장은 특정 손가락, 발가락(적용되는 곳에 따라)의 반사운동을 유발할 수 있다. 그래서 연구자는 파장이 다양한 곳에 적용될 때 수행되는 또는 방해되는 기술에 근거해서 피질의 기능적인 지도를 만들 수 있다. 더욱이 자연 발생적 손상연구에 비해 TMS는 보다 나은 공간분석 결과를 보여 준다. 예를 들어, 대뇌피질의 겉으로 드러나는 기능은 1cm 거리의 것까지 구별할 수 있다. 그나 TMS에 문제가 없는 것은 아니다. 때때로 발작, 편두통, 메스꺼움, 감정적 반응(예: 울기)이 나타날 수 있다.

2) 동물을 대상으로 한 외과적 수술 기술

여러 실험적 기술들은 윤리적인 측면에서 인간에게 사용할 수 없기 때문에 뇌의 기능에 대한 연구를 위해 동물들이 주로 이용되었다. 예를 들어, 수술 기술에는 ① 기능의 손실을 알아보기 위해 동물 뇌의 특정한 위치 일부분을 절개하거나 떼어내기, ② 이식된 조직이 적절한 신경 연결을 만드는지 알아보기 위해 동물의 태아에 뇌조직을 이식하기(Goldman-Rakic, 1986: Johnson, 1993; Squire, 1987)와 같은 것이 있다. 또 학습이나 뇌의 형태에 미치는 영향을 알아보기 위해 동물의 뇌에 어떤 물질들(예: 호르몬이나 신경전달물질 차단제 등)을 주입하기도 한다(Squire, 1987; Halpern, 1992). 그리고 ③ 동물 뇌 각 부분들의 온도를 더 낮추어서 일시적인 기능장애를 일으키거나, ④ 단단위기록(single-unit recording), 즉 특정 부분의 세포 밖의 전위들을 기록하기 위해 뇌 속으로 미소전극을 주입하는 것이 있다(Recanzone, Schreiner, & Merzenich, 1993; Sejnowski & Churchland, 1989). Hubel과 Wiesel(1962)은 고양이의 시각적 신경 해부작업을 시작할 때 단단위기록을 이용하였고, Goldman-Rakic(1994)은 원숭이의 전두엽과 두정엽의 회로 연결을 그리는 데 이를 사용하였다. 이렇게 여러 가지 환경에서 동물들을 기르고 난 후에 뇌 속 뉴런의 성장과 시냅스의 발생을 풍부하게 하는 효과를 연구하기 위해 동물들을 희생시킨 다양한 연구들이 있어 왔다(Greenough, Black, & Wallace, 1987).

이러한 모든 접근방법의 주된 이점은 연구자들이 흥미 있는 뇌의 영역들에 대해 정밀하게 조작하거나 자세히 모니터할 수 있다는 것이다. 사실상 이런 방법들은 상관적인 추론(인간을 대상으로 한 것과 같은)에 의존하는 것 대신에 실험을 통해 '특성' 을 조작할 수 있었다는 장점을 갖는다. 비록 많은 것들을 이런 방법의 연구를 통해 배울 수 있었지만, 몇 가지 한계점이 심리학자나 교육학자들의 연구 결과 추론을 제한한다. 첫째, 동물의 행동은 인간의 행동에 비해 매우 융통성이 떨어진다(Jonson, 1997; Vygotsky, 1978). 예를 들어, 성 호르몬의 주입은 동물들에게 반사적으로 단 하나의 매우 뚜렷한 교미행위를 하게 하는 반면, 사람에게는 광범위한 종류의 불특정한 성적 행동을 야기할 수 있다(이는 배고픔을 유발하는 호르몬이 배고프다는 것을 느끼게 만들 수는 있지만 사람이 무엇을 반드시 먹는다고 확신할 수는 없는 것과 같다). 둘째, 사람은 동물에게는 부족한 고차원적인 기술을 갖고 있다(예: 읽기). 따라서 동물들은 이러한 과정을 연구하는 데 이용될 수 없다. 셋째, 특정한 영역들에서는 동물과 사람이 서로 다르다. 예를 들어, 쥐는 작동기억이 해마(hippocampus)와 관련된 반면, 사람의 작동기억은 다른 영역들(예: 전두엽과 두정엽)과 관련된 것으로 보인다(Goldman-Rakic, 1994; Squire, 1987). 넷째, 뇌의 성숙화 진행이 종에 따라 다르다. 예를 들어, 새끼 원숭이나 사람의 유아는 시냅스 밀도가 성인치의 75~95% 이상인 반면, 새끼고양이는 성인치의 단지

50% 이상, 쥐는 단지 성인치의 10% 이상일 뿐이다(Huttenlocher, 1993). 어떤 종은 다른 종보다 뉴런이 덜 죽는다고 제시하는 자료를 종합해 보면, 더 복잡한 인간의 피질계는 유아의 뇌에서 성인의 뇌로 변화할 때 사전에 계획된 뉴런의 소멸보다는 시냅스의 사라짐에 더 영향을 받는 것처럼 보인다(Huttenlocher, 1993, 구체적으로 뇌 발달에 관해서는 제2장 참고). 종들 사이의 중요한 상호 차이점과 관련된 이러한 모든 점들은 동물의 뇌에 맞는 것이 사람의 뇌에는 맞지 않을 수 있다는 것을 의미한다.

이후에 기술하겠지만, 신경 가소성(neural plasticity), 성적 차이에 관한 유전적 기초, 그리고 뇌의 구조에 관련된 실험적인 결과에 관한 일부 주장들은 모두 동물을 대상으로 한 연구를 기초로 하고 있다. 앞서 언급했던 이러한 연구의 제한점들을 고려해서 독자들은 결과를 신중하게 해석해야 할 것이다.

3) 뇌영상 기술

컴퓨터단층촬영술(computed tomography: CT)과 자기공명영상(magnetic resonance imagin: MRI)은 뇌의 각 부분들의 크기나 모양을 밝혀 줄 뿐만 아니라 뇌 속의 손상 부분이나 종양의 위치를 알아내는 데 도움을 준다(Sejnowski & Churchland, 1989). 이러한 기술이 발달되기 전에는 손상되거나 기형적인 부분의 정확한 범위와 위치를 찾기 위해서 연구자들이 수술이나 해부학에 의존해야만 했다. 그리고 CT와 MRI의 구 버전은 어떤 과제를 수행할 때 활성화되는 뇌의 위치를 밝혀 낼 수 없다는 한계점이 있었다. 하지만 최근의 기능적 자기공명영상(functional magnetic resonance imaging: fMRI)과 양전자 방출 단층촬영술(positron emission tomography: PET)은 활성화된 영역을 밝혀 낼 수 있다(Cherry & Phelps, 1996; Cohen, 1996).

MRI의 모든 유형(fMRI를 포함해서)은 물질 안에 있는 분자의 자연적인 자성을 이용한다. 간단한 가정용 자석과 유사하게 많은 물질(예: 물)의 분자는 양극과 음극을 갖고 있다. 강한 자기장이 이 분자들을 지나가면 대부분의 분자는 자기장의 방향으로 일렬로 정렬한다. 자기장을 끄고 무해한 파동의 방사능을 일렬로 정렬한 분자들에 쏘이면, 어떤 분자는 자신의 자극을 반대로 바꾸고 적은 양의 에너지를 방출한다. 이 에너지는 탐지가 가능하기 때문에 물질(예: 뇌 조직의 한 절편)에 대한 시각적 영상을 창출하는 데 이용될 수 있다. fMRI는 활성화된 뇌의 영역에 대한 영상을 창출하기 위해 여러 물질들의 자성의 차이점을 이용한다. 예를 들어, 사람의 혈류 속에 조영제(contrast agents)를 주입함으로써 영상을 강화할 수 있다. 조영제는 두개골 맥관구조(cranial vasculature) 속에 있는 물분자의 자기공명(magnetic resonance: MR) 신호를 바꾸는데, 이 신호는 뇌조직 안의 물분자 MR 신호와 성질이 다른 것이다(Moonen, 1995). 또 다른 접근법은 산화되고 환원된 헤모글로빈의 자성의 차이에 기초한 것이다(Engel et al., 1994). fMRI과 같은 모든 기술들은 혈액의 순환이 정신적 활동의 순환과 서로 관련이 있다는 가정을 토대로 한다. 말하자면 과제를 하는 동안에 활성화되는 뇌의 영역으로 혈액이 보내진다고 가정하는 것이다.

최근 수 년 동안 fMRI는 세 가지 이유에서 많이 이용되어 왔다. 첫째, fMRI는 공간적 · 시간적 해상도가 뛰어나다(즉, 몇 mm 이내에서 활성화된 위치를 명확하게 하고, 일어난 직후 몇 초간의 활동을 기록한다). 둘째, 피험자가 이온화 방사선에 노출되지 않는다. 셋째, 각 피험자가 반복적으로 연구될 수 있다(Cohen, 1996; Moonen, 1995). 여기서 세 번째 장점은 연구자들이 PET에 필요한 피험자들 간의 신호를 평균하지 않아도 된다는 것을 의미한다. 그렇지만 충분한 신호를 얻는 데 필요한 강력한 자석 때문에 절차 비용은 비쌀 수 있다. 또한 사람들은 관 모양의 방(tubular chamber)에 누워서 과제를 수행하는데, 이것은 철커덩하는 소음을 내며 종종 밀실공포증을 유발한다. 이러한 두 가지 문제점은 대부분의 fMRI 연구의 각 실험집단이 왜 10명 이하인가에 대한 이유를 말해 준다.

fMRI의 또 다른 문제점은 특정한 과제에 대해서 고도로 활성화되는 집중 영역을 명확하게 하기 위한 감산기법(subtraction technique)을 사용한다는 것이다. 여기서 최종적인 영상은 한 쌍의 영상들의 화소에서 유의한 차이점을 명확하게 하기 위해 실시한 얼마간의 t-검정으로 추정된다(Casey et al., 1996). 만약 이들 t-검정의 유의수준이 많은 수의 t-검정을 보완하기 위해 조정되지 않는다면 통계적 추론에서 문제가 발생될 수 있다. 감산기법의 또 다른 문제점은 어느 누구도 그러한 감산으로 의문시되는 기술을 실제로 골라낼 수 있을지 장담할 수 없다는 것이다(Posner & Raichle, 1994).

FMRI의 또 다른 문제점은 뇌의 크기나 뇌이랑(뇌회, 腦回) 패턴의 개인별 차이에서 발생한다(Goldman-Rakic, 1994; Talairach & Tournoux, 1988). 어떤 사람은 브로카 영역이 대뇌 피질의 정수리로부터 8cm, 중심고랑(전두엽과 두정엽을 나눔)의 왼쪽까지 3cm일 수 있다. 그러나 더 작은 뇌를 가진 어떤 사람의 브로카 영역은 정수리로부터 단지

6cm, 중심고랑의 왼쪽까지 단지 2cm일지도 모른다. 이러한 크기에서의 차이는 한 사람을 대상으로 작성한 '지도'로 다른 사람의 뇌의 활성화된 위치를 명확하게 하는 데 사용할 수 없다는 것을 의미한다. 이것은 텍사스의 지도를 사용해서 로드아일랜드에 있는 도시의 위치를 정하는 것과 같은 것이다. 그래서 fMRI를 이용한 대부분의 연구는 모든 사람을 비슷한 크기로 보기 위해 수학적 연산법을 활용하여 도움을 얻는다. 이 연산법은 Talairach와 Tournoux(1988)가 고안한 3차원 비례격자 시스템(three-dimensional proportional grid system)을 이용하는 것에 기초한다. 이 시스템은—모든 사람의 뇌 속에 있는 어떤 공통성(예를 들어, 중심고랑은 시스템 내에서 거의 항상 초점 수직선의 2cm 이내에 있다는 사실)을 이용한다—문헌에서 브로만 영역의 사용을 점차적으로 대체하고 있다. 하지만 이 새 시스템에서 필요한 수학적 전환이 활성화된 영역을 배치할 때 부정확성을 야기할 수 있음을 명심해야 한다.

마지막으로, fMRI의 문제점은 몇몇 미해결된 논쟁점이 MR 신호의 해석을 어렵게 만든다는 사실과 관련된다. 예를 들어, 사람의 혈액 속에 있는 헤모글로빈에서 신호를 탐지하려고 할 때, 신경활성을 동반한 듯한 fMRI 신호의 증가는 디옥시헤모글로빈의 감소에 의한 것이다(Moonen, 1995). 디옥시헤모글로빈 농도의 감소는 다양한 생리적 사건과 관련이 있는데, 어떤 사건이 디옥시헤모글로빈을 감소시켰는지는 아직 분명하지 않다. 이러한 모호함이 뚜렷해지기까지는 어떤 부분에서의 MRI 신호의 변화가 확실하게 그 부분의 신경활성의 증가를 나타낸다고 단언할 수는 없다.

PET는 그 기본적인 과정에서 혈류 속에 방사능 물질(예: 산소나 불소의 동위원소)을 주입하는 것을 포함한다. PET 주창가들은 뇌에서 더 활성화된 영역은 덜 활성화된 영역에 비해서 더 많은 영양소와 산소를 사용하므로 더 활성화된 영역은 더 많은 혈액순환을 가질 것이고, 이에 동위원소의 농도가 더 높게 나타날 것이라고 가정한다. PET 스캐너는 개인이 과제를 해결할 때의 뇌 안의 동위원소의 위치를 기록한다. 높은 동위원소의 농도는 밀집된 영역을 특정한 색깔(예: 빨강)로 계산하여 뇌의 영상을 나타낸다. 예를 들어, 만약 피험자에게 단어의 의미를 말하게 하고, PET 장치가 왼쪽 전두이랑 아래에 가까운 어떤 영역을 빨갛게 밀집된 부분으로 계산한다면, 연구자는 전두이랑 아래 부분이 의미분석과 관련된다고 추정할 수 있다.

PET의 주요한 문제점은 장비의 비용과 유용성 그리고 방사능 동위원소와 관련한 위험요소다. fMRI에서 그렇듯이 흔히 이러한 문제점은 집단을 10명보다 더 적은 규모로 표집하도록 제한한다(예: 8명의 뇌손상 피험자와 8명의 통제집단). 따라서 그런 연구에서 이끌어 낼 수 있는 통계적 추론의 신뢰성을 걱정하는 것도 일리가 있다. 게다가 연구자가 자신의 결과물을 보고할 때는 대개 실험과 피험자에 따른 활성화 정도와 영역을 평균한다. 이러한 접근법은 위치와 관련된 활성화의 개인차를 불분명하게 할 것이고, 손상을 중심으로 한 연구가 제시하는 것보다 수행이 더 한정된다는 느낌을 줄 것이다. 예를 들어서, 의미를 처리하는 동안 활성화를 평균하게 되면 왼쪽 전두엽 부분이 고도로 활성화됨을 발견할지도 모른다. 그러나 이것은 모든 피험자가 그 부분에 대해 고도로 활성화된 결과를 나타내보인다는 것을 의미하지는 않는다. 결국 PET 스캔에는 순간적인 해상도(temporal resolution)의 문제점이 있다. 어떤 경우에는 활성화를 45분이상 평균하였지만 주어진 과제를 수행하는 데 1초보다 더 적은 시간이 걸렸을지도 모른다(Sejnowski & Churchland, 1989). 후자의 문제점은 짧은 반감기를 가진 어떤 새로운 동위원소를 사용함으로써 어느 정도 완화될 수 있다(예: 2분의 반감기를 가진 산소-15). 그러나 이렇게 더 짧아진 반감기가 여전히 많은 과제를 수행하는 데 필요한 시간보다 훨씬 더 시간적으로 길 수가 있을 것이다.

4) 전기적 기록

뇌전도(EEG)는 대뇌피질의 전기적인 활동을 기록하는 것으로, 신체감각과 언어적 지각처럼 구체적인 양상을 전문화하여 담당하는 뇌의 영역을 결정하는 데 매우 유용하게 쓰여 왔다(Sejnowski & Churchland, 1989). 더욱이 뇌전도(EEG)의 ERP(사건 관련 전위)는 인지적 처리과정과 연결되어 있다. 예를 들어, P300은 갑작스러운 자극 후 약 0.3초에 일어나는 ERP인 것이다(예: 소란스러운 소리). N400이라는 또 다른 ERP는 피험자가 의미에 대한 부조화에 빠질 때 일어난다(Kutas & Van Petten, 1988). 그리고 'P' 'N' 이라는 것은 뇌전도의 결과물로서 파도같이 찍히는 것으로 봉우리(정적 요소로서의 P) 또는 계곡으로(부적 요소로서의 N) 해석할 수 있다.

뇌전도와 ERP 사용의 중요한 세 가지 이점은 다음과 같다. 첫째, 이러한 접근은 혈관에 직접 침투하지 않는다. 둘째, 그것을 정상적인 사람(유아를 포함)에게 조심하면서 사용할 수 있다(Fox & Bell, 1990). 셋째, PET나 fMRI(Gevins, 1996) 같은 다른 기술보다 신경생리학이나 행동 사이에 기초를 두고 좀 더 나은 순간해상도를 제공한다. 그러나 뇌전도 기록의 중요한 문제는 '뇌의 여러 부분에서 전도된 양의 합성된 신호이고, 그것은 단일 신호가 관련된 신경망에서 어떻게 움직이는지를 본다는 측면에서 결코 분명하지 않다' (Sejnowski & Churchland, 1989: 332)는 것이다. 예를 들어, P300은 피질과 피질 하부의 성분을 가지고 있는 것 같으며, 전극활동의 근원을 분명히 뇌 안에 삽입할 수는 있지만 인간에게 그러한 기술을 시도하는 것은 명백히 문제가 된다. 그러므로 뇌전도를 사용하거나 심지어 64전극을 사용하여 확인한 뇌 부분들도 정확한 뇌의 위치 확인이라는 측면에서 항상 불확실하게 분류해 왔다(Gevins, 1996). 더욱이 사람들의 두개골 두께와 세포의 밀도가 개인적으로 차이가 있어서 처리과정의 변화가 결과물의 의미를 분명치 않은 것으로 만들 수도 있고 혼동될 가능성도 있다. 또한 기록은 특별한 방식으로 정렬된 세포에 의해서만 만들어질 수 있는데, 뇌 안에는 세포들이 몇 가지 방식으로 정렬되어 있다(제2장 참고). 결국 PET와 MRI에 비해 뇌전도(EEG)의 장점은 순간해상도가 높다는 것이나, 그것은 PET나 MRI의 기술이 향상됨으로써 점점 줄어들 것이다(Gevins, 1996).

5) 요약

뇌영상 촬영 방법들은 각각 장점과 단점을 가지고 있다. 구조-기능의 관계에 대해 부적절한 추론을 피하기 위해서 이러한 접근들 모두가 한계가 있음을 인식하는 것은 중요하다. 그리고 특별한 주장을 무조건적으로 지지하기 위해 단일한 접근을 통해 얻은 증거를 사용하는 것은 피해야 한다. 구조와 기능의 관계에 대해 가장 방어적인 접근은 단지 ① 다양한 신경생리학적 방법(예: 인간의 정신장애, 인간에 대한 PET 스캔, 동물연구)이 주장을 지지하는 경우, ② 이러한 주장이 전통적인 심리학적 실험에서 발견되어 왔던 결과와의 관련성을 함께 제시하는 경우다(Kosslyn & Koenig, 1992; Posner, Fox, & Raichle, 1988; Sejnowski & Churchland, 1989).

사람들은 새로운 접근(예: fMRI, TMS)의 영향력에 대해서 큰 흥미를 가지고 있다. 그리고 이러한 흥미는 방법의 한계를 고려하지 않은 채 연구 결과물들을 그냥 과학적인 것으로 받아들이도록 분위기를 조장하는 것처럼 보인다. 하지만 사람들은 그런 주장(예: 기능의 영역에 대한 것들)이 발전된 신경과학의 방법으로 인해 미래에는 믿지 못할 결과가 될 수 있다는 것을 깨닫게 될 것이고, 생리학적 신호의 의미에 대해 점차 더 많이 배우게 될 것이다.

같은 연구에서 두 가지 신경과학적 접근을 사용하는 것은 흥미 있는 연구방법의 발달의 보여 주는 것이다. 예를 들어, 어떤 연구자는 수행의 영역을 정확하게 알기 위해 MRI와 함께 PET를 사용한다. 또 어떤 연구자들은 수행의 일시적 국면과 자극적으로 주의하는 영역에 64채널 뇌전도(EEG)와 함께 PET를 혼합해서 사용한다(Posner, 1997). 실제 후자의 기술을 사용하여 연구자들은 사람들이 글을 읽을 때 철자법, 소리, 의미의 세 단계로 주어진 정보를 처리한다고 설명하는 기존의 심리학 연구결과들을 뒷받침하는 활성화 영역들을 밝혀낸 바 있다.

4. 요약 및 나머지 장에 대한 개관

앞서 언급했던 것처럼, 이 장의 목적은 제2장 이후의 이 책의 내용에 대한 해석적인 내용을 제공하는 것이다. 뇌연구의 관련성에 대한 논쟁(첫 번째 절에서 보여 줬던)과 신경과학적 방법들의 제한점(세 번째 절에서 보여 줬던)은 사람들에게 건전한 의미에서의 회의주의가 생기게 한다. '건전한 의미에서의 회의주의'는 다음의 그림처럼 신경과학적 증거를 무비판적으로 수용하는 것과 완전하게 배제하는 것의 범위 사이인 믿음의 연속선상의 중간 지점에 위치한다.

두 번째 절의 신경과학 어휘와 용어사전은 언제든 참고할 수 있도록 쓰였다.

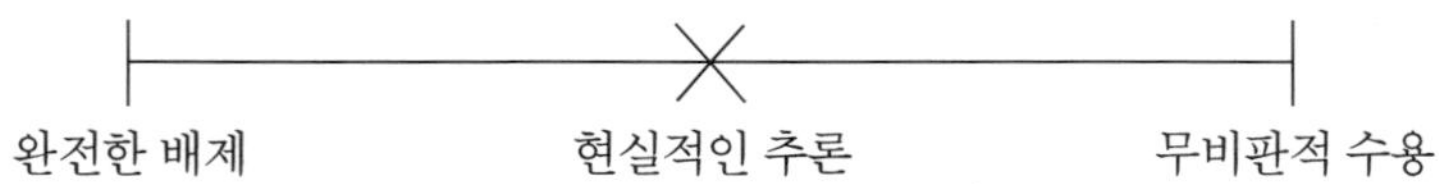

제2장에서는 뇌의 발달과정에 대해 설명한다. 이는 발달과정에서 인간의 뇌가 만들어지도록 하기 위해서 내적(예: 유전) 요인과 외적 요인(예: 경험)이 함께 작용하는 방식에 대한 것이다. 제3장에서 제7장까지는 기억, 태도, 정서, 읽기 그리고 수학적 기술에 대해 심리학과 신경과학의 관점에서 각각 설명하고 비교한다. 이 장들의 목적은 신경과학과 심리학의 중첩되는 영역을 살펴보는 것이다. 그리고 이러한 관점에서 교수와의 관련성이 고려되어야 한다. 마지막 장에서는 심리학 또는 교육학에서 본 신경과학 연구의 목적을 다시 살펴보고, 제2장에서 제7장 사이에 나타난 연구들 간의 통합적 관련성을 논의할 예정이다.

제2장

뇌 발달

최종 결과물을 이해하는 가장 좋은 방법은 그것이 시간이 지나면서 어떻게 구성되었는가를 살펴보는 것이다(Vygotsky, 1978). 이 책의 대부분의 장은 '완성된' 성인의 뇌(예: 특정한 뇌의 영역과 특정한 인식 기능 간의 관련성)의 다양한 측면과 관계된다. 이 장의 초점은 뇌가 발달하여 성인의 뇌가 되어 가는 과정이다.

무엇보다 특별한 세포구축(cytoarchitecture)을 가진 뇌를 주목하는 것이 중요하다. 즉, 뇌는 각각 다른 특별한 방식으로 조직된 매우 많은 수의 뉴런을 가진다. 이 세포구축이 사고하고 추리하는 능력의 기초이므로, 과학자들은 뇌의 뉴런 수와 뉴런 간의 상호 연결에서 재능 있는 개인과 덜 재능 있는 개인 간의 차이를 알고 싶어 한다. 또한 과학자들은 사람의 세포구축이 어느 정도 유전에 의해 결정되는지 알고 싶어 한다. 비록 뇌과학이 세포구축들과 재능 사이에 어떤 관계가 있는지를 알 만큼 충분히 발전하지는 않았지만 뇌구성에 있어서 유전의 역할에 대하여는 어느 정도 설명할 수 있을 만큼 충분히 발전하였다. 이 장의 목표는 유전의 역할과 그에 관련된 논쟁에 관한 정보를 제시하는 것이다.

첫 절에서는 이후 절들을 위한 개념적 토대를 쌓는 의미로 세포구축의 개념을 구체적으로 살펴보고자 한다. 그리고 태아기와 출생 후의 발달 동안에 구성된 세포구축의 과정에 관심을 기울이고자 한다. 마지막으로 최적의 뇌 발달을 촉진하거나 방해하는 요인들에 대해서 살펴볼 것이다.

1. 세포구축의 심화 탐구: 세포 유형과 뇌의 층들

이 책을 통하여 어떻게 구체적인 인지 조작이(예: 글자 형태를 인식하는 것) 피질의 특정 영역(예: 후두엽과 두정엽 내부의 회로들)에 관련되는지 알게 될 것이다. 이 영역조직에 더하여 피질은 또한 판형(laminar organization) 특성을 가진다(예: 뇌의 피하로 확장된 층들). 조직의 판형을 이해하기 위해서는 뇌가 신경아교세포와 뉴런의 두 부류로 나눌 수 있는 여러 유형의 세포를 포함한다는 것을 인식해야 한다. 아교세포는 뉴런보다 훨씬 더 많지만 정보처리의 역할을 하는 것처럼 보이지는 않는다(과학자들이 아는 한에서는). 대신에 그것은 ① 뇌의 견고함과 구조를 제공하고, ② 긴 뉴런의 축색을 둘러싸고 그들의 점화를 촉진하는 수초(myelin sheath)를 형성하며, ③ 세포 이동과정 동안 뉴런이 옮겨가는 '발판(scaffold)'을 제공하고([그림 2-1] 참고), ④ 시냅스 전달 동안에 방출되는 어떤 화학적 신경전달물질을 선택하고 제거하는 것을 포함한 많은 중요한 기능을 한다(Kandel, 1991).

대조적으로 뉴런은 정보처리 역할을 한다. 뉴런은 모양, 연결 형식 그리고 방출되는 신경전달물질 면에서 다양한 유형을 보인다. 모양 차원은 피라미드 세포([그림 2-1] 참고)와 다른 유형의 세포(예: 별 세포라 부르는 별 모양의 세포) 간 구별의 기초가 된다. 피라미드 세포는 뇌의 뉴런 중 80% 이상을 차지한다(Johnson, 1997; Moyer, 1980). 연결성 차원은 흥분성 뉴런과 억제성 뉴런 간 구별의 기초가 된다. 신경전달물질 차원은 도파민(dopamine)을 분비하는 뉴런, 감마 아미노부르트산(gamama-aminobutyric acid: GABA)을 분비하는 뉴런 그리고 세로토닌(serotonin)을 분비하는 뉴런으로 구별된다.

과학자들은 뇌조직의 현미경 슬라이드(microscopic slides)를 연구하는 중에 뉴런의 이런 다양한 양상을 발견하였다. 또한 이런 연구법으

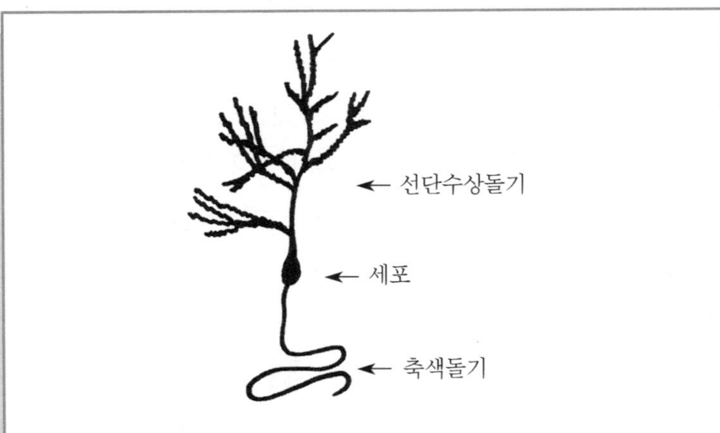

[그림 2-1] 피라미드 세포의 기본 구조

로 피질이 6개의 수평층들로 구성된다는 것을 밝혔다. 6개의 수평층 안의 뉴런은 형태, 밀도, 기능적 특성 면에서 다르다(Chennet al., 1997; Johnson, 1997). 첫 번째 층은 가장 높은 곳에 있는 피질의 여러 영역들을 서로 연결시키는 긴 수평 섬유질을 기본으로 구성된다. 두 번째층과 세 번째 층은 수평 섬유질뿐만 아니라 위로 향하는 선단수상돌기와 동시에 밖으로 향하는 측부 돌기를 확장하는 작은 피라미드 세포를 포함한다. 수상돌기는 시냅스전(presynaptic) 뉴런에 의하여 분비된 신경전달물질을 받아들이는 뉴런의 가지 부분이다([그림 2-1] 참고). 네 번째 층은 피질 하부 영역에서의 많은 입력 섬유질을 위한 말단 지점이다(예: 시상). 이 입력 섬유질은 주로 네 번째 층에서 발견된 많은 수의 별세포(stellate cells)와 접촉한다. 다섯 번째 층과 여섯 번째 층은 멀리 뻗어 있는 큰 피라미드 세포가 많이 모여 있는 가장 아래층(가장 깊은 층)으로서 네 번째 층과 첫 번째 층(2층과 3층은 아니다)을 향해 확장한 선단수상돌기는 또한 중요한 피질 하 위치의 출력 섬유다. 이처럼 모든 층은 다른 층 뉴런과 수평관계 또는 같은 층 뉴런과 수직관계(또는 둘 다를)를 형성한 뉴런을 포함한다.

세포들의 판형 배열은 성인 뇌를 결정짓는 특성이다. 그렇기 때문에 그것은 다양한 연령대의 어린이 뇌의 상대적인 성숙을 판단하는데 활용될 수 있다. 예를 들어, 연구자는 5세 어린이가 성인처럼 네 번째 층에 같은 수의 별세포를 가졌는지 검토하기를 원할 수 있다(예: Huttenlocher, 1993). 유사하게 연구자들은 어린이 뇌의 뉴런들이 성인 뇌의 뉴런처럼 같은 수의 시냅스 연결을 형성하는지 고려할지도 모른다. 다음 절에서 이러한 쟁점들은 뇌의 판형구조를 만드는 과정을 탐색함으로써 더 깊게 논의하기로 한다.

2. 뇌 발달의 7가지 주요한 과정

태아기 발달은 특정한 태아기의 경계가 배아 또는 태아의 특별한 구조나 해부학적 특징의 출현에 의하여 결정되는, 구조적으로 설명될 수 있는 단계적인 특징을 갖는다(Purves & Lichtman, 1985). 예를 들어, 접합기(zygote periol)는 난자가 정자에 의해 수정될 때 시작되고, 접합체 내에서 세포분열을 마칠 때 포배(blastula: 속이 비어 있는 구형 세포)라는 구조를 만든다. 포배 표면의 세포들은 움푹 들어간 곳을 따라 함몰되고 원시줄무늬라는 홈을 만든다. 이러한 과정은 장배라는 구조를 만들기 때문에 장배기라 부른다. 이윽고 신경관 형성이라는 과정 동안 서로 끌어당기는 두 상충된 조직의 주름을 밀어내는 것(두 파도가 마주치는 것처럼)이 창자배 세포표면에 나타난다. 그리고 마침내 신경관을 형성하기 위하여 원시줄무늬에 융화된다. 이 신경관의 한쪽 끝은 최종적으로 전뇌와 중뇌 구조를 만들고, 다른 한쪽 끝은 척수를 만든다(Johnson, 1997; Moyer, 1980). 전뇌와 중뇌의 구조를 발생시킬 끝 부분은 임신 5주경에 다섯 개의 이랑과 고랑의 특징적인 패턴이 나타나는 형식으로 발달과 확장을 계속한다(빨대에 풍선이 붙은 모양으로 부분적으로 팽창한 것을 상상하라). 가장 앞선 팽창이 결국 피질로 변형되고, 두 번째 팽창은 최종적으로 시상과 시상하부 같은 구조들로 변형된다(Johnson, 1997).

초기 과학자들은 신경관 벽 내부의 어딘가에서 뇌세포를 만들고 있기 때문에 이 팽창들이 발생한 것이 아닌가 하고 생각했다. 이러한 의문을 해결하기 위해 과학자들은 현미경적 기술을 사용하여 뇌

세포가 연속적으로 빠르게 생성되는 신경관 내의 두 개의 증식성 영역을 발견했다. 연구 결과 그 영역 안의 전구세포들이 유사분열 분배(mitotic division)를 통하여 대략 자신의 복제물 100세대를 생산한다는 것이 밝혀졌다(Rakic, 1993). 유사분열 분배는 정확한 복제를 만들고 전체 DNA를 가진 두 개의 동일한 '딸' 세포로 나누어진다(감수분열은 반대로 부모 세포의 DNA 반을 가진 생식세포를 생성한다). 어떤 유형의 뉴런은 각 전구세포가 만개의 후손 세포를 생산한다. 증식과정은 임신 7개월경에 대부분 끝나는데 이 시기 태아는 10^{11}보다 많은 세포를 가진다. 이때 두 증식 영역은 분당 25만 개의 폭발적인 비율로 전구세포를 생산한다(Johnson, 1997; Purves & Lichtman, 1985).

후속 연구는 증식 외에 성인 뇌세포의 최후 배열을 결정하는 데 도움이 되는 두 번째 중요한 과정이 이동(migration)이라는 것을 밝혔다. 이동을 이해하기 위해서는 동심원 같은 여러 층(과녁의 중심과 비슷한)을 가진 신경관의 횡단면(관상, coronal)을 상상하는 것이 도움이 된다. 증식성 영역은 관 벽의 가장 깊숙한 층 근처에 있다(관의 빈 곳 또는 표적 중심에 가깝게). 신경관은 새로 만들어진 세포들이 증식성 영역에서 떨어져 관 벽의 바깥층으로 이동하기 때문에 부풀어오르는 방식으로 외부로 확장한다. 좀 더 명확히 말하면, 세포들의 각 세대가 되풀이된 세포분열을 통하여 생산된 것만큼 그들은 내벽으로부터 더 멀리 떨어져 이동한다(내부에서 외부로, 또는 방사상 진행). 그러므로 신경관 외벽 근처의 세포들은 증식과정에서 가장 최후에 생산된 것이다. 이 바깥층은 성숙한 뇌의 피질 부분이 되기 때문에 피질판(contical plate)이라 부른다.

생체연구는 뉴런이 두 방법 중 하나로 바깥층으로 이동하는 것을 밝혔다. 첫째, 최근에 만들어진 세포들은 증식 영역에서 발생하고 그 영역에서 떨어져 오래된 '자매세포'를 밀고 나온다(시위 군중이 전진하면서 경찰후방의 저지선을 밀어내는 것과 같은 방법으로). 둘째, 최근에 만들어진 세포는 관의 중심층에 수직 방향으로 정렬한 아교세포들을 따라 이동한다(수레바퀴의 살처럼). 아교세포들은 이동한 세포들이 부착될 물질을 분비하고(Rakic, 1993), 이동한 세포들은 (최근에 발견된) 접착 분자를 사용하여 서로 붙는다(Edelman, 1992).

지금까지 정확한 위치(이동)에 정확한 수의 세포(증식)를 만들어 내는 뇌의 발달과 관련해 중요한 의미를 갖는 두 과정을 설명했다. 이제는 뇌가 어떻게 대뇌피질의 여섯 층에 일반적으로 분포되어 있는 다양한 유형의 세포들을 만들어 내는지 논의하겠다(위에서 피질의 판형 조직화의 설명으로 기술한 것처럼). 발달 중인 뇌가 세포의 정확한 종류(예: 별세포)를 정확한 층(예: 네 번째 층)에 확실히 위치하게 할 수 있는 두 가지 방법이 있다. 첫 번째 방법은 전구세포가 증식성 영역에서 생산된 후 곧 정확한 유형으로 전이되는 것이다. 이 접근에 의하면 세포는 이동하기 전에 어떤 종류의 뉴런이 될 것인지 '알고' 있다. 두 번째 방법은 이웃 세포의 화학물질이 이동된 세포에게 어떤 종류의 세포가 되어야 하는지에 대한 정보를 제공하는 것이다(Chenn et al., 1997). 최근의 실험연구들은 이 과정 둘 다 다양한 유형의 뉴런을 형성하는 것에 관련된다고 제안한다. 주변 뉴런으로부터의 화학적인 신호 없이 사후유사분열 선구세포는 하나에 오직 한 유형의 세포로 분화되는데, 이 같은 세포들은 비정형적인 층으로 옮겨졌을 때 그 층을 위해 특징적인 세포로 분화된다.

세포의 생성 날짜와 그것의 최종 판형 위치 사이의 관련성은 한 뉴런의 표현형이 초기에 결정될지도 모른다는 것을 시사한다(Chenn et al., 1997). 앞서 언급한 것처럼 피질에는 뉴런의 중요한 두 가지 부류로 피라미드 세포와 비피라미드 세포가 있다. 피라미드 세포의 과반수가 흥분성 아미노산을 신경전달물질로 사용하는 반면, 비피라미드 뉴런의 대부분은 억제성 신경전달물질(예: GABA)을 사용한다. 더욱이 비피라미드 세포들은 여섯 개의 피질층에 균일하게 분포되어 있는 반면, 흥분성 피라미드 뉴런은 특정한 층에서만 발견된다. 최근 연구는 세포의 생산시기에 의존해서 이웃 세포로부터의 국소 신호(local signal)가 뉴런 전문성(specification)에 차별적 영향을 미친다고 제안한다. 예를 들어, 다수의 억제성 뉴런을 포함한 영역 연구는 세포 발달의 어떤 상태(S상태)가 억제되지 못하는 동안 그 영역으로 세포가 이주한 것을 보여 준다. 그러나 그 상태 후에 이주된 세포는 억제성 신경전달물질로 나타난다(Chenn et al., 1997).

혼합된 분화과정에 따라 우리는 정확한 층에 위치한 정확한 수와 정확한 유형의 세포를 가진 뇌를 가지게 된다. 그러나 충분히 성숙한 뇌를 형성하기 위해서는 몇 가지 추가적인 것들이 일어나야만 한다. 첫째, 각각의 뇌세포는 크기가 자라야 하고 다른 세포들에 돌기(projection)를 보내야 한다. 둘째, 이 세포들은 그들의 돌출부(project)에 어떤 세포들과 시냅스 연결 형식을 형성해야 한다. 셋째, 가장 적절한 수적 대응이 시냅스전과 시냅스후 뉴런 사이에 발생해야 한다(참고: 두 뉴런이 시냅스를 경유하여 단방향 회로에 접속될 때 이 회로의 초기는 시냅스전이라 부른다. 그리고 신경전달물질을 보내는 다른 하나는 시냅스후라 부른다). 마지막으로 수초(myelin sheath)가 대다수 긴 뉴런의 축색돌기를 따라 형성되어야 한다. 이 네 가지 과정을 좀 더 자세히 살펴보자.

뉴런의 성장과정의 흥미로운 면은 그 발달 동안에 대단히 구체적인 표적을 찾으려고 시도하는 것처럼 보인다는 것이다. 동물의 뇌를 대상으로 한 실험에서 이들 돌기의 표적이 비정형적인 영역으로 이식될 때도 추적하는 뉴런의 축색돌기(the axons of the seeking neurons)는 여전히 그들의 표적을 찾는다(Chenn 1997; Purves & Lichtman, 1985). 뉴런 전문성의 다른 증거는 특정한 판형(lamina-specific) 축색돌기가 고도로 정형적인 유형이 있다는 사실이다. 예를 들어, 다섯 번째 층의 뉴런은 대부분 사람들의 척수와 상부둔덕 같은 목표까지 길게 뻗은 돌기(long-distance projection)를 형성하는 반면, 여섯 번째 층은 시상에 긴 돌기를 형성한다(Chenn et al., 1997). 경험의 반응으로 형성된 시냅스 연결과 달리(이 장의 뒷부분과 제3장 참고), 정형적인 뉴런 사이 연결의 판모양 형성은 상당 부분 유전에 의해 결정되는 것으로 보인다(Chenn, 1997; Goodman & Tessier-Lavigne, 1997).

증거가 나타나고 있기는 하지만 어떻게 뉴런들이 유전적으로 결정된 표적을 찾을 수 있는지 설명하는 요인들의 조합이 계속해서 나타날것이다. 첫 번째로 언급할 것은 축색돌기들이 작은 단위로 움직이면서 먼 거리의 목표들을 발견하는 것과 같은 어려운 과제를 해결한다(Goodman & Tessier-Lavigne, 1997)는 것이다. 즉, 뉴런들은 단거리를 나아가되 축색돌기의 새로 생긴 부분을 남겨두고 계속 나아간다. 각각의 위치에서 뉴런들은 국소 단서(local cue, 화학적 친화력 또는 경로에 따른 어떤 '길잡이' 세포들의 유혹, 다른 세포들에 대한 척력)와 장거리 단서(long-distance cue, 축색돌기가 표적에 더 가까워질 때 뉴런발육인자(NGF) 응집에의 집중이 계속적으로 증가)를 모두 사용한다. 그리고 표적들의 표면을 따른 이정표의 단계적 변화는 개별 축색돌기들이 그들의 표적을 인식하는 것을 돕는다.

일단 뉴런의 돌출된 축색돌기들이 다른 뉴런에 근접해 있다면 그 뉴런들의 활동 유형이 갖는 상호 관련성은 두 뉴런 간의 시냅스 형성을 촉진한다. 즉, 두 뉴런이 같은 시간에 동시에 활동한다면 서로 간의 시냅스 형성이 더 잘 이루어질 것이다. 그러나 두 뉴런이 동시에 활동하지 않는다면 시냅스를 형성하는 것이 쉽지 않을 것이다. 태아 발달 동안 이 활동 유형은 내재적이며 자발적인 것으로 보인다(예를 들어, 뉴런들은 감각에서 시작해서 최종적으로 뇌에 등록하는 구심성 자극(afferent stimulation)을 원인으로 하지 않는다. 그것들은 자극 없이 발화한다). 시냅스가 형성되고 있다는 첫 번째 신호는 시냅스전 세포와 시냅스후 세포의 얇은 막이 순환하는 활동에 대한 반응으로 시냅스가 두꺼워지는 것이다. 두 번째 신호는 축색돌기의 끝이 성장원뿔(growth cone, 즉 별의 폭발) 같아 보이는 것에서 시냅스 버튼(synaptic bouton, 즉 평평한 바닥에 있는 타원형 모양. 위가 묶인 헝겊으로 된 구슬자루 또는 꼭대기에 단단히 묶인 천 가방을 상상하라) 같아 보이는 것으로 모양이 변하는 것이다. 이때 세 가지 다른 변화가 발생한다. ① 신경전달물질들을 포함하는 원형 소포들(vesicles)이 버튼의 가장자리 근처에 나타난다(자루의 바닥을 따라 있는 점들의 열을 상상하라). ② 버튼과 뉴런의 수상돌기 시냅스후의 표면 사이에 시냅스 간극(synaptic cleft)이 약간 넓게 된다(예: 좁은 타원형을 형성한다). ③ 아교세포가 버튼을 싼다. 이 모든 해부학적 변화의 최종적인 결과는 시냅스전 뉴런과 시냅스후 뉴런 사이의 정보 교환이 빠르고 효과적으로 발생할 수 있다는 것이다. 그러나 신경과학 관점에서 나이 또는 경험에 따라 발생하는 시냅스의 변화를 말하기 전에 먼저 성숙한 시냅스가 어떻게 보이는지를 알아야 한다. 과학자는 어린이 뇌 영역과 성인 뇌 영역에서 완전히 형성된 시냅스들의 수를 계산할 때 완전히 형성된 시냅스를 알아볼 수 있어야 한다.

성인 뇌의 대략 10^{11}개의 각각의 뉴런들은 다른 뉴런들과 1,000번 또는 그 이상의 시냅스 연결을 한다(Goodman & Tessier-Lavigne, 1997). 덧붙여 설명하면, 이 뉴런들은 정형적인 방법으로 서로를 연결하는 경향이 있다. 예를 들어, 어떤 뉴런은 유일하게 수상돌기의 가시에 시냅스를 형성하는 반면, 다른 뉴런은 수상돌기의 줄기에만 시냅스를 형성한다(참고: 가시는 나무의 둥근 잎 같고, 줄기는 나뭇가지 같다). 그러나 발달 초기에는 이 정형적인 유형들이 아직 명확하지 않고, 뉴런들은 정보처리를 위한 기능적인 회로를 만들기 위해 필요했던 것보다 더 많은 시냅스 연결을 형성한다. 그래서 어린아이의 뇌조직 슬라이드는 뉴런을 덮는 많은 시냅스를 나타내는 반면, 성인의 뇌조직 슬라이드는 정형적으로 축소된 유형을 나타낸다. 시냅스의 과잉이 나이에 따라 감소하는(대부분의 종들에게서) 이유는 뉴런의 소멸과 축색돌기의 수축과정 때문이다. 특히, 두 번째 과정에서 시냅스전 뉴런은 시냅스후 뉴런으로부터 떨어져 축색돌기를 수축시킨다(크기가 줄어드는 것으로 나무가 가지들을 작게 해서 이웃 나무로부터 자기 가지를 끌어당기는 것을 상상하라).

뉴런은 소멸하고 왜 살아남은 뉴런들은 그들의 축색돌기를 수축할까? 이에 대해 많은 과학자들은 이 두 과정 모두 활성화된 시냅스후 뉴런들에 의해 분비된 영양인자(trophic factors)라는 물질을 획득하기 위해 뉴런들이 경쟁해야 하기 때문이라고 믿는다(Purves & Lichtman, 1985; Reichardt & Farinas, 1997). 세포의 소멸을 설명하기 위해서 과학자들은 표적 뉴런과 결합한 일부 축색돌기만 생존을 위한 충분한 영양인자를 획득하는 데 성공하는 것이라고 주장한다. 생존하고 동시에 활성화된 시냅스후 뉴런들은 이런 시냅스후 뉴런들과 안정적인 시냅스를 형성하는 경향이 있다. 또한 축색돌기 수축을 설명하기 위해서는 때때로 뉴런들이 하나의 위치로부터 충분한 영양인자를 획득하는 데 실패하나 다른 위치로부터 그것을 충분히 획득하는 데는 성공한다고 주장한다. 이 뉴런들은 소멸하는 대신에 생존할 수 없는 영역으로부터 그들의 축색돌기를 단순히 수축시키는 것이다.

영양인자를 얻기 위한 경쟁의 최종 결과는 분포될 뉴런과 분포된 뉴런의 개체 수 사이의 최적 균형(예: 각 세포 종류의 적당한 수를 가진 기능적 회로)이다. 아마 뉴런과 시냅스의 초기 공급과잉은 뇌가 구성될 때 발생 가능한 문제로부터 보호하기 위한 진화론적 적응으로, 계통발생학적으로 나타난다. 이 공급과잉의 유용성을 이해하기 위해 다음 실험을 생각해 보자. 300가지 기능의 회로(300가지 인지 조작을 위한 각각의 회로)가 있는 뇌를 가진 종(種)을 상상해 보고, 다음으로 하나당 1,000개의 뉴런을 가진 각 회로가 적절히 기능하기 위해 특정한 방식으로 형성된 것을 가정해 보자(총 30만 뉴런). 마지막으로 이 종의 증식성 영역이 발달하는 동안 정확하게 30만 개의 세포를 생산한다고 가정해 보자. 조금만 더 생각해 보면 발달 동안 다음과 같은 모든 것이 발생한다면 바르게 조직된 뇌가 이 종에 유일하게 구성될 것이라는 것을 알 수 있다. 즉, ① 모든 세포들은 정확한 영역으로 이동하도록 관리된다. ② 이웃 세포로부터 전달된 화학 신호가 모든 이동된 세포의 DNA 복제과정에 의해 탐지된다. ③ 모든 세포들의 축색돌기들은 그들의 표적을 찾는다. 사실상 모든 것이 정확히 진행된다면 적절하게 기능하는 뇌가 유일하게 발생할 것이다. 그러나 실제로 많은 경우에 이 과정은 정확히 진행되지 않으며, 필요한 만큼의 신경세포만을 처음에 생산해 내는 생물학적 전략은 명백히 최선의 방법은 아니다.

세포의 소멸과정과 축색돌기 수축이라는 퇴행과정이 발견된 직후, 과학자들은 모든 종이 동일하게 이 두 과정에 의존하는지 알고 싶어 했다. 최근의 몇몇 증거는 하등 종(예: 쥐)이 고등 종(예: 인간)보다 세포 소멸에 더 많이 의존하는 것으로 나타났다. 고등 종은 이와 달리 축색돌기 수축에 의존하는 것으로 보인다(Huttenlocher, 1993). 그러나 이러한 결론은 부검을 이용한 몇몇 연구에 제한되므로 퇴행하는 과정에서 종들 간의 차이를 강하게 주장하기 전에 더 많은 증거들이 수집되어야 할 것이다.

논의될 뇌 발달의 마지막 두 과정은 나무모양 수상돌기(dendritic arborization)와 축색돌기 수초 형성(myelination)이다. 크기(길이와 폭)가 자라는 것에 더하여, 뉴런들은 또한 새로운 수상돌기(수지상분지)를 싹틔우고 특정 축색돌기를 따라 수초(myelin sheath)를 생성한다. 새로운 수상돌기들의 추가는 인지 발달의 주요한 신경적 기초라고 생각된다(Quartz & Sejnowski, 1997). 마음속에 나뭇가지의 생생한 모습을 떠올리기 위해 뉴런들이 '치아펫'(Chia pet: 동물 모양의 작은 도자기에 씨 반죽과 물을 덮은 것)처럼 싹트기를 촉진하는 용액에 담겨진 것을 상상해 보자! 이와 달리 수초(myelin) 형성은 발화를 빠르게 하기 위해 어떤 뉴런의 축색돌기에 지방산 코팅(미엘린)을 더하는 과정이다. 수초는 다른 유형의 성장에 의해 생산된 것 이상으로 뇌의 부피를 상당히 증가시킨다. 뇌는 청년 말기 성숙을 끝냈을 때 출생 시 가지고 있었던 무게의 4배가 된다(Johnson, 1997). 물론 경험에 따라서 시냅스 사이 연결이 끊임없이 변화하기 때문에 엄격한 의미에서 뇌의 변화는 끝나지 않는다고 할 수 있다(이 장의 후반과 제3장 참고). 덧붙여 80세 이상 된 사람 중에서 뇌를 사용 안 하거나 영양이 부족한 경우 뇌의 크기는 종종 줄어든다.

그러므로 뇌 발달에 대한 다음 논의는 어린이의 뇌 발달 상태를 결정하기 위한 점검표가 될 수 있다. 앞서 언급했듯이 부검은 특정 층에 나타난 세포의 종류와 뇌의 다양한 영역의 세포들 사이에 형성된 시냅스의 수를 결정하기 위해 이용되곤 하였다. 이 '최종 상태'는 발달상의 비교를 위한 참조 역할을 한다. 예를 들어, 어떤 사람이 '1, 4, 7, 10, 13세에 얼마나 많은 세포가 네 번째 층에 나타나는가?' '성인 뇌와 어린이 뇌에 평균적으로 각 뉴런당 얼마나 많은 시냅스가 있는가?'와 같이 물을 수 있다. 더욱이 일상적인 환경에서 발달한 보통 성인 뇌에 어떤 것들이 '나타나야' 하는지를 알고 있으면, 우리는 뇌 발달에 다양한 물질 또는 경험의 영향을 고려할 수 있다. 예를 들어, 특정 영역에 있는 뉴런의 수, 이 뉴런에 의해 형성된 시냅스의 수 등에 차이가 있는지 알아보기 위해서 비흡연자의 뇌와 흡연자의 뇌를 비교할 수 있다. 다음 절에서 보다 충분히 후반 주제를 탐색하고자 한다.

3. 뇌 발달에 영향을 주는 요인들

앞의 두 절은 성숙한 뇌의 일반적 특성(예: 이동)뿐만 아니라 그 특성을 생산하는 과정(예: 피질의 판형 조직화)에 초점을 두었다. 이런 접근은 어떻게 우리 모두의 뇌가 기본적인 수준에서 유사한지를 보여 준다. 이 절의 주요한 목표는 뇌구조의 개인차를 만드는 요인들을 밝히는 것이다(예를 들면, 어떻게 우리 모두의 뇌가 다른가?). 다음의 다섯 가지 요소가 차례로 설명될 것이다. ① 유전, ② 환경자극, ③ 영양, ④ 스테로이드, ⑤ 기형발생물질.

1) 유전

유전인자를 발견하기 오래 전부터 과학자들은 어떤 내재적(예: 비환경적) 요인이 종 사이에 관찰될 수 있는 커다란 물리적 차이를 산출하는 원인이라는 것을 알고 있었다(Edelman, 1992). 오늘날 우리는 이 직관이 매우 정확했다는 것을 알고 있다. 인간의 뇌는 유전 정보의 차이 때문에 다른 포유류(우리들의 가장 가까운 원숭이 사촌들을 포함하여)의 뇌와 매우 다르게 보인다. 그러나 같은 종의 객체들 사이에 뇌구조의 미묘한 차이가 나타나는 것은 무엇 때문인가?(Goldman-Rakic, 1994; Talairach & Tournoux, 1988) 예를 들어, 제1장에서 언급했듯이 특정한 영역(예: 브로카 영역)의 정확한 위치에서 개인 간에 차이가 있다. 이 종 내 차이 또한 유전적 차이에 의하여 발생하는가? 이 질문에 답하기 위하여 증식, 이동, 분화의 초기 설명을 부연할 필요가 있다. 그래야 두 관련된 유전연구에 대한 이런 확장된 분석의 함의를 고려할 수 있을 것이다.

뇌 크기의 종 간 차이를 설명하는 가장 중요한 변수는 증식 기간이다. Finlay와 Darlington(1995)은 인간의 전구세포가 쥐의 그것보다 17배 더 분열하며, 이러한 그 차이가 최종 뉴런 수에 있어서 131,000배의 차이를 산출할 수 있다고 주장한다(뉴런 수의 차이는 인간과 실험용 쥐의 뇌 사이에서 발견된다). 어떻게 발달 중인 뇌가 증식하고 있는 세포들이 멈추는 때를 알고 있는가? 한 가지 가능성은 유사분열 분배의 적당한 수가 전구세포들의 DNA 어딘가에 부호화되어 있다는 것이다. 또 다른 가능성은 전구세포들이 뇌의 다양한 지역에 이주된 세포가 충분하다는 신호를 받을 때까지 분열을 유지한다는 것이다(Chenn et al., 1997). 어떤 가능성이 사실로 판명되든 간에 증식이 주로 유전적 지시의 통제 아래 있다는 것은 분명할 것이다.

이와 같은 내용으로 이동과 분화에 대해서도 설명할 수 있다. 이 장의 서두에서 우리는 증식된 세포가 어떻게 특정 세포 유형이 되도록 유전적으로 결정되는지, 그리고 어떻게 그들이 증식성 영역을 떠나자마자 곧 특정 층으로 이동하는지 알아보았다. 그렇지만 우리는 이 예정이 반드시 그대로 되지 않는다는 것도 알았다. 다시 말하면, 이웃 세포로부터의 신호가 특정 세포의 최종 운명을 결정하는 역할을 하는 것으로 보인다. 결국 유전의 역할은 주로 세포가 다른 것으로 변하는 것을 통제하지만 어느 정도 제한된 융통성이 체제 안에 구축되어 있다고 요약할 수 있다.

주목할 가치가 있는 또 하나는 이동의 개연적 특성과 관련된다. 세포가 이동할 때, 세포들은 다양한 방식으로 서로 중첩되기도 하고, 그냥 통과하기도 하고, 때로는 접촉 관계를 형성하기도 한다(Edelman, 1992; Rakic, 1993). 결과적으로 세포가 이동할 때 어느 곳에 정착할 것인지 확실히 아는 방법은 없다(Chenn et al., 1997). 이 같은 이동과정의 확률적인 특성은 유전 정보가 건축물의 설계도와 유사하지 않음을 의미한다. 같은 청사진으로 세워진 두 개의 건물이 동일한 반면(크기나 방의 위치 등의 측면에서), 같은 유전정보 설정으로 만들어진 두 개의 뇌는 상당히 다를 수 있다.

후자의 관점은 뇌 발달에서의 유전의 역할에 대한 더 나은 통찰을 제공하는 후속 연구와 좋은 연결을 제공한다. 쌍둥이에 대한 신경과학적 연구를 수행하였던 연구원들은 두 가지 중요한 발견을 했다. 첫째, 정확하게 같은 유전적인 정보를 가지고 있는 사람들(예: 일란성 쌍생아(MZ))도 때로 구조적으로 다르게 뇌가 발달한다(Edelman, 1992; Segal, 1989; Steinmetz et al., 1995). 사실상 일란성 쌍둥이들은 거울상을 가지고 있는 것이 뇌 발달에서 발견되었다(예: 한 사람이 우세한 좌반구를 가지는 반면, 다른 한 사람은 우세한 우반구를 가진다). 또 다른 유형의 쌍생아인 이란성 쌍생아들은 그들이 같은 시간에 태어난 사실을 제외하고는 다른 유전자를 가진 경우다.

그러나 연구자들은 신경학적 장애를 가진 일란성 쌍둥이들 사이에 비교적 높은 일치율이 있다는 것 또한 발견하였다. 일치율이란 쌍생아 둘 다 같은 형질을 보이는 정도를 의미한다(예: 둘 다 장애를 가지고 있거나 둘 다 장애가 없는 경우). 읽기장애의 유전적 기초 연구의 한 예로 DeFries, Gillis 및 Wadsworth(1993)는 이란성 쌍생아(DZ)의 31.5%와 비교해서 일란성 쌍생아(MZ)의 경우 53.5%가 읽기 문제에서 일치성을 보였다는 것을 발견하였다. 그러나 이 일치율이 둘

다 100%보다 꽤 낮고 유전과 뇌구조 사이에 일대일 대응관계가 성립되는 결정적인 관계가 아니라는 것을 보여 준다는 것에 유념할 필요가 있다. 또한 DeFries 등은 연구자료에서 읽기장애의 유전 가능성을 예측하였을 때, 읽기 프로파일에서 변량의 44% 정도가 유전에 의해 설명되고 비유전적 요소에 의해 56%가 설명된다는 것을 발견했다. 후속 연구에서 좀 더 높은 일치율과 유전 측정치를 나타냈으나(예: Knopik, Alarcon, & DeFries, 1997) 종합적인 결과는 본질적으로 동일하다. 일란성 쌍생아들의 키와 몸무게(r = .97)가 대단히 유사하기 때문에 읽기장애가 아마도 증식 문제의 소산물은 아닌 것처럼 보인다. 오히려 읽기 문제는 뇌 발달의 다른 측면(예: 시냅스의 형성, 축색돌기들의 가지치기 등. 제7장 참고)에서 발생한 것으로 보인다.

뇌 발달에서 유전의 상대적인 중요성을 평가하는 방법으로 신경학적 병리와 특정한 유전 사이의 관련성을 보여 주는 다운증후군(DS)과 같은 질병을 조사하는 것이다. 미국에서 다운 증후군, 즉 3염색체성 21(Trisomy 21)은 정신지체의 주요한 원인이다. 그것은 감수분열 동안에 21번째 염색체 일부분이 분리되지 않기 때문에 21번 염색체 세 개가 일반적인 두 개의 염색체 대신 나타난다(Coyle et al., 1988; Hassold, Sherman, & Hunt, 1995). 이 여분의 유전물질은 다운증후군을 가진 사람과 건강한 사람 사이에 해부학적으로 그리고 건강과 관련하여 많은 차이를 발생시킨다(Coyle et al., 1988; Kemper, 1988). 여기서 특별히 관심을 끄는 것은 그 차이점이 뇌구조와 관련된다는 점이다. 다운증후군을 가진 개인들은 건강한 아이들이나 어른들보다 작고 덜 발달된 뇌를 가지는 경향이 있다. 덧붙여 다운증후군을 가진 사람들은 33% 더 적은 대뇌피질 뉴런들, 덜 복잡한 연결 유형, 감소된 수초 그리고 외형상 비정상적인 선단 수상돌기(예: 더 얇은 척추와 가늘고 긴 목)를 가지는 경향이 있다. 이러한 발견은 정상인보다 1개 많은 염색체가 증식과정, 신경엽전 형성 및 수초 형성을 방해할지 모른다는 것을 보여 준다.

비록 뇌 발달에서 유전자의 역할에 대해 더 많이 언급할 수 있지만, 발달과정(예: 증식), 쌍생아 연구, 유전적 장애에 관한 지금까지 논의는 몇 가지 포괄적인 결론을 도출하기에 충분한 의미를 갖는다. 첫째, 유전 정보의 어떤 변화가 분명 뇌 부피와 연결 유형에 상당한 정도의 변화를 줄 수 있는 것으로 보인다. 예를 들어, 유전물질 양의 2% 변화(예: 46번 염색체에서 47번 염색체로의 이동)는 뇌구조(예: 정상적인 사람의 뇌 대 다운증후군을 가진 사람의 뇌의 외피 뉴런 수)에 33%의 차이를 일으킬 수 있다. 그러나 사람들이 같은 유전자를 가지고 있어도 크기, 모양, 영역 조직화의 관점에서 다소 다른 뇌를 가질 수 있는 가능성은 여전히 존재한다. 유전과 뇌조직 사이에 일대일 대응이 이루어지지 않아서 연구자들은 뇌의 조직구조 또는 크기가 다르기 때문에 단순히 두 사람이 다른 유전자를 가지고 있다고 가정하지 못하게 된다. 즉, 연구자들은 두 사람이 다른 유전자를 가지고 있기 때문에 다른 뇌를 가지고 있다고 주장하지 않고(일란성 쌍생아의 경우), 또 두 사람의 뇌가 해부학상 동일하게 보이기 때문에 같은 유전자를 가져야 한다고 명확히 주장하지도 않는다(거의 유전자를 공유하지 않은 관계없는 두 사람도 동일한 뇌를 가질 수 있다).

2) 환경자극

이번에는 본질적으로 유전자가 우리 뇌를 왜 부분적으로 설명할 수밖에 없는지에 대해 알아보고자 한다. 뇌를 형성하는 역할을 하는 두 번째 요인은 환경자극이다. 동물은 환경에 적절하게 반응하기 위해서 그들의 경험과 어울리는 정신적인 표상을 형성할 수 있어야 한다(Greenough, Black, & Wallace, 1987; Johnson, 1997). 예를 들어, 기억 속에 새로운 적응과 관련한 경험을 저장하는 것(예: 불이 탄다는 사실)뿐만 아니라 동종(예: 그들의 어머니들과 형제들)을 알아볼 필요가 있다. 많은 동물들은 자신의 외부 감각기관과 밀접하게 결합된 이미 결정된 신경회로로 그러한 것들을 학습할 준비가 되어서 태어난다.

이미 결정된 신경회로는 환경으로부터 입력된 신호를 수신하고 처리하고 저장하는 피질 뉴런(cortical neurons)과 입력된 신호들을 다양한 감각기관으로부터 뇌로 가져오는 구심성 뉴런(afferent neurons)으로 구성된다. 부검연구는 특정한 감각기관으로부터 나온 구심성 뉴런이 모든 사람들에게서 일반적으로 같은 영역에서 끝난다는 것을 보여 준다(예: 눈에서 시작한 구심성 뉴런의 경우 후두엽 V1 영역에서 끝난다). 그렇다면 모든 사람이 대략적으로 동일한 피질 영역에서 특정한 기관으로부터 입력된 신호를 처리하고 저장할 것이라고 필연적으로 예상할 수 있다(Johnson, 1997). 그러나 미리 설정된 돌기의 위치와 환경자극이 함께 영역 조직화에 영향을 미친다는 것을 주목하는 것이 중요하다. 구심성 신경을 제거하면 피질의 특정 영역(예: 영역 V1)에서 구체적인 유형의 표상(예: 우리가 알고 있는 사람들의 시각적 표시)을 발달 시킬 수 없다. 마찬가지로 우리는 어떤 사건들을 경험하지 않고서는 결코 사건의 표상을 확실히 발달시킬 수 없다. 이와 반대되는 주장도 경험적으로 검증되었다.

한 예로 동물들을 대상으로 한 외과연구는 비전형적인 외피질 지도가 시상에서 새로운 영역으로 확장된 입력섬유의 방향 전환에 의해 만들어질 수 있다는 것을 보여 주었다. 예를 들면, 정상적으로 신경다발은 위쪽 시각돌기(eyes projection)와 뒤쪽 뇌 중앙의 시상하부에서 피질 속 후두엽의 영역 V1(머리의 뒤쪽)으로 시각 정보를 전달한다. 과학자들은 투사하지 않을 만큼 전두엽 쪽으로 이 다발의 방향을 변경했을 때, 전두엽에 있는 세포들이 후두엽에 있는 세포들이 하는 것과 같은 방식으로 시각 정보를 처리하는 것을 발견했다. 연구들을 통해 동물들이 그 영역에 정상적으로 뻗은 시상돌기 일부분을 잘라낼지라도 새로운 돌기와 새로운 표상이 만들어진다는 것이 밝혀진 것이다(Recanzone et al., 1993). 유사한 유형의 가소성이 뇌손상 또는 간질을 경감하기 위해 뇌 일부분을 제거한 사람에게서 관찰되었다(Johnson, 1997). 정상적으로 언어기술과 관련 있는 신경 영역은 대부분 오른손잡이일 경우 왼쪽 반구에 위치한다. 계속되는 발작을 경감하기 위하여 좌반구를 제거한 유아들은 그들의 남아 있는 우반구로 언어 영역들을 발달시킨다. 이처럼 피질의 판형조직이 크게 내재적으로 결정되는 반면(즉, 유전에 의해 사전 프로그램화되고 피질로 유입되는 구심성 자극과 관련 없는 반면), 영역조직은 사전에 존재한 돌기들과 환경자극 모두에 의해 결정되는 것으로 보인다(Chenn et al., 1997; Johnson, 1997). 추론적으로 후자의 관점을 이해하기 위해 피질 안의 신경집합들이 자신의 개인 칸막이 안에서 일하고 있는 신용카드 회사 직원들과 같은 처리과정이라고 상상해 보자. 더 나아가 고객들에게 걸려온 외부 전화가 환경으로부터 유입된 구심성 자극과 유사하다고 상상하라. 만약 어떤 사람(예: 사장)이 회사 직원들을 적재적소에 배치하지 않고, 전화선을 통한 컴퓨터 네트워크에 접속하지 않는다면 그 사업을 할 수 없을 것이다. 또한 고객들이 결코 전화를 하지 않으면 그들의 컴퓨터 데이터베이스는 모두 비어 있을 것이다. 이처럼 운영되고 있는 회사는 즉시 입력을 받기 위해 미리 설치된 구조와 입력자극 자체를 필요로 한다.

한편, 연구는 환경자극이 발달의 특정 시기에 따라 뇌구조에 다른 영향을 미칠 수 있다는 것을 보여 준다(Greenough et al., 1987). 예를 들어, 동물들은 출생 후 2주 동안 완전한 어둠 속에서 사육될 경우 영구적으로 눈이 멀 수 있다. 그러나 자극의 결손이 출생 후 다소 늦게 발생한다면 시각적 기능은 다시 정상적으로 발달된다. 그러한 시간에 의존한 결과를 설명하기 위해 Greenough 등(1987)은 포유류의 뇌 발달에는 경험기대(experience-expectant), 경험의존(experience-dependent)의 두 가지 신경적 가소성 유형이 있다고 주장한다. 경험기대 가소성은 발달하는 신경체계 촉진을 위하여 환경 속에서 규칙들을 활용한다. 만약 동물들이 이러한 규칙들(예: 경험 대비, 움직임 등)을 경험한다면 적절한 신경구조가 발달할 것이다.

경험기대 가소성에서 변화기제는 시냅스들의 초기 과잉생산 경험에 대한 반응으로 무성한 돌기들을 가지치기하는 것으로 나타난다. 시냅스의 과잉생산은 증식과 이동 동안 발생 가능한 문제에 대하여 균형을 잡기 위한 목적으로 발생한다(기능적인 신경회로를 형성하기 위해 충분한 뉴런이 있다는 것을 확실히 하기 위하여). 그런데 앞서 기술했듯이 뉴런들이 한정된 영양인자의 공급을 서로 경쟁해야 하기 때문에 가지치기가 발생하게 된다.

두 번째 유형인 경험의존 가소성에서는 동물들이 환경의 독특한 속성들에 대한 표상들을 형성하기 위하여 뇌의 가소성이 진화되었다고 생각한다(예: 어머니의 특징, 음식과 안식처의 출처, 모국어의 특성 등). 여기서 변화 기제는 새로운 시냅스들이 생성된 만큼 과도한 시냅스들을 제거하는 것을 의미하지는 않는다(Greenough et al., 1987; Quartz & Sejnowski, 1997). 더 정확히 말해, 새로운 학습은 시냅스의 재조직(약간의 시냅스 제거에 따른 다른 시냅스의 증가)으로 가장 잘 이해될 수 있을 것이다.

그래서 대부분의 사람들이 정상적으로 보고 들을 수 있다는 사실은 우리가 어렸을 때 적절한 시각적 또는 청각적 경험을 가지고 있었다는 사실에 기인한다. 우리가 피질의 특정 영역 안에 특정한 감각경험을 나타낼 수 있다는 것은 ① 그 영역에서 구심성 투사가 이루어지고 ② 우리가 경험을 한다는 사실에 기인한다. 이러한 방법으로 경험은 우리 뇌를 형성하고 역동적인 신경구조를 만들 수 있다.

3) 영양

동물을 대상으로 한 실험연구는 영양실조가 뇌 발달에 여러 가지 영향을 미칠 수 있다는 것을 보여 주었다(Winick, 1984). 과학자들은 초기(예: 태아기) 영양실조가 세포들의 증식 비율을 늦추고 동물 뇌의 뉴런과 아교세포의 전체 수를 감소시킨다고 제안함으로써 시간의존적 결과가 나타남을 설명한다. 대조적으로 후기 영양실조는 이미 증식된 세포들의 성장 속도와 수초 획득 비율을 느리게 한다. 후기 영양실조의 문제는 영양가 높은 음식을 제공하는 것으로 개선될 수 있지만, 매우 적은 수의 세포를 갖게 되는 초기 영양실조는 이러한 방식으로 회복될 수 없다. 그러므로 이러한 연구 결과들은 인간 뇌의 발달에서 태아기 영양실조가 출생 후 영양실조보다 더 영구적인 손상을 야기한다고 제시한다(증식은 인간의 임신기간 동안에 주로 발생하기 때문에).

이러한 주장은 Pollitt, Gorman, Engle, Martorell 및 Rivera(1993)에 의해 수행된 준실험연구뿐만 아니라 영양실조에 걸린 아이들과 정상적인 아이들의 다양한 상관관계 연구에서도 지지된다. 위의 연구자들은 가난한 과테말라 임산부와 그들의 아이들에게 고단백, 고칼로리 식품보조제(Atole), 혹은 저단백, 저칼로리 식품보조제(Fresco)를 주었다. 일부 아이들은 출생 후 제공받았고, 다른 아이들은 출생 전후에 받았다. 아이들은 종단적으로(즉, 지속적으로) 연구되었고, 취학 전과 청소년기에 다양한 측정이 이루어졌다. Pollitt와 그의 동료들에 따르면 보조제를 제공받은 아이들은 프레스코 보조제를 제공받은 아이들보다 성(gender), 연령, 사회경제적 지위를 통제한 후에도 취학 전 아동을 대상으로 한 검사에서 유의하게 높은 수행을 보였다. 청소년을 대상으로 한 검사에서 아톨 보조제는 고차원의 인지기능과 관련되었지만 단지 1~5%의 변량만을 설명했다. 성, 사회경제적 지위, 학교교육과 같은 환경요인들이 더 많은 변량을 설명하는 것이었다. 그런데 동물을 대상으로 한 다른 연구 결과와 유사하게 Pollitt와 그의 동료들은 생후 24개월 후 보조제를 섭취하기 시작한 아이들이 출생 전후에 보조제를 받은 아이들보다 효과가 적었다는 것을 발견하였다.

결과적으로 이러한 연구들은 영양이 뇌 발달의 두 가지 중요한 측면인 증식과 수초 형성에 영향을 줄 가능성이 있다는 것을 제시한다. 연구들은 또한 아이들의 식단에 적절한 수준의 단백질과 지방산을 포함함으로써 아이들의 뇌 발달을 도울 수 있다는 것을 보여 준다(Winick, 1984). 그러나 페닐케톤뇨증(phenylketonuria: PKU)을 앓고 있는 아이들에게 고단백 음식을 점검하지 않고 제공하면 치명적일 수 있다. 페닐케톤뇨증을 가진 아이들은 아미노산 페닐알라닌을 아미노산 티로신으로 전환할 수 없다(Diamond et al., 1997). 결과적으로 페닐케톤뇨증 아이들은 두 가지 주요한 문제를 경험한다. 첫째, 혈류에 존재하는 높은 수준의 페닐알라닌은 진행성 뇌 손상과 정신지체의 원인이 된다. 둘째, 페닐케톤뇨증 아이들에게 부족한 티로신은 도파민의 전구체인데 도파민에 민감한 뉴런이 포함된 회로는 도파민이 너무 낮은 수준일 때 적절히 작동할 수 없고, 따라서 페닐케토뇨증 아이들은 도파민과 관련한 인지적 문제를 경험하게 된다.

첫 번째 문제는 페닐케톤뇨증 아이들로 하여금 높은 수준의 페닐알라닌이 포함된 음식을 피하게 함으로써 완화시킬 수 있다(오랫동안 적용된 전략). 그러나 연구자들은 두 번째 문제를 해결하는 방법을 아직 알아내지 못했다(Diamond et al., 1997). 결과적으로 많은 페닐케톤뇨증 아이들은 여전히 미묘한 인지결손을 경험하고 있다.

4) 스테로이드

호르몬의 일종인 스테로이드는 성적 특성의 발달과 스트레스에 대한 반응을 포함하는 몇 가지 기능을 한다. 과학자들은 스테로이드가 네 가지 이유로 뇌 발달에 영향을 준다고 믿는다. 첫째, 뇌는 에스트로겐에 대한 수용체와 관련된 물질들(예: 코르티솔과 다른 스트레스 호르몬들)을 포함하는 여러 신체기관 중의 하나다. 스테로이드가 스테로이드 표적조직들(예: 생식기)을 변형시키는 것과 같은 방식으로 태내기 발달 동안 뇌의 신경세포들을 변형시킬 수 있다(Kelly, 1993). 또한 과도한 스트레스 호르몬은 뇌의 어떤 중요한 영역에 있는 뉴런들의 소멸을 촉진할 수 있다(제5장과 제8장 참고). 두 번째 이유는 인지적 기술, 심리적 장애, 폭력적 행동과 같은 것에서 발견되는 일관된 성차와 관련이 있다. 많은 과학자들은 일관성 있는 이러한 차이는 선천적인 남녀 뇌의 구조적 차이를 지지하는 증거로 믿는다(Halpern, 1992).

세 번째 이유는 동물을 대상으로 한 다양한 실험연구에서 추론되었다. 관련된 연구에서 과학자들은 육안으로 관찰될 수 있는 뇌구조상의 성적 차이를 발견했다(Breedlove, 1994). 다른 연구들은 성 호르몬이 동물의 뇌와 행동을 변형시킬 수 있다는 것을 보여 주었다. 예를 들어, 안드로겐에 노출된 암쥐는 숫쥐가 보이는 성적 행동 특성(예: 등에 오르는)을 보였다.

네 번째 이유는 동성애적 남자(집단 1)와 이성애적 남자(집단 2) 그리고 이성애적 여자(집단 3)의 세 집단의 뇌를 비교했던 최근 연구에서 추론된다. 그 비교의 논리는 다음과 같다. 만약 남자에 대한 성적 매력이 뇌에 기초한다면, 집단 1 사람들의 뇌는 집단 2 사람들의 뇌보다 집단 3 사람들의 뇌와 더 비슷하게 보일 것이다. 최근에 연구자들은 이 예상된 패턴을 성적 기능에 관련된 시상하부의 영역에서 발견하였다. 이 영역은 집단 1 또는 집단 3보다는 집단 2에서 상당히

켰다(집단 1과 집단 3은 차이가 없었다).

이러한 모든 연구 결과들은 확실히 흥미로운 것이지만, 그것이 인간의 뇌가 성적으로 서로 다름을 확고하게 증명한다고 말할 수 없다. 첫 번째 문제는 뇌에 대한 MRI 또는 사체부검을 한 연구자들이 보고한 증거들이 상당히 일치하지 않는다는 것과 관련이 있다. 어떤 연구자들은 행동적 증거들과 일치하는 구조적 차이를 발견했고(예: 남자에게 더 큰 공간 영역), 어떤 연구자들은 예상했던 것과는 반대되는 차이를 보고하였다(예: 여자에게 더 큰 공간 영역). 그리고 또 어떤 연구자들은 전혀 구조적 차이를 발견하지 못했다(Beaton, 1997; Breedlove, 1994; Driesen & Raz, 1995; Giedd et al., 1996). 두 번째 문제는 인간 행동이 동물의 행동보다 훨씬 융통성이 있고 상황에 민감하다는 것이다(Breedlove, 1994; Byrnes & Fox, 1998). 그러므로 인간과 동물이 어떤 실험적 개입(예: 안드로겐을 주입)에 같은 방식으로 반응할 것이라고 생각해서는 안 된다. 세 번째 문제는 실험에서 목표로 하는 뇌 영역이 인간 또는 동물의 성적인 행동과 일관된 관계를 가지고 있지 않다는 것이다. 마지막으로 뇌의 특정 영역의 크기가 행동과 반드시 관련된다는 이유가 분명하지 않다(Breedlove, 1994; Beaton, 1997).

그러므로 스테로이드가 남녀 뇌를 변형시킬 수 있을 것이라는 생각이 일면 타당해 보일지라도, 과학자들은 이러한 변형에 대한 물적 증거를 거의 확보하지 못했다. 이러한 증거 부족은 성에 따른 뇌의 차이가 존재하지 않거나 또는 과학자들이 정확한 위치를 찾았어도 잘못된 측정 기준을 사용해 왔다는 것을 의미한다. 후자의 가능성에 비추어 스테로이드가 어떤 영역에서 특정 유형의 세포 분포 또는 연결 패턴을 변형시키는지 조사해 온 연구자들이 거의 없다는 사실을 주시해 보자. 그러한 차이점은 MRI 기술로는 찾아낼 수 없지만(모양 또는 크기와 전혀 관계가 없기 때문에) 사체부검을 통해서 발견할 수 있을 것이다.

5) 기형유발물질

기형유발물질이라 부르는 이질적인 물질은 발달 중에 있는 배아 또는 태아에 기형을 유발한다. 연구자들은 회상분석(retrospective analyses), 계획된 종단연구 및 실험연구를 통하여 기형유발물질을 확인한다. 연구자들은 회상기법을 사용하여 선천적 결함을 가지고 태어난 아이들의 어머니를 대상으로 자궁 내에서 아이의 발달과정을 변형시킬 수 있었던 어떤 것(예: 알코올)을 섭취했거나 어떤 것(예: 바이러스)에 노출되었는지를 알아보기 위해 면접을 수행한다. 또한 연구자들은 계획된 종단기법을 사용하여 임신부들을 임신기간과 출산 후 몇 년 동안 추적하여 그들의 행동과 관련하여 면접하는 방법을 적용한다. 흥미로운 것은 기형유발물질에의 노출과 아이들의 발달 결과 사이의 관계다. 계획된 실험기법을 사용하는 경우 수태한 동물들을 기형유발물질로 의심되는 다양한 약품에 노출시킨다. 그리고 새끼들의 신체나 행동 이상에 대해 분석하는 방법을 적용한다.

과학자들은 물질이 다음에 제시된 내용들을 모두 만족시킬 때만 이를 기형발생물질이라고 간주한다. ① 회상 또는 계획 연구로부터 물질과 선천적 결함 사이에 일관된 연관성을 보여 주는 충분한 수준의 증거가 축적된다. ② 계획된 실험연구에 사용된 물질의 투여량이 비현실적으로 많지 않아야 한다. 대부분의 일상적인 물질(예: 카페인과 니코틴)은 극단적이고 비현실적으로 투여될 때에만 선천적 결함을 일으키지만, 현실적 수준에서 사람들에게 투여되었을 때 문제를 발생시키지 않는다. 그러한 물질은 일반적으로 과학자들에 의하여 기형유발물질로 고려되지 않지만, 정부가 발표하는 피해야 할 물질 목록 또는 제품포장의 경고문에는 표시될지도 모른다. 정부는 이러한 물질이 위험한가를 결정하는 데 시간이 걸리므로 좀 더 신중하게 접근하려고 한다. 정부 공무원들은 후회하는 것보다 안전한 것이 더 좋다고 생각하기 때문이다.

일반적으로 두 가지 유형의 기형유발물질인 바이러스와 약물은 많은 조사연구의 주제가 되어 왔다. 바이러스는 숙주 세포(예: 뉴런)에 침입해서 주위 조직에 핵산을 방출하고, 숙주 세포의 신진대사 조직을 흡수함으로써 자신을 번식한다. 이 침입은 성숙한 유기체에 무기력과 발열 같은 일시적인 증상들을 일으킨다. 만약 바이러스성 전염이 기관 발달과정에서 유기체의 세포가 증식, 이동 또는 분화될 때 발생한다면 유기체에 더욱 영구적인 영향을 끼칠 수 있다. 풍진과 같은 바이러스는 소뇌증(예: 작은 머리와 뇌) 등의 선천적 결함과 관련된다. 다른 바이러스들이 같은 방식으로 비정상적인 뇌 발달에 관련되는지는 아직 명확하지 않다. 그러나 핵심은 바이러스가 특정한 종류의 조직들을 목표로 하는지의 여부로 보인다. 감기와 독감 바이러스는 각각 코와 폐 조직을 목표로 하지, 발달 중인 태아조직(발달 중인 뉴런 같은)을 공격하는 것 같지는 않다.

약물 또는 독성 물질과 관련하여 물질(납, 알코올, 대마초, 마리화나,

코카인, 카페인, 니코틴, 아스피린, 아세트아미노펜, 항히스타민제)들이 기형유발물질인지를 판단하기 위해 수많은 실험과 회상 연구가 수행되었다. 높은 수준의 납에 노출된 어머니의 유산(즉, 자연유산) 비율은 높았지만, 보다 낮은 수준의 납에 대한 노출은 아이들에게 심각한 결함 혹은 신체적 이상을 나타내지 않았다(Bellinger & Needleman, 1994). 그러나 어머니의 알코올 섭취는 다양한 인지와 운동기능의 결함과 일관되게 관련 있었다(Barr et al., 1990; Streissguth et al., 1989; Streissguth et al., 1994). 술을 많이 마시는 사람과 알코올 중독 환자들에서 태어난 아기 중 1,000명당 3명의 비율로 태아 알코올 증후군이라는 질병이 발생된다. 대마초, 코카인, 카페인, 니코틴, 아스피린, 아세트아미노펜 그리고 항히스타민제와 관련하여, 사람을 대상으로 한 계획적인 회상 연구에서 수집된 증거는 이 물질들이 장기적 인지 혹은 운동 기능 결함과 일관된 관련을 보이지 않음을 제시한다(Barr & Streissguth, 1991; Hinds et al., 1996; Streissguth et al., 1994). 그러나 동물 대상 실험연구에서는 이러한 모든 약물이 기형에 영향을 준다는 것이 발견되었다. 각 사례에서 약물이 증식, 이동, 분화의 과정에 간섭할 가능성이 있다는 증거가 있다. 이 장의 마지막 절에서 왜 이 약품들이 인간의 후손보다 동물들의 후손에게 더 많은 영향을 주는 것으로 보이는지에 대해 탐색할 것이다.

6) 요약

앞선 논의는 뇌구조의 개인차를 야기하는 것으로 알려진 유전, 환경자극, 영양, 스테로이드 그리고 기형유발물질의 다섯 가지 요소에 중점을 두었다. 이러한 분석에서 ① 유전자의 차이, ② 환경자극의 수준이나 유형 차이, ③ 음식물 섭취의 수준이나 유형 차이, ④ 스테로이드 노출수준이나 유형의 차이, ⑤ 기형유발물질에의 노출수준이나 유형의 차이 때문에 두 사람의 뇌가 다르게 발달할 수 있다는 것이 밝혀졌다. 그러나 전반적인 증거들은 사람들 간에 발생할 수 있는 구조적 차이의 대부분은 보다 작고 미묘한 경향이 있다고 제시한다. 두뇌들의 큰 발달 차이는 이러한 여러 요인들이 함께 작용할 때, 혹은 개별 요인들이 극단적으로 관련될 때만 발생된다(예: 46번 염색체에서 47번 염색체로의 변화, 음식섭취를 60% 정도 줄일 때, 암실에서 기른 동물들, 매일 많은 양의 술을 마시는 것 등).

4. 결론 및 유의점

어떤 의미에서 보면 이 장은 인간의 뇌가 '어떻게' 형성되는지에 대한 안내서 역할을 한다. 뇌의 표준모형은 이미 설정된 선택사항과 같아서 매우 해로운 환경의 영향을 받는 상황을 제외한다면 거의 같게 나타난다. 인간의 뇌가 성공적으로 적응하며 발달하는 과정의 이면에는 두 가지 원리가 있다.

① 과잉생산: 대부분의 사람들은 필요한 것보다 더 많은 뇌세포와 시냅스 연결을 형성한다. 만약 증식, 이동, 분화, 신경엽전 형성이 어떤 방식으로든 느려지거나 변형된다 할지라도 주위에는 기능하는 회로를 형성하기 위해 여전히 충분한 세포가 있을 것

이다.

② 유연성과 가소성: 이들은 세포 송환작용의 반복 실행으로 유전적 정보를 증가시킨다. 유연성과 가소성은 경험기대와 경험의존 학습과정 모두를 사용한다. 만약 본래의 뇌 영역에 기능적 회로가 부족하다면 대안적인 뇌 영역을 사용한다(후자는 대개 어린아이들에게 적용된다).

이 두 원리와 자궁 내 환경(예: 복잡하고 수동적인 이동 등)은 또한 뇌구조에 개인적 차이가 예외라기보다는 오히려 일반적이라는 것을 의미한다(일란성 쌍생아에게조차). 그러나 대부분의 경우 뇌구조에 발생한 차이는 다소 미묘한 것이다. 어떤 작은 뇌 구조의 차이라도 행동의 개인차 또는 쌍생아의 표현 유사성에 미치는 영향이 있는지는 현재 논쟁거리다.

더 나아가 뇌 발달에 관하여 우리가 아는 것이나 믿는 것이 여전히 잠정적이고 논쟁의 여지가 있다는 것을 지적하는 것이 중요하다. 대부분의 연구자들이 뇌 발달에서 어떤 요인의 잠정적인 역할을 알아보기 위해 동물 대상 실험연구에 의존하였다는 것은 연구결과의 확실성을 상대적으로 약화시킨다(예: 환경자극, 호르몬 등). 종들 간의 차이는 그런 연구로부터 유도될 수 있는 결론들을 모호하게 한다(제1장 참고). 더 나아가 사람을 대상으로 한 연구는 부득이 실험적이기보다는 오히려 상관적이라서 배경변인(예: 영양)과 결과(예: 뇌 크기) 간의 관계를 논리적인 인과관계로 설명해 내기 어렵다는 점을 충분히 고려해야 한다.

그렇다면 심리이론, 교육실천 그리고 공공정책을 위한 뇌 발달 연구의 함의는 무엇인가? 우리는 개인의 성숙한 뇌의 형태는 ① 증식 단계의 기간과 생산된 뉴런의 종류와 위치를 구체화하는 유전 정보, ② 세포의 이동과 점진적으로 축색돌기가 길어지는 것과 관련된 기계적 과정, ③ 뉴런 사이의 화학신호들(분화과정을 알리고 축색돌기 안내를 돕는 다른 신호뿐만 아니라 다른 시냅스들에게 전달되는 신경전달물질) ④ 뉴런 다발이 함께 발화하게 하고, 서로 시냅스를 형성하고, 피질의 기능적 영역(예: 시각과 수)을 형성하는 원인인 환경자극, ⑤ 정상적인 구성과정을 방해하는 다른 요인들(예: 기형유발물질과 질병)의 연합된 결과임을 알아보았다. 우리는 또한 유전자와 뇌의 최종적 세포구축 관계과 일대일이 아니라 인간의 뇌가 스스로 재조직될 수 있고 환경의 장애를 극복할 수 있는 매우 유연한 것임을 알아보았다. 그러나 문제를 극복하는 뇌의 능력은 시간에 따라 변한다. 예를 들어, 태아기 뇌의 영양실조 결과가 비교적 영구적인 반면, 출생 후 영양실조 결과는 회복될 수 있는 것으로 보인다.

이러한 잠정적인 결론과 직면하게 될 때 여러 반응이 있을 수 있다. 어떤 사람들은 이 장의 결과들을 인지 발달에서 구성주의적 입장을 옹호하기 위해서 이용한다(Quartz & Sejnowski, 1997). 구성주의 입장은 표정, 수학 기능, 문법적 범주 같은 정신적 표상이 환경적 투입 이전인 출생 시에 존재한다는 생각을 지지하는 생득론적 관점과 정신이 이후의 환경적 투입에 의해 전적으로 형성되므로 출생 시에는 백지와 같다는 생각을 지지하는 경험론적 관점의 중간에 위치한다. 발달심리학자들 가운데 생득론자와 경험론자들 사이에 활발한 토론이 진행되고 있다. 그래서 아마도 그 결과가 구성주의 철학의 입장을 지지하기 위해 사용될 수 있을 것이다. 이와 관련해서 대부분 수학과 과학 교육자들은 최근 구성주의 철학을 지지한다(Byrnes, 2001). 그래서 그들은 자신의 입장을 위해 연구결과를 사용할 것이다. 그러나 구성주의의 메타이론적 신념체계를 지원하는 결과와 이러한 패러다임(예: 미국 수학교사회(NCTM)가 지지하는 Piaget의 이론 또는 교수법)에 일치하는 특정 이론 또는 수업기술을 지원하는 결과 사이에는 큰 차이가 있다. 개념적이고 행동적으로 구성주의를 실천하는 데는 여러 가지 방법이 있다(기독교의 종교적 신념과 일치하는 많은 생각, 행동, 의식들이 있는 것처럼).

이와 관련하여 일부 사람들은 발달 후기보다는 취학 전(결정적 시기가 끝나기 전)에 외국어와 음악 수업을 시작해야 한다는 주장을 펴기 위해 환경적 투입과 뇌구성 사이에 시간의존 관계를 사용한다. 대조적으로 다른 사람들은 극단적 손실의 경우만 적용하였기 때문에 환경의 시간의존 영향에서 어떤 결론도 내릴 수 없다고 주장한다(Bruer, 1998). 저자는 전자보다 후자에 더 동의하면서도 우리가 어린이에 대한 태도를 가지는 데 전자의 결과들이 중요하다고 덧붙이고 싶다. 과학자, 교육자 그리고 부모들까지 능력과 장애에 대한 결정론적이고 비관적인 관점을 가지는 불행한 경향이 있다. 가소성과 환경 투입에 관련된 결과들은 어린이들이 유전 때문에 특정한 결과로 미리 운명 지어지지 않는다는 것을 보여 준다. 다시 말하면, 우리가 아이들의 능력을 향상시키기 위하여 할 수 있는 것이 많다는 것이다. 우리가 일찍 시작할수록 구성과 가소성이 더 빨리 시작될 수 있다. 동일한 방식으로 결과들은 능력에서 성과 인종적 차이가 상대적으로 쉽게 제거될 수 있고, 유전적 배경을 가진 질병(예: 읽기장애, 자폐증 등)을 자신의 아이들에게 '물려준다'는 부모의 죄의식은 오해라는 것을 보여 준다. 뇌 성숙의 확률적, 기계적 특성은 많은 경우에 문제의 원인이 될 수 있다(즉, 유전자에 의하여 계획된 대로 정확하게 진행되지 않는다).

제3장

기 억

심리학은 '마음을 의미 있는 작은영역으로 나누어 설명하는 것'에 관한 학문이다(Kosslyn & Koenig, 1992). 즉, 심리학 이론가들은 마음을 제한된 수의 능력(예: 공간추리, 기억, 언어 등)으로 나누고 각각을 다시 제한 된 수의 구성요소(예: 정신적 순환, 위치기억 그리고 공간추리의 경우 시각적 추적)로 나눈다. 한때 심리학자들은 특수한 능력이 일정한 수의 구성요소를 포함한다는 그들의 주장을 지지하기 위해 실험에서 발생한 행동적 증거에 주목했지만 지금은 신경과학적 증거에도 의지한다(Kosslyn & Koenig, 1992; Posner & Raichle, 1994). 신경과학과 행동주의를 이용하는 이러한 새로운 경향은 이 분야에 새롭게 등장한 두 가지 신념을 반영한다. 즉, ① 행동적 증거는 많은 경우 확실하지 않으며(똑같은 증거가 적어도 두 개의 이론에 의해 설명된다), ② 심리학적 과학과 뇌과학 사이의 양분이 잘못된 것일 수도 있다는 생각이 증가하고 있다(제1장 참고).

이 장과 나머지 장에서는 일반적으로 어떤 본질적인 특징(예: 기억)과 관련된 현재의 심리학적 견해를 기술할 것이다. 그러고 나서 그 본질과 관련된 신경 과학적 증거를 재검토해 볼 것이다. 심리학자들에 의해 제안된 이론적 설명이 신경과학적 증거와 일치하는지를 조사할 것이다. 그리고는 심리학적 이론과 교육적 실제를 위해 분석적인 함의점을 생각해 볼 것이다. 이 목적을 달성하기 위해서 교육과 직접 관련되고 심리학자와 신경학자들에 의해 광범위하게 조사된 심리학적 주제에 초점을 맞출 필요가 있다. 위의 두 가지 기준 중 한 가지 기준에만 적합한 주제는 이 책에서 다루지 않을 것이다. 예를 들어, 인성(personality)은 심리학자와 신경학자 모두가 연구했지만 인성에 대한 연구는 교육과 거의 관련성이 없다. 또한 학생들은 사회와 과학을 학습하지만 그 주제에 대한 신경학적 연구는 발표되지 않았다(내가 아는 한에는). 지금까지 기억, 주의, 정서, 읽기 그리고 수학에 관한 연구들이 신경과학자들에 의해서 주로 이루어져 왔다. 이 장에서는 기억에 대해서 다룰 것이고 주의, 정서, 읽기 및 수학은 제4장에서 제7장에 걸쳐 다룰 것이다.

1. 심리학자들에 의해 조망된 인간의 기억

이 책의 중요한 목표는 심리학과 교육에 관련된 신경과학적 결과들을 고려하는 것이다. 먼저 여기에서는 기억에 대한 심리학적 설명을 대략적으로 제시할 것이다(더 많은 것에 대해서는 Anderson, 1995 또는 Baddeley, 1999 참고). 이 장의 내용은 인간 기억체계의 기본적인 구성요소와 구조적인 관점에서 발생하는 주요 과정에 대한 논의를 포함한다(이론화를 위한 구조주의자들과 기능주의자들의 경향에 대해서는 Byrnes, 1992 참고).

1) 기억체계의 구성요소

'어떻게 인간의 기억체계가 작동하는가?' 에 대한 질문은 '어떻게 차의 엔진이 작동하는가?' 와 유사한 질문이다. 이 두 질문에 대해 가장 적절한 도움을 주는 대답은 시스템 부품에 대해서 기술하는 것이 될 것이다(예: 엔진은 베터리, 카뷰레이터로 구성되어 있다). 인간 기억체계의 중요한 요소로는 감각완충기, 시연체계, 기록, 단서, 작동기억 그리고 영구기억이 있다. 차례로 이 구성요소를 살펴보도록 하자.

>>> 감각완충기

사람들이 무엇을 경험할 때(예: 파티에 가거나 강의를 듣거나 책을 읽는 것 등) 그들의 감각탐지기(귀, 눈, 코, 입, 피부에 있는)와 그 탐지기에 대응되는 지각체계(뇌에 위치한)는 제시된 자극을 등록하고 해석하고 매우 짧은 시간 동안 유지한다. 예를 들어, 시각체계는 1초 동안 시각적 형태(잔영)를 유지하고, 청각체계는 언어와 같은 형태를 2~3초 동안 유지한다(Anderson, 1995). 감각 완충기(sensory buffers)는 마음이 자극을 해석할 수 있을 만큼의 시간 동안만 자극(예: 고양이를 보거나 음악을 듣는것 등)을 유지한다. 만일 사람들이 감각완충기만으로 1초 동안만 경험을 유지할 수 있다면 인간은 자신의 경험을 효과적으로 유지, 형성하지 못할 것이다. 예를 들어, 인간이 감각완충기만을 가지고 경험에 대한 기억을 유지, 형성한다면 학생들은 강의 중에 배운 내용을 아무것도 기억할 수 없으며, 따라서 그들은 시험에서 모두 낙제할 것이다. 인간의 기억체계는 감각완충기 이외에도 다른 구성요소와 과정을 포함한다.

>>> 시연체계

만약 누군가가 당신에게 전화번호를 말해 주었는데 그것을 받아 적지 않았다면 어떻게 할 것인가? 보통 사람들은 그 번호를 반복해서 되뇔 것이다. 그렇게 할 때마다 그 번호를 2~3초 동안 더 오래 기억할 수 있을 것이다. 그리고 당신이 청각 형태 대신 시각 형태(예: 건물에서 사무실이 어디에 위치하는가? 사물이 어떻게 보이는가?)로 기억하기를 원한다면 반복해서 재시각화해야 할 것이다. 이 경우 시연체계(rehearsal systems)와 같은 감각체제를 사용한다(Anderson, 1995). Alan Baddeley의 연구에 기초해서(Baddeley, 1999) 연구자들은 언어정보 시연체계를 음성학적 고리(phonological loop)로, 시각적 · 공간적 정보를 시연하기 위한 체계는 시공간 스케치 공간(visuospatial sketch pad)으로 부른다. 많은 체계 중에서 이 두 체계는 사람들이 동시에 같은 체계를 요구하는 두 과제를 수행할 수 없다는 사실을 설명하기 위해서 제안되었다(예: 두 개의 언어적 목록 시연). 그러나 사람들은 각기 다른 체계가 요구되는 두 개의 과제를 수행할 수 있다(시각적인 기호를 찾기 위해 컴퓨터 모니터를 보면서 동시에 언어 목록을 연습하는 것).

과거 심리학자들은 음성학적 고리가 다섯 개에서 아홉 개 사이의 고정된 능력(예: 마법의 수 7)으로 구성되어 있다고 생각했다. 만약 사람이 일곱 개 단위의 일정한 범위를 소유했다면 다른 사람이 여섯 글자를 큰소리로 읽는 것을 듣고 그 글자들을 모두 기억할 수 있을 것이다. 하지만 열두 개의 글자를 듣는다면 그 글자 중 다섯 개는 기억할 수 없을 것이다. 지금 과학자들은 기억에 영향을 주는 것이 항목 수가 아니며 각각의 감각 흔적이 사라지기 전에 우리가 얼마나 많이 시연하는가에 달려 있다고 믿는다. 예를 들어, 1음절 단어인 wit, sum, harm, bag, top을 들은 후 2초 이내에 그 단어들을 기억하라고 요구받는다면 다섯 단어 모두를 기억할 것이다. 하지만 일반적으로 다음절 언어(multisyllabic words)인 university, opportunity, expository, participation, auditorium과 같은 단어는 2초 이내에 모두 기억하지 못하고 그중 2~3개 정도만을 기억할 것이다(Baddeley, 1999).

Baddeley는 시연과정을 서커스 단원의 '접시 돌리기' 와 유사하다고 했다. 매번 시연을 할 때마다 정보 항목이 유지 되도록 접시를 돌리는 것이다. 만약 항목이 많거나(예: 12) 돌리는 데 시간이 많이 걸리는 항목을 가지고 있다면(예: 5음절 단어) 접시들은 그것을 다시 돌리기 전에 멈추게 될 것이다. 접시 돌리기의 끝은 감각 흔적이 소멸되는 것과 유사하다.

>>> 기록

뛰어난 인지심리학자 John Anderson은 기억 속에 영구히 저장하는 정보항목에 대한 정신표상을 언급하기 위해 '기록(records)' 이라는 용어를 사용했다(Anderson, 1995). Anderson의 관점에서 어떤 사람이 많은 것을 '알고 있다' 고 말하는 것은 그의 기억에 많은 기록이 있다는 이야기다. 이 책을 읽는 많은 독자들은 자신의 중간 이름(middle name), 자신의 고향, 2 + 2에 대한 대답 등과 같은 기록을 소유하고 있다.

시간이 흐름에 따라 연구자들은 기록에 대해서 세 가지 중요한 것을 알게 되었다. 첫째, 사람들은 지식의 네 가지 유형에 일치하는 기록을 가지고 있다. 선언적, 절차적, 개념적, 일화적 지식(Anderson, 1995; Byrnes, 1999; Squire, 1987)이 그것이다. 선언적 지식(declarative knowledge)은 '무엇에 대해서 아는 것'으로서, 당신이 알고 있는 사실을 모아둔 것이다. 종종 선언적 지식은 명제의 형태로 진술될 수 있다. 명제란 참 또는 거짓으로 표현되는 말이다(예: 해리스버그는 펜실베이니아의 수도다(참). 연필 한 다스는 열 개다(거짓)). 어떤 연구자들은 선언적 지식에 일치하는 우리의 기록이 자연스럽게 명제 형식으로 진술된다는 것에 반대한다(예: Kintsch, 1974). 많은 행동주의 연구는 선언적 지식이 연결망의 형식으로 존재한다고 설명한다. 중심 개념(예: 새)과 그 중심 개념에 관해 사람들이 알고 있는 사실(예: 날 수 있다, 알을 낳는다 등)이 연결망 형식으로 연합적으로 연결되어 있다는 것이다.

절차적 지식(procedural knowledge)은 '방법을 아는 것'으로서 당신이 알고 있는 모든 기술과 형성된 모든 습관을 말하는 것이다. 아마도 당신은 신발 끈을 매는 방법, 계산하는 방법, 자전거를 타는 방법, 워드프로세서를 사용하는 방법과 계란 프라이를 만드는 방법 등에 관한 기록을 가지고 있을 것이다. 사실들이 서로 연결되어 있는 선언적 지식과 달리(Anderson, 1993) 절차적 지식은 연결망 형태로 이루어져 있지는 않지만 상황 안의 단서를 갖고 있다(예: 분수를 보는 것은 분수 덧셈 절차를 기억하게 한다).

개념적 지식(conceptual knowledge)은 '이유를 아는 것'으로서 선언적, 절차적 지식의 이해를 반영하는 표상의 형태다(Byrnes, 1999). 만약 '어떤 선언적 사실이 왜 참이고(facts are true) 혹은 절차가 왜 그런 역할을 하는가?'라는 질문에 대해서 당신이 이해한 정확한 답을 말할 수 있다면 개념적 지식을 갖고 있는 것이다. 사실들을 알고 있는 것(예: 다이아몬드는 딱딱하다)과 그 사실이 왜 참인지를 아는 것(예: 탄소 원자의 밀도와 배열 때문에 다이아몬드는 딱딱하다)은 별개의 문제다. 비슷하게 특정한 상황에서 어떤 절차를 아는 것(예: 분수 덧셈의 경우에 최소공배수를 사용한다)과 그 절차를 사용해야 하는 이유를 아는 것은 별개의 문제다. 개념적 지식이 특별한 종류의 기록으로 저장되는가, 아니면 기록 사이의 관계 양식으로 저장되는가는 명확하지 않다.

일화적 지식(episodic knowledge)은 ① 언제 어디서 무슨 일이 발생했는가(예: 청혼), ② 당신 삶에서 언제 그 사건이 발생했는가(예: 1997년 여름)를 표상하기 때문에 '언제 어디서를 아는 것'이라고 말할 수 있다. 개인적, 역사적 특성을 가지기 때문에 일화적 지식은 자전적 기억(autobiographical memory)이라고도 부른다(Shimamura, 1995). 일화적 기억의 중요한 특징은 정보의 출처를 기억하는 능력이다. 분명하게 어떤 사실을 아는 것(예: Clinton 대통령의 중간 이름은 Jefferson이다)과 어떻게 그 사실을 알게 되었는지를 아는 것(예: 신문에서 읽고, TV에서 듣고, 친구가 이야기하는 것을 듣고 등)은 다르다.

앞에서 나온 기록 유형의 분석은 1980년대 초 심리학자인 Endel Tulving이 제안한 의미, 절차, 일화의 삼분법적 정교화를 나타낸다

(Tulving, 1983). 초기의 설명에서 의미기억은 언어기술(예: 읽기, 쓰기, 이해)과 연결된 선언적, 개념적 지식을 의미한다. 절차적, 일화적 기억은 위에서 기술한 것과 같은 종류를 의미한다. 지식의 종류를 한 가지 더 언급한다면 교육심리학자들에 의해 제안된 조건적 지식(conditional knowledge)이 있다. 이것은 언제 어디서 그 절차를 실행해야 하는지를 아는 것이다. 하지만 인지심리학자들은 실행조건이 이미 절차 지식의 표준적인 이론적 모형으로 만들어졌기 때문에 이런 종류의 지식은 인정하지 않는다.

기억에 네 종류의 지식(선언적, 절차적, 개념적, 일화적)이 있다는 것을 가정하는 것 이외에도 심리학자들은 기록이 두 가지 유형의 부호화 양식인 시각적 또는 언어적 방식으로 저장될 수 있다고 제안했다(Anderson, 1995; Paivio, 1971). 예를 들어, '독일 양치기 개는 뾰족한 귀를 가졌다.'는 선언적 지식은 개의 겉모습에 대한 정신적 이미지로 저장되거나, '독일 양치기 개는 뾰족한 귀를 가졌다.'라는 사실적 명제로 저장될 수 있다. 비슷하게 '계란을 어떻게 프라이하는가'에 대한 절차적 지식은 비언어적 활동과정 혹은 언어화된 지침의 묶음으로 저장될 수 있다(예: 우선 버너의 불을 켠다. 그 다음 팬에 버터를 녹인다 등). 물론 이중부호이론 옹호자들은 사람들이 시각과 언어 둘 다로 부호화할 때 정보가 가장 잘 저장된다고 주장한다(Paivio, 1971).

또한 심리학자들은 왜 어떤 것이 다른 것보다 더 쉽게 기억될 때가 있는가를 설명하기 위해서 강도와 활성화 수준이라는 두 가지 구성요인을 발전시켰다(Anderson, 1995). 기록의 강도(strength)는 기억에서 인출되는 정도나 의식에서 사용될 수 있는 정도와 관련된다. 높은 강도의 기록은 그것을 기억하려고 할 때 쉽게 마음에 떠오르는 잘 학습된 사실, 절차, 설명, 개인적 경험이다(예: 당신의 이름, 신발 끈을 묶는 방법). 낮은 강도의 기록은 잘 학습되지 못해서 기억하는 데 어려움이 있는 절차나 사실이다(예: 특정 대통령이나 특정 날짜를 기억하는 것, 등식을 인수분해하는 방법을 이해하는 것). 많은 연구들은 연습(practice) 양이 기록의 강도에 영향을 미침을 보여 준다. 일반적으로 말해서 규칙적으로 연습한 기술과 사실은 같은 정도로 연습을 하지 않은 기술이나 사실보다 더 높은 강도를 가진다.

기록의 활성화 수준(activation level)은 현재의 유용성 정도와 일치한다. 당신이 생각하고 있는 점까지 기억을 충분히 활성화시키는 것은 물고기를 수면까지 끌어올리기 위해 낚싯대를 사용하는 것과 비슷하다. 이는 기록이 무엇인가를 기억하는 경험을 하기 위해서 특정한 한계치의 활동이 필요하다는 의미다.

높은 수준의 활성화 상태에 있는 기록은 의식적이며 이용할 가치가 있다(Anderson, 1995). 워드프로세서를 능숙하게 다루는 사람은 문서를 플로피 디스켓이나 하드 디스켓에서 어떻게 불러오는지 안다. 대부분의 프로그램은 사용자가 문서를 불러오기 위해 문서 제목에 커서를 두고 마우스로 클릭하기를 요구한다. 화면에 떠오르면 그것은 이제 검토와 수정이 가능하다는 것을 의미한다. 이는 높은 수준의 활성화다. 문서가 그냥 디스켓에 저장되어 있다면 그것은 낮은 수준의 활성화다. 비유적으로 인간의 마음은 기억을 인출하기 위해서 표상을 클릭할 때 때때로 이 상태에 위치하게 된다(예: 세일즈맨의 죽음은 누구의 작품입니까?). 기억의 기록은 정신적 화면에 떠오르기도 하고 그렇지 않기도 한다. 높은 강도의 항목은 즉시 정신적으로 표상되지만 낮은 수준의 항목은 그렇지 않다.

강도와 활성화를 함께 고려한다면, 활성화 수준이 현재의 기록 상태와 관련이 있다고 말할 수 있지만, 강도는 활성화되기 위해 잠재화된 것이라고 말할 수 있다. 높은 강도의 기록은 낮은 강도의 기억보다 활성화되기 쉽다(즉, 의식수준에서 접근하기 쉽다). 어떤 지식이라도 의식에서 접근할 수 있고 언어적으로 기술할 수 있다면 명시적 지식(explicit knowledge)이라고 할 수 있다. 명시적 지식은 의식에 접근하기가 용이하기 때문에 사람들은 명시적 지식에서 일어나는 모든 변화를 인식한다. 표현될 수 없는 무의식적인 지식은 암묵적 지식(implicit knowledge)이라고 부른다. 이에 대한 한 가지 실례가 사람들이 말하는 과정에서 사용하는 문법 법칙이다(제6장 참고). 암묵적 지식은 의식에서 접근할 수 없기 때문에 사람들은 암묵적 지식에서 발생하는 어떤 변화를 알지 못한다.

하지만 심리학자들은 암묵적 기억이 사용되는지의 여부를 다양한 방법을 통해 실험했다. 일반적인 접근법이 점화(primming)로 알려진 현상이다. 점화는 최근 표상의 결과로 자극을 확인하거나 감지하는 능력이 향상되는 것을 말한다(Squire & Knowlton, 1995). 주어진 기록이 활성화되면 그 기록의 활성화가 관련된 다른 기록으로 '확대' 되는 것처럼 보인다고 연구들은 제시한다. 예를 들어, 어떤 사람이 다음과 같은 방법으로 기록을 연결하는 경우를 생각해 보자. 'Lincoln' 에 대한 기록은 '대통령' 과 '남북전쟁' 그리고 '대형 고급차' 와 연결된다. 'Lincoln' 이라는 단어를 들었을 때는 두 가지가 떠오른다. 하나는 'Lincoln' 에 대한 기록이 그 단어보다 더 활성화되고 다른 하나는 'Lincoln' 에 대한 활성화 기록이 다른 세 번째 기록과 연결된다는 것이다. 많은 행동주의 연구 결과는 활성화 기록이 연결망을 통해 전파되고, 연결망을 통해 이동하면서 점점 약해지는 것으로 나타난다.

먼저 자극되는 것(예: 'Lincoln' 이라는 단어를 보는 것)은 다음에 더 쉽게 활성화되는 것처럼 자극을 위한 기록의 기폭제(prime)라고 한다(즉, 활성화 수준을 높인다). 이 촉진자는 2단계 완성과제를 이용할 때 분명히 드러난다. 첫 번째 단계에서는 단어의 목록(예: Lincoln, banana, moose 등)을 제시한다. 두 번째 단계에서는 단어의 일부분(예: Li_ _ _ _ _, ba_ _ _ _ 등)을 보여 주고 나머지 부분을 완성하게 한다. 첫 번째 단계를 하기 전에 그 단어에 노출된 사람들은 노출된 적이 없는 사람보다 더 훌륭히 주어진 과제를 완성한다(예: Li_ _ _ _ _ with Lincoln). 흥미로운 것은 첫 번째 단계에서 단어에 노출되었던 사람들은 그 단어를 이전에 본 것을 기억하지 못한다는 것이다. 그러므로 점화는 암묵적(무의식적) 지식의 변화한 양식을 반영한다(Squire & Knowlton, 1995).

>>> 단서

단서(cues)는 기록과 관련된 환경 내 또는 시연체계 내에 존재하는 항목이다. 단서는 낮은 활성화 상태에 존재하는 기록을 높은 활성화 상태로 이동시킨다. 활성화 수준이 충분히 높다면 기록은 의식에서 접근하기가 쉽다. 예를 들어, '세일즈맨의 죽음을 쓴 작가는 누구인가?' 라는 질문을 읽는다면 이 질문에서 각각의 단어(예: '죽음' '세일즈맨')가 작가의 기록과 관련되어 있을 때 단서로 사용될 수 있다. 즉, 추가적인 단서인 'Arthur (　　) 는/은 세일즈맨의 죽음을 썼다.'가 촉진자로 사용될 수 있다.

반복해서 이 질문을 한다면 그 단서는 더 이상 환경 내에 있지 않고 시연체계 내에 존재한다. 낚시의 비유를 다시 사용하면 단서는 낚싯대, 릴 그리고 미끼가 된다. 우리가 '던지다' 라는 단서를 사용하면 그것은 기록을 끌어올리도록 도움을 주고 기억이 활성화되도록 해 준다. 워드프로세서로 비유하자면 단서를 인식하는 것은 정보를 인출하기 위해서 문서를 클릭하는 것과 같다.

>>> 작동기억 대 영구기억

강도, 기록, 단서 등의 구성요소에 이어 기억체계의 마지막 부분인 작동기억(working memory)과 영구기억(permanent memory)을 설명한다. 작동기억은 문제를 해결하기 위해서 현재 사용할 수 있는 정보를 언급하는 데 사용되는 용어다(Anderson, 1995). 감각완충기 또는 시연체계 내의 항목은 작동기억 안에 있다. 마찬가지로 영구 기록은 매우 활성화된 상태 내에 있다. 작동기억은 현재 인지심리학에서 단기기억의 개념을 점진적으로 대신하고 있다.

앞에서 어떻게 감각완충기 내의 정보가 몇 초 후 사라지는가를 알아보았다. 덧붙여 높은 활성화 수준에 있는 기록은 사람들의 주의가 산만해지거나 그 아이디어에 대한 생각을 멈추게 되면 쉽게 낮은 활성화 수준으로 바뀐다. 이런 이유 때문에 작동기억을 일시적인(transient) 기억 형태라고 한다(Anderson, 1995). 반면에 영구기억은 사람의 기억 창고에서 유지된다. 한때 심리학자들은 기억의 고전적인 모형에 기초해서 영구기억을 '장기기억' 이라 불렀고 작동기억을 '단기기억' 이라 불렀다(Atkinson & Shiffrin, 1968). 그러나 이 모형은 수정과 오해의 소지가 있는 것으로 밝혀졌기에 많은 인지심리학자들은 더 이상 이들 용어를 사용하지 않는다.

2) 기억체계의 주요 처리과정

기억체계의 주요 부분은 이미 기술했기 때문에 지금부터는 기억체계 내에서 발생하는 사건의 과정 또는 작동을 역동적으로 설명하고자 한다. 이 과정의 일부분은 기록의 초기 구성과 관련되고, 또 다른 부분은 영구기억에서 기록을 인출하는 것과 관련된다. 이 두 과정에 대해 차례로 살펴보자.

>>> 영구기억의 형성

연구자들은 정보가 영구기억으로 전환되는 데 관련된 주의, 부호화, 시연, 정교화, 고정화의 다섯 가지 주요 과정에 대해 연구해 왔다. 첫 번째로 주의(attention)는 자극의 존재를 알고 방향 짓고 집중하는 것과 관련된 과정이다. 정보에 '주의하지' 않는다면 기억체계로 들어갈 수 없기 때문에 기억에서 주의는 중요하다(주의에 대한 완전한 분석과 학습에서의 역할은 제4장을 참고한다). 두 번째로 부호화(endoding)는 감각 정보를 받아들이고 영구기억으로 그것을 전환시키는 과정에 대한 일반적인 용어다. 다시 말해서 부호화는 우리가 경험한 어떤 것에 대해서 정신적 표상이 형성되는 과정이다(Anderson, 1995; Newell & Simon, 1972; Siegler, 1991a). 다양한 관점에서 이론가들은 부호화를 영상적 또는 완결(complete)로 보기보다는 선택적(selective) 또는 해석적인(interpretive) 것으로 간주한다. 선택적이라는 것은 기록이 단지 경험의 어떤 관점만을 포함한다는 의미다(반면에 비디오테이프는 모든 것을 부호화한다). 해석적이라는 것은 우리가 어떻게 자극을 부호화하는가를 결정하도록 만드는 자극을 향한 방향을 의미한다. 이 현상을 설명하는 좋은 실례는 대통령 후보 토론의 시청자가 자신이 지지하는 후보가 어떻게 토론에서 이길 것인지에 대해 생각하는 것이다(양쪽 다 옳지 않을 수 있다. 그들은 단지 토론하는 동안 지지하는 후보가 잘될 때만을 기억한다).

세 번째로 시연(rehearsal)은 시연체계를 언급할 때 위에서 이미 기술한 과정이다. 그것은 반복하는 과정이거나 어떤 자극을 반복하는 '재경험' 과정이다. 전화번호를 반복하는 것이 시연의 한 예다. 많은 문헌은 반복과 연습이 기록의 강도를 결정한다는 것을 보여 준다. 사실 연구자들은 최근에 다음과 같은 학습의 멱법칙(power law of learning) (Anderson, 1995; Newell & Rosenbloom, 1981)이 존재한다는 것을 보여 주었다.

$$\text{힘} = \text{연습}^{b}$$

이것은 지수방정식(0과 1 사이에 지수가 있는)으로 학습자의 처음 몇 번의 학습 시도 동안 가장 많이 그들의 회상이 증진된다는 것을 의미한다. 이 시점 이후에 사람들은 기록의 강도를 더 증가시킬 수 있지만 그 증가는 처음에 비해서 그렇게 크지는 않다. 예를 들어, 한 학생이 10일 동안 계속 시험 칠 자료를 공부한다고 할 때, 첫째 날 공부한 이후에 시험을 친다면 그 자료의 40%를 기억할 것이다. 하지만 둘째 날 이후에 시험을 친다면 80~90%를 기억할 것이며, 셋째 날과 넷째 날 이후에는 90~95%로 증가될 것이다. 여기에서 마지막 8일 동안 5%가 증가하는 것이 첫째 날과 둘째 날 사이에 기억 결과의 40~50%가 증가하는 것보다 훨씬 적다는 것에 주목하자.

네 번째로 기록 형성과 관련된 정교화(elaborating)는 '주어진 정보 이상을 아는 것'과 원래의 경험에 상세화를 더하여 처음의 경험을 꾸미는 과정을 포함한다. 예를 들어, 당신이 '그 소년은 울고 있다.' 라는 문장을 읽는다면 비교적 간단한 방법이나 자신만의 부호화로 다소 첨가하여 문장을 부호화할 수 있다. 예를 들어, '이 소년은 누구입니까?' '왜 그는 울고 있습니까?' 라는 것을 스스로에게 질문할 수 있다. 이런 질문에 대한 답은 부호화의 과정에서 기억하려는 내용에 대해 다른 아이디어를 첨가시키고 연결시킨다.

어떤 연구자들은 처리의 깊이(depth with processing)라는 개념을 설명하기 위해 부호화와 정교화 개념을 결합시킨다(Anderson, 1995; Craik & Lockhart, 1972). 이런 관점에서 어떤 경험은 '얕게' 또는 '깊게' 부호화될 수 있다. 얕은 과정과 깊은 과정의 차이를 알기 위해서 수업시간에 어떤 사람이 아주 낯선 억양으로 말하는 것을 듣는 것을 상상해 보자. 그 사람이 '아인슈타인은 난독증이었을 것이다.' 라는 문장을 말했을 때 이 문장의 의미에 대해서는 거의 관심을 두지 않고 단어를 발음하는 그 사람의 이상한 억양에 대해서만 초점을 둔다면 당신은 문장을 얕게 처리한 것이다. 반면에 당신이 문장의 의미를 이해하려 하고 추론을 시도하며 이미 알고 있는 정보와 관련시키려고 노력한다면 당신이 들은 내용을 더 깊은 수준에서 처리하는 것이다. 많은 연구는 학생들이 정보를 깊게 처리할 때 자료를 더 잘 기억한다는 것을 보여 주었다(예: Benton et al., 1983; McDanielet al., 1986).

정보가 얕게 또는 깊게 처리되는 것과 관계없이 경험에 대한 대부분의 기록은 점진적인 방법으로 형성된다. 기록 형성과정의 점진적 특성은 이미 기술한 학습의 멱법칙에 대한 암묵적 측면이다. 하지만 퇴행성 기억상실증(retrograde amnesia)의 증상에 관한 증거로도 알 수 있듯이(Squire, 1987), 머리 손상이나 전기충격 요법은 어떤 사람의 손상 또는 치료 며칠 전에서 몇 년 전에 발생했던 일을 망각하게 할 수 있다. 하지만 손상을 받거나 치료법을 사용하기 몇 주나 몇 년보다 더 이전에 발생한 일은 기억해 낸다(예: 5~10년 전). 이러한 발견은 뇌가 기억의 흔적을 완전히 고정화(consolidate)하는 데에, 즉 영구기억으로 전환하는 데에 경과되는 특정 시기가 있다는 것을 말해 준다. 고정화의 다른 증거는 과거의 기억이 고정화되기 이전보다 고정화된 이후에 새로운 학습을 하는 데 더 많은 문제를 발생하게 한다는 간섭효과의 연구로부터 얻을 수 있다.

>>> 영구기억에서 기록 인출하기

주의, 부호화, 시연, 정교화, 고정화에 의해 영구 기록을 만드는 것이 항상 모든 정보를 기억할 수 있다는 것을 의미하지는 않는다. 정보를 기억하게 된 후에도 여전히 기억에서 정보를 인출하는 문제가 남아 있다. 사람들이 정보를 영구기억에서 인출하는 방법에는 회상, 재인, 추론적 재구성의 세 가지가 있다. 회상(recall)은 사람들에게 단서를 제공했을 때 단서와 관련된 정보를 인출하려는 시도와 관련되는 과정이다(Flavell, Miller, & Miller, 1993). 예를 들어, 실험에서 학생에게 '미국의 3대 대통령은 누구입니까?' 라는 질문을 했다면 '3대'와 '대통령' 이라는 단서는 학생이 영구기억에서 Thomas Jefferson

이라는 이름을 기억하도록 촉진한다. 같은 방법으로 사람의 얼굴은 그의 이름의 단서로 자주 사용된다.

또한 재인(recognition)은 사람들이 보고 듣고 냄새 맡고 느끼고 무엇인가를 맛볼 때 그들이 이전에 시각, 소리, 냄새, 느낌 그리고 맛을 본 적이 있음을 느끼는 것과 관련되는 과정이다. 이 경우 사람들은 어떤 것에 대한 저장된 표상과 현실 세계의 무언가를 연결시킨다(Flavell et al., 1993). 예를 들어, 한 학생이 Thomas Jefferson은 미국의 3대 대통령이었다는 사실을 영구 기록으로 저장했다. 진위 테스트에서 'Jefferson' 이 미국의 3대 대통령이었다.' 는 문장이 제시되었을 때 그는 이것이 참이라는 것을 재인한다. 유사하게 사람들은 비슷한 많은 얼굴들을 영구기록에 저장한다. 그들은 아는 사람을 볼 때 그 사람의 얼굴을 저장된 표상과 연결시키고 그를 재인한다. 회상은 단서가 단순히 기록과 연결된 어떤 것을 활성화시키는 반면, 재인은 단서가 직접적으로 기록과 연결된다.

마지막으로 추론적 재구성(inferential reconstruction)은 단서가 완벽한 기록 중 단지 몇 부분만을 기억하도록 할 때 사용된다. 이 조각들을 인출할 때 사람들은 원기록에 가깝게 접근할 수 있는 주변의 그럴듯한 이야기를 만든다(Anderson, 1995). 이를 확인하기 위해서 당신의 어릴 때 경험을 생각해 보자(예: 가게에서 방향을 잃은). 당신이 친구에게 어떤 일이 벌어졌는지를 이야기하려면 어떻게 하겠는가? 당신이 전개하는 그 이야기는 그럴듯한 것이 될 것(아마도 무엇이 길을 잃게 했는지)이지만 그것이 바로 일어났던 일은 아니다.

망각

'시간이 경과함에 따라 기억에 어떤 일이 발생하는가?' '어떤 것은 왜 다른 것에 비해 더 잘 기억되는가?' 이런 질문에 대한 답은 망각의 개념으로 집중된다. 여러 해 동안의 실험을 기초로 심리학자들은 망각에 대해서 쇠퇴이론(decay theory), 간섭이론(interference theory), 인출단서의 손실(loss of cues)의 세 가지 관점을 제안했다.

쇠퇴이론은 망각에 대한 가장 오래된 관점으로 보통 사람들의 관점과도 일치한다(Anderson, 1995). 이 관점의 중요한 전제는 더 많은 연습이 이루어지지 않았거나 일정 기간 동안 활성화되지 않는다면 시간의 흐름에 따라 기록 강도가 약해진다는 것이다. 이 개념을 이해하기 위해서 기록의 강도가 재생될 수 있는 확률이라는 합의점을 사용하자. 예를 들어, '256은 무엇의 제곱입니까?'라는 질문에 대해 정답을 말할 확률이 40%라면 16이라고 말할 수 있는 기록 강도는 .40이다. 쇠퇴이론은 시간이 흐름에 따라 기록이 1.0의 강도에서 시작해서 .80의 강도로 약해지고 계속해서 .60, .40 등으로 약해질 것이라고 설명한다.

연구는 시간의 경과가 매우 규칙적인 방법으로 기록 회복(retrivability)에 영향을 준다는 것을 보여 준다. 여러 유형의 기억(예: 무의미 철자, TV 쇼, 실제 문장)을 통해서 연구들은 망각하는 대부분이 초기 부분이라는 것을 보여 주었다. 이 시점 이후에도 정보를 계속 망각하게 되지만 그 비율은 낮아진다. 이러한 일반적인 경향을 망각의 멱법칙(power law of forgetting)이라고 부른다(Anderson, 1995). 예를 들어, 한 연구는 TV 쇼가 방영을 종료한 1년 후 사람들이 그 쇼

내용의 80%를 기억한다는 것을 보여 주었다. 그 쇼가 종료된 첫해와 여덟째 해 사이에는 기억률이 80%에서 58%로 급격하게 떨어졌다 (22%의 감소). 그러나 8년에서 15년이 지난 후에는 기억률이 겨우 3%(58%에서 55%로) 정도만 더 감소했다(Squire, 1989).

시간의 흐름은 기억 회복에서 중요한 요소다. 하지만 연습의 양 또한 망각에 영향을 미치는 것으로 나타났다. 앞에서 언급한 것처럼 연습은 기록의 초기 강도에 영향을 미친다. 연구 결과는 어느 시점에서든지 더 많이 연습한 사람은 연습을 많이 하지 않은 사람보다 더 많은 것을 인출한다는 것을 보여 준다. 그렇지만 많이 연습한 사람도 적게 연습한 사람들과 망각 비율은 정확하게 같다(Anderson, 1995). 예를 들어, A라는 사람이 어떤 것을 50번 연습했다면 그의 정답률은 80%에서 50%로 30% 감소하지만, 이후 시간의 경과에 따라 5%가 감소하여 45%가 유지되었다고 가정해 보자. 만약 B라는 사람이 무엇을 100번 연습했다면 그의 정답률은 100%의 정답에서 70%로 30% 떨어지게 되며, 이후 정답할 확률은 65%(5% 감소)로 유지될 것이다. 즉, 이 두 사람에게서 나타나는 상실 비율은 같다. 하지만 각각의 점에서 B라는 사람은 A라는 사람보다 더 많은 것을 기억할 것이다. Anderson(1995)은 시간과 연습의 두 요소를 다음과 같은 도식적인 함수(schematic function)로 설명한다.

$$\text{강도} = A \times \text{연습}^{b} \times \text{지연}^{-c}$$

A는 단순한 상수다. 연습 위의 기호(b)는 양수(더 많이 연습할수록 강도는 더 높아진다는 의미)이며 지연 위의 기호(c)는 음수(강도는 시간

의 흐름에 따라 감소된다는 의미)라는 것에 주의하라. 이 요소들을 곱하게 되면 우리는 연습으로 시간의 영향을 어느 정도 만회할 수 있다는 것을 알 수 있다.

망각의 멱법칙의 흥미로운 점은 우리의 마음은 정해진 원리에 의해 반복된 사건들만을 유지하도록 선천적으로 만들어진 것처럼 보인다는 것이다. 즉, 그것은 우리의 마음이 '마음에 사건이 계속 일어나고 있어서 그것을 기억하는 게 더 유리하다. 그 사건이 일정 기간 동안 발생하지 않았고 내가 그것을 기억할 필요가 없을 경우에는 그렇게 많이 반복할 필요가 없다.' 라고 말하는 것 같다. 연구자들은 환경에서 사건이 발생할 빈도(예: 하루 동안 신문에서 어떤 사람의 이름이 언급된 횟수)와 사람들이 그 정보를 재생할 수 있는 정도에는 높은 상관이 있음을 보여 주었다(Anderson & Schooler, 1991).

비록 시간과 연습이 망각에 어느 정도 영향을 미치는 것 같아 보이지만 이들 요소가 망각을 전부 설명해 주지는 못한다. 때때로 이전에 존재하던 기억과 방금 배운 정보 사이에 간섭이 발생할 수 있다. 새롭게 학습한 정보가 이전 기억을 인출하는 데 문제를 유발시키면 '역행' 간섭이 발생한다. 예를 들어, 1, 2학년 학생들은 '3 + 4 = 7' 이라는 것을 배우는 데 많은 시간이 걸린다. 3학년 때 3×4 = 12와 같은 곱셈을 배울 때 3, 4, 12 사이의 새로운 관계가 3, 4, '7' 의 이전 관계에 간섭을 일으킬 수 있다. 이렇게 해서 '3 + 4는?' 이라는 물음에 '12' 라고 대답할 것이다. 이런 경우 '3' '4' 는 7에 대한 기록을 활성화하는 대신 12를 활성화시키는 인출단서로 사용된다. 이 문제를 극복하기 위해서 학생들은 '3' '4' '×' 와 '12' 사이의 네 가지 연결 형식이 필요하며 '3' '4' '+' '7' 의 경우도 마찬가지다.

이전 정보가 새로운 정보에 간섭하는 경우 '순행' 간섭이 발생한다. 순행간섭의 예는 위의 경우에서 3학년 학생이 '3×4는 얼마인가?' 라는 질문을 받았을 때 '7' 이라고 대답하는 경우다. 또 다른 예로는 새로운 전화번호를 질문받았을 때 이전 전화번호로 대답하는 성인의 경우가 될 수 있다. 후자의 경우 '전호번호' 라는 말이 두 개의 번호와 연합된 인출단서다. 하지만 이전 번호가 새로운 번호보다 강하게 연합되어 있다.

여기서 쇠퇴이론과 간섭이론의 관점에 대해서 언급할 가치가 있다. 두 관점 모두 망각을 기억 밖으로 '정보가 소멸되는 것' 으로 보지 않는다. 공통적으로 두 가지 관점에서는 망각을 여전히 기억에 존재하지만 그것을 정보로 인출하는 데 문제가 있는 것으로 본다(예: 기록을 충분히 높은 수준까지 활성화시키는 것). 두 관점의 차이는 기록이 충분히 높게 활성화되는데 '왜' 실패하는가에 대한 설명에 있다.

망각에 대한 세 번째 설명은 인출단서와 기록 사이의 연합이 약하게 되는 것과 관련된다(Anderson, 1995; Tulving & Psotka, 1971). 때때로 우리는 맥락 밖에서 한 사람을 보게 되고 우리가 아는 사람인지 궁금해 한다. 예를 들어, 내가 가게에서 한 학생을 만났다. 이 학생이 현재 나의 반 학생 중 한 명일 때, 학생의 얼굴은 교실 상황과 그의 이름 같은 다른 것들과 강하게 연결되어 있다. 그래서 스스로에게 '이 학생이 우리 반 학생인가?' 라고 질문하면서 교실을 상상해 본다면 나는 거기서 그 학생을 '볼' 수 있다. 이러한 단서는 학생의 이름을 기억하는 데 도움을 준다. 하지만 몇 년 전에 가르친 학생을 보았을 경우에는 얼굴, 교실, 이름 등과의 연결이 약해져 내가 만난 사람의 얼굴이 이전에 가르쳤던 학생이었다는 것을 확신할 수 없게 되는 것이다.

이 책의 독자들은 시험을 치는 도중에 어떤 것을 기억해 내려고 시도한 경험이 있을 것이다. 때때로 공책에 필기한 위치와 같은 상황단서가 당신의 기억을 도와주는 인출단서로 사용되기도 한다. 이와 같은 상황단서는 학습 직후 당신에게 도움을 줄 수 있지만 시간이 경과함에 따라 정보와의 연합이 사라질 것이다. 그리고 몇 달이 지나 같은 시험 문제가 나왔을 때 아마도 그 정보를 회상하지 못할 것이다.

>>> 기억 전략과 초기억

이 시점에서 독자는 기억과 망각의 특성을 잘 이해해야 한다. 앞으로 학생들이 정보를 더 잘 기억하도록 도움을 줄 수 있는 것에 대해 살펴볼 것이다. 앞에서 기억의 특성을 살펴보았기 때문에 어떤 기억 전략은 효과가 있다는 것을 알게 될 것이다. 학생들은 다양한 종류의 전략을 사용하지만 여기서는 시연, 조직화, 정교화, 장소법, 핵심단어법의 다섯 가지 전략에 초점을 맞출 것이다. 다섯 가지 전략을 기술하고 나서 초인지(기억체계의 구성요소로서 우리가 전략을 사용할 것인지 사용하지 않을 것인지를 결정하는 데 중요한 역할을 하는)에 대해 설명할 것이다.

이미 언급한 것처럼 시연(rehearsal)은 정보를 반복하는 전략이다. 왜 반복이 효과가 있을까? 태어날 때부터 우리의 마음은 환경의 통계적 속성에 민감해서 우연히 자주 마주치게 되는 것을 기억하고 자주 발생하지 않는 사건은 잊어버린다. 많은 연구는 반복의 중요한 역할을 확인해 주었다(Anderson, 1995).

두 번째로 조직화(organization)는 기억해야 할 사물을 하위집단 또는 하위집단의 위계에 배열시키는 전략이다. 예를 들어, 다음의 15개의 항목(당근, 트럭, 케이크, 브로콜리, 자전거, 버스, 아이스크림, 강낭콩, 기차, 토마토, 캔디, 푸딩, 비행기, 스쿼시, 청량음료)을 공부하라고 한다면 당신은 이것을 개별적으로 공부하기보다는 3개의 집단(야채, 운송기관, 단것)으로 나눌 것이다. 이와 같은 방법으로 목록에 있는 항목을 기억하라고 요구받으면 인출 단서로서 집단의 이름을 사용할 것이다(예: '좋아, 다섯 개의 야채가 있어.'). 연구 결과는 학생들 자신이 조직을 만들어 낼 때 교사들이 조직해 주는 경우보다 더 많은 것을 기억하는 것으로 나타났다. 이 결과를 생성효과(generation effect)라고 부른다(McKaniel, Waddill & Einstein, 1988). 조직화는 또한 범주를 만드는 과정이 사물의 정교한 표상구성을 촉진하기 때문에 기억을 도와준다.

세 번째로 정교화(elaboration)는 사물의 두드러진 의미연습이다. 조직은 정교화의 한 양식이지만 정교화의 전형적인 예는 짝짓기 학습을 포함하는 실험에서 나왔다. 사람들에게 고양이-리본, 코끼리-핀과 같은 단어 짝짓기가 제시된다면, 하나의 항목과 다른 항목을 연결시키는 정신적 이미지가 형성된다. 예를 들어, 리본을 단 고양이, 핀을 꽂은 코끼리를 상상할 수 있다. 이와 같이 관련 있는 심상을 이용하는 것은 단어쌍을 학습하는 데 매우 효과적이다(Weinstein & Mayer, 1986).

정교화가 전략으로 작용되는 두 가지 이유가 있다. 첫째, 이름에 함축되어 있는 것처럼 정교화는 사물을 보다 구체적으로 부호화시키는 데 관여한다. 이 정교화는 특히 언어재료를 이미지 재료와 연결시키는 것을 통해 기억에 도움을 준다. 둘째, 학생들이 자신의 이미지를 자유롭게 구성할 때 생성효과가 역할을 하게 된다(더욱이 이미지는 다른 단어에 대한 추가적인 인출단서로 활용된다).

네 번째로 장소법(method of loci)은 알기를 원하는 일련의 정보를 친숙한 경로와 연결하는 것을 말한다. 전형적으로 연구자들은 학생들에게 사실을 목록화하도록 요구하고 그런 후 자신에게 익숙한 길에 있는 건축물들에 각각의 사실을 정신적으로 '연결'하도록 요구한다. 예를 들어, 학생이 4년 동안 매일 같은 길로 등교했을 경우 그 길은 매우 익숙할 것이고 쉽게 이미지화할 수 있을 것이다. 시험을 치기 위해 20개의 사물 목록이 주어졌을 때 학생들은 그 길을 20개의 중요 장소(예: 이웃집, 코너에 있는 가게, 다음 코너에 있는 교회 등)로 나눈다. 그런 후 각각의 사실을 중요 장소에 덧붙여 상상할 수 있다. 시험이 실시되었을 때 단순히 경로를 생각하는 것만으로 기억한 자료를 이미지와 분리하여 읽을 수 있게 된다.

장소법은 다양한 추리를 하는 데 효과적이다. 첫째, 이를 통해 우리는 자료의 정교한 부호화를 한다. 둘째, 학생들이 언어자료보다 시각자료를 더 잘 기억하는 그들의 능력을 개발하고, 이중부호화이론에서 제안한 것처럼 시각자료를 언어자료와 연결시킨다(Paivio, 1971). 셋째, 사용할 중요 장소를 학생이 선택할 때 생성효과가 효과적으로 나타나게 된다. 넷째, 사건의 정해진 순서는 조직되지 않은 자료를 조직하도록 한다. 다섯째, 각각의 중요 장소는 추가적인 인출단서로 사용될 수 있다.

마지막으로 핵심단어법(keyword method)은 새로운 단어와 같은 언어자료를 학습하는 데 특히 유용하다(Pressley, Levin, & Delaney, 1982). 이 접근방법에서는 새로운 단어를 알게 되면 그 단어의 한 부분이 유사음이나 단어 내에서 이미지화하기 쉬운 용어로 연결될 수 있는지를 찾아낸다. 예를 들어, caterwaul이라는 단어에서 학생은 cat과 wall(동음어가 사용될 수 있다는 것을 기억하라)이라는 두 단어를 확인하게 된다. 학생이 caterwaul이 시끄러운 싸움이라는 의미를 알게 되면 그는 두 마리 고양이가 벽에서 싸우면서 큰 소리로 우는 장면을 상상할 수 있다. 또는 스페인어 carta(편지의 의미)에서 수레(cart)라는 단어를 떠올릴 수 있고 편지가 쇼핑 카터에서 우송되는 것을 상상할 수 있다. 이 접근은 생성효과를 포함하고 이미지가 사용되며 잘 학습된 아이디어에 연결된 단서를 포함하기 때문에 효과적인 것으로 나타났다.

앞에서 기술한 '다섯 가지 전략 중에서 시험을 준비하는 데 가장 효과적인 것은 어느 것이라고 생각하는가?' '이들 전략 중 어느 것을 사용하는가?' '선다형 검사보다는 논술형 검사에서 어떤 특별한 전략(예: 조직화)을 더 많이 사용하고 싶은가?' 와 같은 질문에 대한 대답은 초기억에 있다. 초기억이라는 용어는 '자신의 기억이 어떻게 작용하는가.' 에 대한 개인적인 지식과 믿음이다(Flavell, Miller & Miller, 1993). 초기억에 대한 가장 중요한 관점은 ① 당신의 기억에 오류가 있다는 것을 인식하고, ② 특별한 상황에서 어떤 전략이 효과가 있는지를 아는 것과 관련된다. 초기억은 질문에 대해 답을 할 경우와 자신이 옳다는 것에 대한 확률적 추정과 같이 자신의 앎에 대한 느낌(feeling of knowing)으로까지 확대된다(Shimamura, 1995).

전략은 중요한 것을 잊지 않도록 해 준다. 하지만 전략을 사용하기 위해서는 먼저 전략을 사용하지 않으면 잊어버릴 수 있는 어떤 것이 있다는 것을 인식해야 한다. 더 근본적인 수준에서 전략 사용자는 자신이 무엇인가를 잊는다는 것을 인식하는 사람들이다. 기억력이 뛰어난 사람이 자신이 어떤 것을 잊는다는 것을 아는 사람들(예: '적어두는 편이 낫겠어.')인 반면, 기억을 잘하지 못하는 사람은 자신이 잊는다는 것을 모른다. 결과적으로 잘 기억하지 못하는 사람들은 전략을 사용하지 않고 많은 것을 잊어버린다(이런 사실조차 인식하지도 못하면서).

자신이 잘 잊는다는 것을 인지하는 것 이외에도 기억을 잘하는 사람은 어느 전략이 자신에게 이롭고 해로운지를 안다. 예를 들어, 공부를 잘하는 학생은 장소법이 핵심단어법처럼 효과적이지 않다는 것을 알 수도 있다. 이를 알게 되면서 장소법을 사용하지 않게 된다. 비슷하게 그들은 시연이 사실의 목록을 학습하는 데 효과가 있다는 것을 알고 다양한 심상기법이 교재를 기억하는 데 더 효과적이라는 것을 안다. 그들은 목록을 학습하는 것에서 교재를 읽는 것으로 학습활동이 변함에 따라 시연에서 심상까지 유연하게 적절한 전략을 사용할 것이다.

3) 요약

앞 절에서는 기억체계의 중요한 부분과 과정을 기술하였고, 이 절에서는 기록과 단서, 작동기억, 영구기억과 같은 것을 설명하면서 더불어 부호화, 인출, 전략, 초기억을 다루었다. 앞에서 언급한 것처럼, 이와 같은 행동적인 증거를 설명하기 위해 심리학자들은 실험실에서 이루어진 연구결과를 제안해 왔다. 다음 절에서는 앞선 심리적 설명이 신경과학 연구에서 축적된 증거와 일치하는 범위를 같이 살펴볼 것이다.

2. 신경과학자에 의해 관찰된 인간의 기억

기억에 대한 신경과학과 심리학적 관점의 양립 가능성을 적절하게 평가하기 전에, 신경과학적 증거가 심리학적 이론과 일치하는(또는 불일치하는)지를 확인할 수 있는 방법을 생각해 볼 필요가 있다. 이전에 언급한 것처럼 심리학 이론은 마음을 특정한 구성요소로 나눈다. 전형적인 심리학 실험에서 이론의 주된 가설은 '만약 능력 Y가 A, B, C로 구성된다는 이론 X가 맞다면 사람들에게 실험자극이 제시되었을 때 다음과 같이 행동해야만 한다.'와 같은 형식을 취한다. 이론 X는 예상된 방식(어떤 항목은 기억되고 다른 항목은 그렇지 않다)으로 사람들의 행동을 예측함으로써 지지를 얻는다. 이러한 내용들을 신경과학적 관점에서 연구한다면 어떤 형식의 가설이 사용되는가?

심리학적 이론과 신경과학적 증거 사이에는 직접적인 관련이 거의 없다고 판명된다. 일반적으로 인지신경과학이 앞으로 나아갈 바람직한 방향은 그 이론에서 특정한 구성요소와 대응하는 두뇌 영역을 찾는 것에서 시작된다(Kosslyn & Koenig, 1992; Posner & Raichle, 1994). 만약 특정 기능을 담당하는 뇌 영역이 존재한다면 적어도 세 가지 방법론이 이 연구를 지지하기 위해 사용될 수 있다. 즉, ① 뇌손상 환자의 사례연구, ② 동물을 대상으로 한 외과적 연구, ③ 뇌영상 기술(제1장 참고)이 그것이다. ①, ② 두 연구와 관련된 방법론적인 가설은 '능력 Y가 A, B, C의 요소를 포함하고 있다는 이론 X가 참이라면 두뇌의 J, K, L 영역에 손상을 입은 환자(동물)에게 실험자극이 제시될 경우 다음과 같이 행동할 것이다.' 라는 형식을 취한다.

반면에 뇌영상 기술 접근에서 사용되는 가설은 '만약 이론 X가 참이라면 능력 Y는 구성요소 A, B, C로 구성되고, 참가자들에게 실험자극을 제시했을 때 두뇌 영역 J, K, L은 활성화 증가를 보여야 한다.' 는 형식을 취한다. 이들 연구가설들은 ① 뇌손상 환자 또는 외과적 수술을 한 동물은 특수한 방법으로 행동한다, 또는 ② 활성화될 것으로 예상된 두뇌 영역이 실제로 활성화되었다와 같은 연구결과에 따라 지지될 것이다.

하지만 심리학적 이론의 발전을 위해 이론을 테스트하는 것이 신경과학적 증거를 사용하는 몇 가지 방법 중의 하나라는 것을 언급하는 것은 중요하다. 또 다른 일반적인 접근(진단적 접근(diagnostic approach)이라고 할 수 있다)은 뇌손상 환자들에게 나타날 수 있는 결함을 확인하는 데 도움이 되는 로드맵으로서 널리 수용되고 있는 이론을 사용하는 것이다(Byrnes & Fox, 1998). 여기서 연구자들은 일련의 표준 기억력 과제에 대해서 뇌손상 환자와 통제된 피험자 간의 수행능력을 비교한다. 만약 환자가 통제된 피험자에 의해 수행될 수 있는 과제 중 일부분만 실행 가능하다면 연구자들은 그 차이점을 환자가 부족해 보이는 기술을 조사하는 데 사용한다. 그렇게 함으로써 널리 수용되고 있는 이론이 사실이라는 것을 암묵적으로 가정하게 되는 것이다(그들은 그것을 사용하고 있는 것만큼 많이 그 이론을 실제로 테스트하지 않는다).

최근 연구자들은 인간 기억체계의 구성요소와 과정에 연결되는 것으로 보이는 뇌구조를 확인하기 위해 많은 수의 증상과 이론에 대한 실험연구에서 축적된 신경과학적 증거를 제안하고 있다. 지금까지 조사된 구성요소로는 ① 기록, ② 작동기억, ③ 영구기억, ④ 회상과 재인, ⑤ 간섭, ⑥ 초기억이 있다.

1) 기록

심리학에서의 기록에 대한 설명을 살펴본 것처럼(앞의 내용 참고), PET 스캔 연구들(예: Posner et al., 1988)은 간단한 자극(예: 한 단어)들이 여러 부호(예: 시각적, 음운적, 조음상 그리고 의미적)로 흔히 표상된다는 것을 보여 주고 있다. 다양하게 부호화되는 현상을 설명하기 위해 Posner 등(1988)은 먼저 한 가지 초점에 피험자들을 고정시킨 후 시각적으로 제시된 단어를 보거나 구두로 제시된 단어를 듣는 감산기법을 적용하였다. 그리고 연구자는 다른 조건에서 측정된 영상에서 고정된 초점에 대한 측정 영상을 빼는 방법을 적용하였다(한 화소씩). 각 화소의 밝기는 그 영역의 혈류수준과 일치한다. 시각적으로 제시된 단어는 후두엽의 다섯 영역을 활성화시키는 반면(한 가지 초점에 고정되어 유발된 활성화에 더하여), 청각적으로 제시된 단어는 주요한 청각피질(측두엽의 상위 부분)과 언어처리 과정과 관련된 왼쪽 측두-두정엽 피질 부분을 활성화시킨다. 이러한 후두엽과 측두엽 영역은 각각 시각과 청각 부호화의 저장소라고 생각되고 있다(Squire, 1987; Kosslyn & Koenig, 1992).

피험자들에게 단순히 단어를 보도록 하는 것에 더하여 Posner 등(1988)은 단어를 발음하고 정의를 내리도록 요구했다. 단어를 정의하는 것과 관련된 것에서 단어를 발음하는 것과 관련된 활성화를 뺌으로 Posner 등은 의미처리 과정과 유일하게 관련된 듯한 두 개의 영역을 확인할 수 있었다. 그중 한 영역은 왼쪽 전두엽 앞쪽에 위치한 언어의 유창성과 관련된 부분이다(McCarthy & Warrington, 1990). 다른 한 영역은 전두엽 중앙에 위치하면서 '행동을 위한 주의집중'(즉, 환경에 반응하기 위해 주의함)을 지원하는 것으로 보인다. 이 영역의 손상은 때때로 무동성 무언증(akinetic mutism)을 유발한다(Posner et al., 1988). 무동성 무언증은 전두엽 손상으로 가끔 발생하는 목적이 없는 졸음증(lethargy)이라는 일시적인 장애다.

PET 기술을 이용한 다른 연구들도 유사한 결과를 나타내었다. 예를 들어, Martin, Wiggs, Ungerleider 및 Haxby(1996)는 동물 사진들을 명명할 때 활성화되는 피험자의 뇌의 영역이 도구 사진을 명명할 때는 활성화되지 않는다는 것을 발견하였다(역으로도 가능). 흥미롭게도 도구를 명명하는 것은 피험자들에게 손의 움직임을 상상하라고 요구했을 때 활성화된 영역과 동일한 영역을 활성화시켰다. 비슷하게 Martin, Haxby, Lalonde, Wiggs 및 Ungerleider(1995)는 사물 명명, 색깔 명명, 행동단어 명명이 모두 피질의 특정 영역을 활성화시킨다는 것을 발견하였다. 또한 다른 종류의 지식에 대한 기록(예: 사물의 색, 그와 관련된 행동 등)은 다른 피질 영역에 저장된다는 것을 확인하였다.

뇌손상 환자에 대한 최근 연구들도 이와 같은 결과와 일치한다. 예를 들어, Tarnel 등(1997)은 뇌손상 위치와 사람, 동물, 도구를 식별하는 문제 간의 관련성을 밝혔다. 오른쪽 측두엽 극 부분의 손상은 사람에 대한 재인결함과 관련된다. 반대로 도구에 대한 인지결함은 좌반구의 왼쪽 후두엽-측두엽-두정엽 연결의 장애와 관련되고, 동물에 대한 재인결함은 오른쪽 중앙 후두/배쪽 측두엽 부분과 왼쪽 중앙 후두엽 부분의 손상과 관련된다.

기억의 여러 가지 유형에 관하여 Squire와 Knowlton(1995)은 뇌손상 환자들의 이중해리와 관련된 결과에 입각한 [그림 3-1]의 분류법을 제시했다(제1장 또는 이중해리 정의에 대한 용어 해설 참고). 여기서 제시된 것처럼 연구자들은 내측 측두엽(medial temporal lobe), 즉 해마(hippocampus), 내비피질(entorhinal cortex), 해마옆 피질(parahippocampal cortex), 비주위 피질(perirhinalcortex)과 간뇌(예: 시상) 내의 구조들이 선언적(외현적) 기억에 중요하다고 주장한다. 비선언적(암묵적) 기억에 관하여 이중해리 연구들은 줄무늬체(straitum)가 감각운동 기능과 습관을 획득하는 데 특히 중요한 구조라고 주장한다. 줄무늬체는 집합적으로 기저핵(basal ganglia: 시상과 편도와 같은 구조들 근처에 위치)을 구성하는 몇몇 하위피질 구조들 중의 하나다. 비선언적 기억의 또 다른 형태인 점화는 피질 자체 내에 위치한

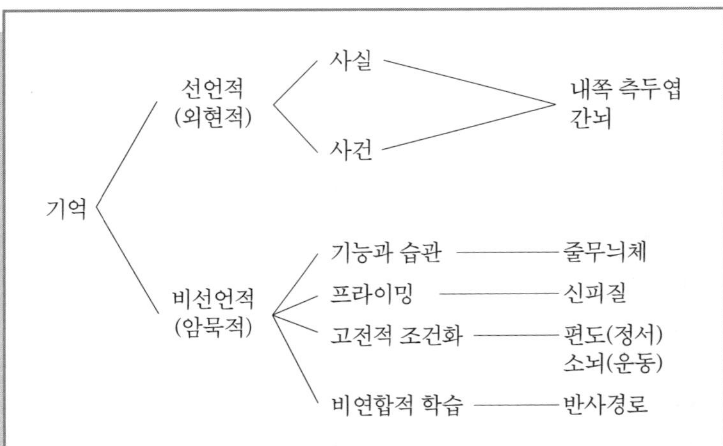

[그림 3-1] 다른 종류의 기억과 관련된 뇌구조(Squire & Knowlton, 1995)

신경회로 사이에서 발생한다. 고전적으로 조건화된 정서반응은 편도에 의해 조정되는 반면, 고전적으로 조건화된 근육반응은 소뇌에 의해 조정된다. 비선언적 기억과 비연합적 학습의 최종적인 것은 척수 내에 주로 위치한 반사경로(reflex pathway)들과 연결된다.

지금까지 기억에는 다섯 가지 종류(외현적, 암묵적, 의미적, 개념적, 절차적)가 있다는 생각과 일치하는 신경과학적 증거를 알아보았다. 여기에 일화적 기억을 조사한 최근 PET 연구 결과들을 덧붙일 수 있다. 여기에서 전두엽 피질 부분이 피험자들이 역사적인 새로운 사건들(즉, 알고는 있지만 자신이 직접 참여하지 않은 사건들)을 생각할 때보다 자신의 개인적 경험에 관하여 생각할 때 더 활성화된다는 것을 발견하였다. 역사적 사건에 관해서는 피질의 후면부가 더 활성화된다(Tulving et al., 1994). 이전에 제시되었던 문장과 새로운 문장을 듣도록 요구받은 피험자들의 PET 스캔에서 전두엽 영역 내(하나는 오른쪽 후외측 전두엽 피질 내에서, 다른 하나는 브로드만 6번 영역 앞부분 내)와 두정엽 영역 내의 두 부분에서 활성화가 증가된 띠 모양의 조각이 나타났다(Tulving et al., 1994). Tulving 등은 이러한 전두엽과 두정엽 영역들이 이전에 경험한 사건들(즉, 일화적 기억)에 대한 의식적인 회상을 돕는다고 주장하였다. 뇌손상 환자에 대한 최근의 증거 역시 일화적 기억이 전두엽 내의 영역과 관련이 있다는 주장을 지지한다(Squire & Knowlton, 1995).

2) 작동기억

작동기억과 관련된 뇌 영역 위치를 결정하기 위해 두 가지 종류의 실험이 이루어졌다. 첫 번째는 실험 대상 동물(예: 원숭이)의 특정 뇌 영역을 손상시킨 후 그 동물에게 작동기억을 더 많이 혹은 더 적게 요구하는 수행과제를 제시한 것이다. 예를 들어, 어떤 과제에서 실험 대상 동물은 연구자가 자기 앞의 두 개의 구멍 중 어느 하나에 약간의 음식을 두는 것을 지켜본다. 그 후 연구자가 구멍을 숨기는 차양을 치고 동물에게 몇 초 동안 음식의 위치를 기억하도록 한다. 이후 차양을 걷고 동물에게 음식물을 찾아보도록 했다. 이와 같은 연구들은 전전두엽 피질(prefrontal cortex: 전두엽 내에 있음)과 이 피질이 연결된 몇몇 영역(특히, 두정엽 피질, 해마, 시상)을 포함하는 작동기억 연결망이 있음을 제안한다. 전전두엽 피질 내 뉴런들의 주요한 기능은 다른 뇌 부분들의 활성화를 촉진하거나 저지하는 것이다(Goldman-Rakic, 1992). 따라서 전전두엽 영역이 작동기억을 요구하는 상황에서 활성화의 조정자 역할을 하는 것으로 보인다.

두 번째 종류의 실험에서 과학자들은 다른 종류의 작동기억을 요구하는 과제에 참여할 때의 인간 뇌의 활동을 기록한다. 이러한 연구들(Smith, Ionides, & Koeppe, 1996)은 언어적 작동 기억 과제가 왼쪽 두정엽의 브로드만 40번 영역과 왼쪽 전두엽의 세 영역들(브로카 44번 영역, 운동 앞 구역(premoto area)의 하부인 6번 영역, 보조운동 영역의 상부인 6번 영역)을 자극한다고 주장한다. 이와는 달리 공간적 과제는 오른쪽 반구 내의 세 영역(배가쪽 전두엽 피질 47번 영역, 후두엽의 19번 영역, 두정엽 피질 내의 40번 영역)을 자극한다고 한다.

이러한 두 가지 증거는 작동기억 영역의 연결망이 각 반구의 전두엽과 두정엽 내에 주로 위치한다는 생각을 갖게 한다(언어와 공간 기억에 대한 좌우 뇌의 분리는 언어를 사용하는 인간에게만 유일하게 발견되지만). 전두엽과 두정엽 영역은 상보적이어서 다른 영역의 활성화를 유발할 수 있다고 알려져 있다.

이 사실과 관련해서 한 가지 덧붙일 점은 전전두엽 피질에 도파민을 분비하는 뉴런들이 풍부하다는 것이다(Goldman-Rakic, 1992). 제2장에서 우리는 페닐케톤뇨증(PKU)을 앓는 어린이들의 뇌에 종종 도파민이 부족하다는 것을 알았다. Diamond 등(1997)은 PKU 아동과 정상 아동 간의 작동기억 능력의 차이를 보여 주는 실험을 실시한 바 있다.

3) 영구기억

앞서 우리는 작동기억과 영구기억 간의 이론적 차이를 지지하는 행동 증거가 있다는 것을 배웠다. 더불어 이러한 차이를 지지하는 신경과학적 증거도 존재한다는 것이 밝혀졌다. 예를 들어, 뇌손상에 관한 논문들에는 작동기억과 영구기억 간의 이중해리에 대한 주장이 많다. 전두엽이 손상된 환자들은 일반적으로 새로운 자료를 학습하는 데 결손을 보이지 않지만 작동기억에는 결함이 나타난다(Shimamura, 1995; Squire & Knowlton, 1995). 반면에 내쪽 측두엽 영역(예: 해마)과 간뇌(즉, 시상)에 손상을 입은 환자들은 새로운 정보를 학습하는 데 심각한 문제가 있지만 작동기억에서 정보를 유지하는 데는 별 어려움이 없다(Squire, 1987).

내쪽 측두엽 영역은 영구 기록의 고정화에 중요한 역할을 한다고 여겨지지만 어떻게 이 구조들이 고정화를 촉진하는가는 아직 알려지지 않았다. 이에 대한 최근 한 가지 제안은 기록을 구성하는 영구

피질-피질 연결(permanent cortico-cortico connections)이 확립될 때까지 해마가 기억과 관련된 다른 피질 부분을 일시적으로 함께 묶을지도 모른다는 것이다(예: 이 물체는 무엇인 것 같다, 이름은 무엇이다 등)(Squire & Alvarez, 1998). 이러한 설명과 관련하여 학습(즉, 선언적, 개념적, 절차적, 일화적 지식의 영구 기록을 형성하는 것)은 뉴런 간에 비교적 영구적인 시냅스 연결을 확립하는 것으로 이해할 수 있다.

4) 회상과 재인

앞서 언급한 것처럼 건강한 사람이 기억을 저장하고 인출하는 동안에 전략을 사용한다면 무엇인가를 회상할 기회가 꽤 늘어날 것이다. 예를 들어, 저장 단계에서 항목을 범주(예: 식물, 동물 그리고 운송수단)로 묶을 수 있으며, 그 후 인출 단계에서 자신만의 단서로 이러한 범주들에 이름을 붙여 사용할 수 있다(예: 알았어, 식물과 동물 그리고 운송수단이 있어; 식물이란……). 하지만 가장 중요한 것은 건강이다. 왜냐하면 기록 형성과 고정화 과정에 관련된 뇌 영역(예: 내쪽 측두엽과 간뇌 구조. 앞부분 참고)이 손상된 환자에게 있어서 전략사용이 이들의 회상 수행을 향상시킬 수 없기 때문이다.

일반적으로 심리학적 관점과 연결된 신경과학적 관점은 다음의 네 가지 가능성을 이해하는 데 도움을 준다. ① 전략 사용이 기억 향상을 이끈다. ② 전략 사용이 기억 향상을 이끌지 못한다. ③ 전략을 사용하지 않았을 때조차도 기억의 향상이 일어난다. ④ 전략은 사용되지 않고 기억은 향상되지 않는다. 첫 번째 가능성은 건강한 사람과 기록 형성 및 고정화 과정에 관련되지 않은 뇌 영역에 손상을 입은 사람에게 적용된다. 예를 들어, 전두엽이 손상된 환자는 전략을 사용하지 않는 경향이 있지만 전략을 사용하도록 요구받을 때 기억 수행이 향상된다(Shimamura, 1995). 두 번째 가능성은 내쪽 측두엽와 간뇌 구조에 손상을 입은 성인, 학습장애를 가진 어린이와 성인, 그리고 취학 전 아동에게 적용된다(Flavell, Miller & Miller, 1993; Squire & Knowlton, 1995; Stanovich, 1998a). 이런 집단에서 전략의 사용은 종종 수행을 향상시키는 데 실패한다. 세 번째 가능성은 우연한 기억 향상 상황과 암묵적 기억(예: 점화) 그리고 정서적 자극(제6장 참고)에 기인한 향상에 적용된다. 네 번째 가능성은 개인의 건강 상태와 관련없이 모든 사람에게 적용된다. 총괄적으로 이 네 가지 가능성은 신경과학적 증거가 회상에 대한 심리학적 실험의 결과를 어떻게 설명하거나 제한할 수 있는지를 보여 준다.

재인에 관해서 최근 Mishkin과 Murray(1998)는 현재 기억에 대한 형태의 신경생물학적인 것에 대해 알려진 것을 요약하여 [그림 3-2]와 같이 구성했다. 피질에서 고차원적인 감각 영역(시각의 경우 후두엽 내의 V1 영역)은 감각 양식(예: 눈)으로부터의 입력을 해석한다. 이런 정보는 내쪽 측두엽 영역(즉, 비주위(perirhinal)와 내비(entorhinal) 피질)의 두 개의 피질을 포함하는 회로를 통과하고 또 시상 중앙과 기저 전뇌(basal forebrain) 및 전두엽의 궤도를 지나간다. 재인기억이 방해받는 것은 이 구조 중 어떤 것이 손상되었을 때 나타나며, 특히 측두엽 구조의 내쪽 손상이 큰 영향을 미친다.

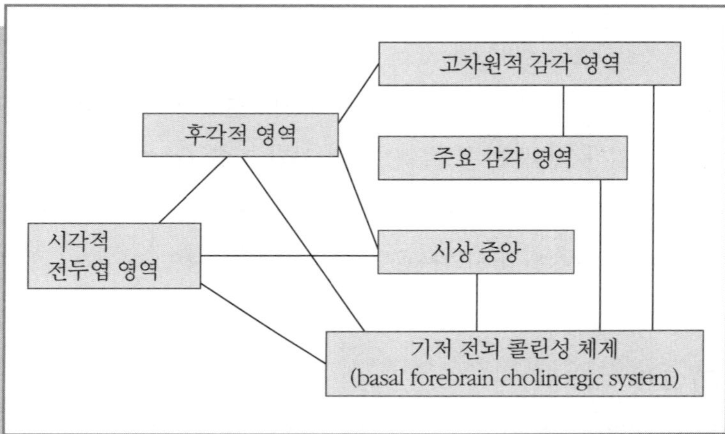

[그림 3-2] 재인기억과 연관되는 뇌의 도식적인 영역 (Mishkin & Murray, 1998)

5) 간섭

순행간섭은 이전에 학습된 정보(예: 이전 전화번호)가 새로운 정보(새로운 전화번호)의 회상을 어렵게 만들 때 발생한다. 건강한 사람은 두 가지 방법으로 순행간섭을 극복할 수 있다. 하나는 새로운 정보와 관련된 기록의 강도를 증가시키기 위해서 연습을 많이 하는 것이며, 다른 하나는 이전 정보를 적극적으로 억제하는 것이다.

전두엽 손상 환자들은 특히 순행간섭에 취약하다는 연구가 있다(Shimamura, 1995). 이러한 결과들은 전두엽이 피질의 다른 영역과 연결되는 것을 증진시키거나 억제시킨다는 사실을 의미한다(Goldman-Rakic, 1992).

6) 초기억

전두엽은 초기억에 대한 신경과학적 기초를 조사한 몇몇 연구와 관련되어 있다. 전두엽 손상은 ① 지식판단 기술, ② 설단현상, ③ 알고 있다고 느끼는 것, ④ 출처기억, ⑤ 기억 전략을 사용할 필요성을 인식하는 데 영향을 미친다(Shimamura, 1995).

7) 요약

앞서 이루어진 신경과학적 논의를 요약하는 유용한 방법은 특정한 뇌 영역과 관련된 모든 능력을 함께 묶는 것이다. 예를 들어, 전두엽은 단어 찾기와 일화적 기억, 작동기억, 추론, 전략 그리고 초기억과 관련된다. 반면, 측두엽은 청각적 표상 과정과 저장, 선언적 기억, 고정화, 회상, 재인 그리고 의미기억과 관련된다. 두정엽과 후두엽의 연구에서 두정엽은 작동기억, 일화기억과 관련이 있고, 후두엽은 시각적 표상의 저장과 처리 과정, 공간기억과 동물의 재인과 관련된다. 기억과 관련된 피질 하부구조는 기저 전뇌(재인), 선조체(감각운동 기술과 습관), 편도체(고전적으로 조건화된 감정반응) 그리고 소뇌(고전적으로 조건화된 운동반응)를 포함한다.

3. 결론 및 유의점

지금까지 제시된 논쟁을 조사한 결과 두 가지 결론이 타당해 보인다. ① 인간 기억은 다면적이며 뇌의 많은 영역에 걸쳐 널리 분포되어 있다. ② 기억에 대한 심리학적, 신경학적 관점은 광범위하게 일치한다. 만약 더 확실히 통제된 실험이 이루어진다면 두 결론 모두 심리학과 관련된 분야(예: 교육)에서 중요한 함의를 가질 것이다. 다음의 몇 가지 함의가 이러한 결론을 설명할 목적으로 제시되었다.

이 절의 첫 번째 함의는 읽기, 쓰기, 말하기, 문제해결, 사물의 영속성, 공간추리를 포함한 다양한 인지능력에서 인간 기억이 중요한 역할을 한다는 것에서 유도되었다(Baddeley, 1999; Byrnes, 2001; Goldman-Rakic, 1992). 사실 기억이 다면적이고 분산적이라고 가정한다면 기억 의존기술 또한 다면적이고 분산적이라고 가정할 수 있다. 이러한 예상이 반복해서 나타나는 것을 다음 장에서 볼 수 있다.

두 번째 함의는 개념의 경제성을 의미한다. 전 세기 동안 심리학자들은 두 가지 경쟁적인 설명에서 경제성을 가진 이론을 더 선호했다. 이 경제성 개념에 대해 의지가 너무나 확고해서 학자들은 대부분 사람들이 믿는 상식(예: 언어와 공간 형식으로 부호화된 자극은 언어 형식으로만 부호화된 자극보다 쉽게 기억된다)조차 받아들이지 않았다. 이 장에서 제시된 기억모형은 결코 경제적이지 않으나 30년 전에 표준화된 모형보다 간단하면서도 더 정확하다(예: Atkinson & Shiffrin, 1968). 최소한의 복잡성은 '나이에 따라 기억이 변하는가?' 와 같은 질문에 대답해야 하는 것과 '기억의 측면이 의미하는 것은 무엇인가?' 와 같은 질문에 대답하는 것으로 시작하는 것이다.

세 번째와 마지막 함의는 실제 수업에서 기억에 대한 심리학적, 신경과학적 관련성을 포함한다. '학습은 시냅스에서 일어난다.' 에 대한 생각이 대중 출판물로 나왔다. 예를 들어, 전문의가 집필해서 만든 교재와 논문의 몇몇 저자는 ① 더 많은 시냅스가 수업 중에 형성된다면 학습이 더 잘 이루어질 것이며, ② 확산적 사고는 시냅스의 연결이 폭넓게 배열되도록 영향을 미친다고 주장한다. 하지만 불행하게도 시냅스에 기초한 학습과 교수 모형은 큰 관련이 없다. 다시 말하면, 하나의 교수기술이 다른 것보다 최적 형태의 시냅스 형성을 가져온다고 생각할 근거는 없다(주어진 경험과 신경학적 연결 사이에 일대일 대응이 아니기 때문에).

우리가 할 수 있는 것은 행동주의와 신경과학적 증거 모두와 높은 수준으로 일치하는 학습과 기억 모형에 기초하여 교육적 결정을 하는 것이다. 이 장의 첫 절에서 제공된 기억에 대한 설명은 이 같은 모형의 하나일 뿐이다. 이 모형에 따르면 만약 수업이 충분한 연습을 포함하고, 학생들에게 정교화와 다중 부호화 표상을 하도록 돕는다면 수업이 성공(즉, 반영구적인 기록을 형성하는 것)할 가능성은 상당히 높다고 할 수 있다. 교사는 이러한 측면에서 교육과정과 활동을 평가할 수 있어야만 한다.

제4장

주 의

100여 년 전 미국의 저명한 심리학자 William James는 '주의' 에 대해 다음과 같이 말했다. "누구나 주의가 무엇인지 안다. 그것은 분명한 형태로 동시에 일어날 수 있는 여러 가지 대상이나 일련의 사고들 같은 것 중에 하나를 마음속에 두는 것이다. 주의의 본질은 초점의 집중과 전심전력 그리고 의식이다. 주의란 어떤 것들을 효과적으로 다루기 위해서 다른 어떤 것들에서 물러나는 것이다" (James, 1980). 이는 지금까지도 주의의 몇 가지 중요한 측면을 강조하는 적절한 설명이다.

첫째, 누구나 주의가 무엇인지 안다는 James의 주장을 고려해 보자. 대부분의 사람들은 주의를 많이 기울이는 상황뿐만 아니라 주의를 기울이지 않는 상황을 구별할 수 있는 것으로 보인다. 다시 말하면, 주의는 어떤 현상학이나 그에 대한 '느낌' 이다(즉, 주의를 기울인다는 것이 무엇인지를 안다). 주의와 비슷한 뜻으로 주의와 관련된 경험에 관한 자연적인 언어표현이 많다는 사실은 분명한 이유가 되며,

그것은 과학자나 과학자가 아닌 사람들 간의 의사소통에서도 자주 나타난다(예: '주의 기울이기' '멍한 상태' '백일몽' '집중' 등).

둘째, 주의의 개념은 포괄적이기보다 선택적이다. 마음은 카메라의 렌즈처럼 다른 것들을 배제한 상황에서 어떤 것들에 대해 분명히 초점을 맞추는 것과 같다. 주의하지 않은 대상들은 배경이 되거나 완전히 놓치게 된다.

셋째, 주의가 어떤 대상에 대해 다양한 정도로 적용될 수 있다는 견해다. 대상에 대해 매우 집중한다는 것은 단지 바라보는 것과는 다르다는 것을 의미한다.

몇 년 동안 과학자들은 William James의 초기 설명을 심리학적인 관점과 신경과학적 관점으로 정교화하려고 시도하였다. 이 장의 목표는 이런 정교화 시도들을 요약하는 것이다. 제3장과 마찬가지로 조직화된 체계를 사용하여 심리학적 관점에서 주의에 관해 먼저 서술한 후에 신경과학적 관점에서 이를 다시 논하고자 한다. 마지막 절에서는 주의에 대한 심리학적 관점과 신경과학적 관점을 통합한 최근 시도들의 교육적 함의를 살펴보려고 한다.

시작하기 전에 먼저 이 책에서 주제(주의를 포함해서) 선택의 기준을 다시 소개하면, 주제들은 ① 심리학자와 신경과학자들 모두에 의해 연구된 것이어야 하며, ② 교육의 과정과 직접적으로 관련이 있어야 한다. 전자의 기준은 특정 주제가 심리학적인 관점과 신경과학적인 관점 사이에 중복되는 정도를 비교하고자 하는 것이다. 또한 이 책이 신경해부학적인 측면(심리학과 교육학의 영역이 제외된)의 문헌이 되지 않도록 하려는 의도와 관련이 있다. 후자의 기준은 학교 현장과 관련성이 있는 주제로 다루고자 하는 내용을 제한하는 기준이다. 어떤 주제들의 경우 심리학자들은 집중적으로 이를 연구하였으나 신경과학자들은 그다지 주목하지 않은 주제들이 있다(예: 목표나 자기 효능감과 같은 동기의 비욕구적인 측면, 과학적인 사고). 또 다른 주제들의 경우는 심리학자와 신경과학자들 모두가 연구하였으나 학교현장과 직접적인 관련이 적은 내용들이 있다(예: 성격 특성). 주의에 대한 주제는 이 두 가지 기준에 부합한다. 심리학자와 신경과학자들이 상당 기간 동안 철저하게 연구한 것을 배제하고서라도, 주의는 '학습을 위한 통로' 로 생각될 수 있다. 학습 영역에서 주요 이론가들은 어린이들이 주의를 기울이지 않는다면 학과 지식을 배울 수 없다는 데 동의한다. 더구나 가르치는 사람들이나 10세 이하의 아이들을 지도하는 사람들은 아이들이 얼마나 자주 과제에서 벗어나며 얼마나 쉽게 산만해지는지를 안다. 왜 아이들은 나이가 들면서 주의를 잘하는 것처럼 보이는가? 뇌 성숙과 관련이 있는가? 더 나아가 뇌과학과 교육적 실천 사이의 연결된 영역에서 몇몇 선구자들은 주의가 신경과학과 교육학의 공유 영역에 핵심 과정일지도 모른다고 주장한다(다음에 기술한 것처럼).

1. 주의에 대한 심리학적 관점

수년 동안 심리학자들은 다양한 방법으로 주의의 구성에 대해 설명해 왔다. 이 장에서는 다음의 일곱 가지 견해를 차례로 설명할 것이다. ① 정보처리 이론, ② 생애적 관점, ③ Vygotsky 이론, ④ 출현동기이론, ⑤ '섬광' 기억현상, ⑥ 교육학적 관점, ⑦ 임상학적 관점.

1) 정보처리이론

1950년대 후반 이후, 주의에 대한 심리학적 설명은 대부분 정보처리(information-processing: IP)이론의 원리와 실제에 기초를 두었다. IP 이론가들은(예: Atkinson & Schiffrin, 1968; Brodbent, 1958; Newell & Simon, 1972) 인간의 마음이 두 가지 중요한 방식에서 컴퓨터와 유사하다고 주장하였다. 즉, ① 둘 다 상징을 조작하고 처리하며, ② 둘 다 제한된 처리 용량을 사용하여 기능을 수행한다(예: 컴퓨터에서는 RAM, 사람의 마음에서는 작동기억). 처리 용량의 제한은 한 번에 주의할 수 있는 정보의 양에 영향을 미치며 또 정보가 그 시스템 안에서 흐르는 방식에 영향을 미친다. 예를 들어, IP 이론은 사람들이 어떤 상황에 대해 모든 것을 기억하지는 못한다고 말한다. 대신 단기기억 장소(현재 작동기억이라고 한다. 제3장 참고)의 용량 내에 들어갈 수 있도록 상황의 일부분을 부호화하는 것이다. 유사하게 어떤 사람은 같은 작동체계가 요구되는 두 개의 정보를 동시에 처리할 수 없다. 후자 유형이 제한하는 것은 단지 한 번에 한 사람의 말만을 듣고 이해할 수 있다는 칵테일파티 현상을 통해 설명될 수 있다. 많은 사람이 동시에 말할 때는 대부분 "어~ 천천히 말해. 한 번에 한 명씩!"과 같이 말한다.

그동안 주의의 과정에 대한 몇몇 모형들이 IP 이론가들에 의해 제안되었다. Broadbent(1958)의 초기 모델에서 주의는 정보를 전달하는 일련의 통로처럼 생각되었다. 이 모델의 핵심 가정은 정보가 한 번에 하나의 통로를 따라서 흐를 수 있다는 것이다. 이러한 제한으로 '개방된' 혹은 '폐쇄된' 통로가 있다면 정보는 단지 개방된 통로

일 때 처리되고 유지된다. 그러나 1960년대의 몇몇 연구에서는 주의하지 않은 어떤 정보가 처리되는 것처럼 보였다(Posner, 1995). 결과적으로 후속 모형들은 Brodbent의 실무율적 접근에서 멀어졌다. 이러한 후속 모형들은 여러 다른 통로에서 오는 자극들이 제한된 주의자원에 대해 동시에 경쟁할 수 있다고 가정한다(Glover, Ronning, & Bruning, 1990). 또한 이후의 제안들은 주의의 구성 개념을 작동기억의 개념과 결합시켰다. 최근 설명에서 연구자들은 정보를 상실하는 것이 정보가 감각등록기나 작동기억으로 들어가는 것에 실패했기 때문은 아니라고 주장한다(Brodbent의 주장처럼). 오히려 정보를 상실하는 것은 정보의 각 조각에 대한 감각 흔적들이 사라지기 전에 주의되어야 할 것이 작동기억 안에 너무 많이 있기 때문이다(제3장 참고).

사람들이 상황 안의 모든 것을 부호화할 수 없다는(심지어 그들이 원할지라도) 제안에 더하여, IP 이론은 상황의 어떤 측면이 사람들의 마음속에 들어가서 오랜 시간 남아 있는 것을 주의가 결정한다고 주장한다(Atkinson & Schffrin, 1968). 다시 말하면, 주의는 학습을 위한 전제조건으로 단언될 수 있다. 이 관점에 익숙한 교사들은 처음에 어린이들이 그들에게 주의하도록 하고 교실 내 다른 것들에 집중하지 않도록 하는 것을 당연한 것이라고 생각한다.

IP 이론가들이 기술 습득에 대한 연구를 수행한 결과 주의의 또 다른 측면이 분명해졌다(Anderson, 1990). 연구들은 사람들이 기술을 처음으로 학습할 때 무얼 하는지 생각해야 하고 스스로 그것에 대해 자주 말해야 한다고 제시한다. 예를 들어, 운전을 배우는 사람은 이렇게 말할 것이다. "자, 후진하기 위해 나는 기어를 아래로 밀고 오큰쪽으로……." 그러나 초보자라면 작동기억 용량의 제한 때문에 자신의 행동에만 주의를 기울이고 다른 상황에는 주의할 수 없다. 이런 이유로 초보 운전자는 기어를 바꾸면서 동시에 대화를 할 수 없다. 비슷하게 초보 독자들은 종종 단어를 바르게 읽을 수 있으나 그들이 읽는 것을 이해하지 못하기도 한다. 그렇지만 시간이 지나 그런 기술들이 점점 자동화(automatic)되어 학습자들은 무엇을 하는지에 대한 생각 없이도 기술들을 수행할 수 있다. 이런 방법으로 작동기억 용량이 기술의 자동화에 의해 '해방' 된다.

지금까지 IP 이론과 관련하여 칵테일파티 효과, 부호화의 선택성, 동시에 여러 일에 주의를 기울이는 숙련가의 능력 같은 현상에 대해 설명했다. 그러나 제3장에서 언급한 것처럼 이론들은 능력을 구성요소로 구분하는 방법을 구체화하는 역할을 한다. IP 접근의 한 가지 특징은 어떤 능력의 구성 요소들을 결정하기 위해 이른바 합리적 과제분석(rational task analysis: RTA)을 사용한다는 것이다(예: Newell & Simon, 1972). RTA에서 어떤 이론가는 능력이란 논리적 이유를 분명히 포함하는 일종의 조작이라고 말한다. 예를 들어, RTA는 체스 능력이란 적어도 게임의 규칙에 대한 지식(구성요소 1)과 몇 수 앞의 움직임을 생각하는 능력(구성요소 2)을 포함해야 한다고 이야기한다.

RTA에 따르면 시각 주의(visual attention)의 경우 다음의 구성요소의 조작과 관계있다(Posner, 1995; Posner & Raichle, 1994). 첫째, 상황의 변화를 간파할 수 있는 긴장(alertness)과 각성(arousal)의 적당한 상태를 유지할 수 있어야 한다. 충분한 수면을 취하지 못한 학생들이 종종 동료들보다 몇 단계 뒤떨어진 것을 발견할 수 있다. 둘째, 현재의 자극으로부터 주의를 이탈(disengage)할 수 있어야 한다(예: 읽기를 멈추거나 교사의 새로운 지시 대신에 집중하던 것을 하는 것). 셋째, 주의를 새로운 자극으로 변환(shift)시킬 수 있어야 한다(예: 교사의 지시를 들으면서 보기). 넷째, 초점(예: 교사)과 초점 이외의 것(예: 학급 내 다른 학생들)을 구별(discriminate)할 수 있어야 한다. 다섯째, 초점의 대상에 주의를 강화(enhance)할 수 있어야 한다(예를 들어, 학생은 교사를 단지 바라보는 것이 아니라 실제로 듣고 집중해야 한다). 마지막으로 주의산만(예: 방 안의 다른 소리)과 피곤함에도 불구하고 어떤 목표에 대한 집중을 유지(maintain)할 수 있어야 한다.

이 같은 분석은 주의와 관련된 개인적 그리고 발달적 차이의 윤곽을 제공한다. 아마도 아이들은 환경에 순응하기 위해서 능력은 어른과 비슷해도 산만한 어떤 상황에 직면했을 때 주의를 이탈하거나 유지하는 것이 어른보다 더 어려울 수 있다. 유사하게 주의력이 결핍된 개인은 주의를 유지하는 것에는 문제를 가지고 있을 수 있으나, 새로운 자극에 적응하는 데에는 문제가 없을 수 있다. 주의에 대한 RTA는 발달주의자와 개인차 이론가들에게 이런 지침을 제공하고, 주의의 구성요소를 조작하는 것과 결합된 뇌 영역의 위치를 찾으려는 신경과학자들에게도 유용할 수 있다(이에 대해서는 이후에 살펴본다) (Posner & Raichle, 1994).

2) 생애적 관점

생애이론가들은 태아기부터 노년기까지 심리학적 발달현상들을 검토한다. 일반적인 접근은 ① 심리학적 실재를 일련의 구성요소로 분류하기, ② 연령 변화가 이런 구성요소 조작에 영향을 미치는지

고려하기, ③ 관찰된 연령 변화를 설명할 수 있는 발달 기제 제시하기의 세 구성요소로 이루어진다. 이 일반적인 접근을 유지하기 위해 Plude, Enns 및 Brodeur(1994)는 선택적 주의가 정향(orienting), 여과(filtering), 탐색(searching), 기대(expecting)의 네 가지 과정을 통해 조직된다고 제안했으며, 이 후에 이 과정에서 연령 변화가 있는지를 확인하기 위해 발달연구 문헌들을 검토했다.

첫 번째 과정인 정향은 공간 안의 특정 위치에 대한 감각수용기의 정렬을 포함한다(Plude et al., 1994). 정향반사(orienting reflex)라는 일종의 초기 정향은 환경의 변화에 주의를 이동시키는 명백하게 자동적으로 나타나는 경향이다. 지각생이 늦게 교실에 들어올 때 대부분의 다른 학생들은 들어오는 학생 쪽으로 고개를 돌리는 것을 볼 수 있는데, 이는 정향반사를 증명하는 한 예로 볼 수 있다. 교사들에게는 불행하게도 대부분의 학생들은 지각생이 앉을 때까지 교사가 말하는 것에 무관심하다. 물론 정향에는 이런 공개적인 종류뿐만 아니라 비공개적인 종류도 있다. 예를 들어, 비행기 승객은 통로 너머의 흥미로운 다른 사람들의 대화에 고개를 돌리지 않고, 자신이 듣고 있다는 것을 표시나지 않게 하면서 읽고 있던 책으로부터 다른 사람의 대화로 주의를 이동시킬 수 있다.

정향에 대한 다양한 종류의 연구에서는 유아기부터 노년기까지 발달상의 변화가 매우 적다고 보고한다. 예를 들어, 연구들은 심지어 신생아조차도 정향반사를 보인다고 밝힌다. 실제로 유아는 어떤 자극에 사로잡히는 것을 멈출 수 없기 때문에 우는 것 같은 특별한 경향을 보인다. 다행히도 유아들은 생후 1년이 될 때쯤 주의에서 이탈하는 능력을 갖게 된다. 이 시점 이후에는 정향에서 상당히 나이든 피험자와 어린 피험자를 비교했을 때에도 실제적인 연령상의 변화 또는 차이는 발견되지 않는다(Plude et al., 1994).

두 번째 과정인 여과는 다른 것들을 제외하기 위해 자극의 어떤 특성에 초점을 두는 능력이다. 이분청취(dichotic listening) 과제와 시각적 판별과제에서 설명한 것처럼 여과는 외부 자극에 의해 주의가 분산되는 것을 피하기 위한 능력을 요구한다(예: 교실이나 도서관에서 과제를 하는 동안의 대화 내용). 발달상의 연구는 유년기부터 초기 성인기까지 이 같은 형식의 선택적 주의에 대한 통제가 증가함을 보여준다. 게다가 연구들은 나이가 적은 어린이와 노인들이 나이가 많은 어린이, 청소년, 성인들보다 무의식적인 지각의 방해와 행동 반응에 사로잡히는 경향이 많다는 것을 보여 준다. 그러나 노인들의 수행은 다양한 도움을 통해 향상될 수 있지만 어린아이의 선택적 주의 문제를 줄이는 것은 거의 불가능하다는 것을 발견하였다(Plude et al., 1994). 이전에 암시했던 것처럼 아마도 이 변화는 뇌 발달을 반영하는 것 같다.

세 번째 과정인 탐색은 쇼핑몰을 나와 주차장에서 차의 위치를 알아내려는 상황이 그 예가 된다. 이와 같은 또는 유사한 상황에서 그 사람은 제한된 영역을 시각적으로 스캐닝한 후에 전체적(모양과 색)으로 또는 독특한 방식(번호판)으로 목표와 맞는 특정 대상에 자신의 주의를 일치시킨다. 명백하게 선택적 주의인 이 형식은 세부적인 분석과 체계적이면서 꼼꼼한 접근을 요구한다. 연구들은 초기 유년 시절 동안의 탐색에서 연령에 따른 매우 일관된 변화를 발견하였다. 이 시점 이후에 연령차는 거의 관찰되지 않으며, 다만 스캐닝 감소는 때때로 노인연구에서 발견된다(Plude et al., 1994).

네 번째 과정인 기대는 눈에 띄는 대상으로 주의를 이동시키기(정향), 다른 것을 제외하고 특정 자극에 집중하기(여과), 중요한 대상의 위치 찾기(탐색)의 능력을 뛰어넘는 것이다. 기대된 주의는 어떤 목표물을 더 잘 처리하기 위해서 환경단서를 사용하는 것을 포함한다. 발달연구에서 점화(priming)와 프롬프팅(prompting) 두 종류의 기대된 주의 상황이 연구되었다(Plude et al., 1994). 점화 상황에서 자극(예: 스크린 위의 화살표)은 대상(예: 문자)이 나타날 가능성이 있는 위치를 나타내준다. 프롬프팅 상황에서는 이전 자극이 이후 자극과 같거나 다른 범주의 것으로 구성된다. 같다 또는 다르다를 판단할 때 사람은 기억에 저장된 정보에 의존해야 한다. 단서 제시와 반응 사이의 시간이 증가함에 따라 기억 요구도 증가한다.

발달연구들은 6세 정도의 어린이에게서 점화 효과가 관찰된다고 보고한다. 그러나 나이 든 어린이는 어린아이보다 단서를 더 효과적으로 사용한다. 점화 효과에서는 노인과 어린 피험자 사이에 관찰된 차이가 거의 없으므로, 기억 요구과제의 어려움에서 노인과 어린아이가 유사한 수준의 행동을 나타내 보인다(Plude et al., 1994).

전반적인 연구문헌은 연령변화가 단지 주의처리의 어떤 종류에만 나타남을 보인다. 일반적으로 연구는 두 가지 주요 결론을 제안한다. 첫째, 생의 초기 동안 가장 많이 변하는 주의의 형태는 생의 후반에도 가장 많이 감소한다. 둘째, 초기 성인이 해결하기 어려운 주의에 관한 과제(전략과 일정한 양의 인지적 노력을 요구하기 때문에)는 유년기, 성인기, 노년기 사이에 엄청난 변화를 보인다(Plude et al., 1994).

3) Vygotsky 이론

저명한 러시아의 심리학자인 Lev Vygotsky는 자연적인 것과 고차적인 것 두 종류의 주의가 있다고 믿었다(Vygotsky, 1978). 자연적 주의(natural attention)는 무의식적이며 즉각적인 지각과 가깝게 연결되어 있다고 여겨지며, 대조적으로 고차적 주의(higher order attention)는 의도적 · 상징적 · 전략적이라고 여겨진다. Vygotsky는 발달하는 동안 대부분의 어린이는 자연적 주의에 전적으로 의존하다가, 점차 두 종류의 주의 모두에 의존하는 것으로 이동한다고 밝혔다. 그는 이 변화를 촉진하는 핵심 사건이 언어의 내면화라고 주장하였다. 내면화된 언어는 어린이들을 통합된 전체로 지각하게 하고, 어떤 범주로 대상을 생각하도록 돕는다. 게다가 언어는 어린이와 성인이 그들의 생각을 과거로 되돌리거나 미래로 나아가게 확장하도록 돕는다. 그렇게 함으로써 과거 경험을 현재 상황에 관련지을 수 있고 계획도 세울 수 있다. 더 나아가 내적 언어(inner speech)라 부르는 언어의 형식은 어린이들이 그들의 행동을 조절하고 통제하며(주의집중을 포함해서) 산만해지지 않도록 돕는다.

Vygotsky는 사람 이외의 종의 의사소통에 다양한 양식이 있음을 인정했지만, 인간 언어의 내면화는 고차적 주의로 발달하는 데 필수 전제조건이라고 주장했다. 이처럼 어린아이(내면화된 언어가 불완전한)는 자연적이고 무의식적인 주의에 의존하는 동물과 유사하다고 보았다. 이러한 설명이 생물학적인 것에 더 많은 근거를 둔 것과는 다르다는 것에 주목하라(내면화 과정이 뇌 발달에 의해 제한된다는 하나의 가정을 제외하고).

4) 출현동기이론

아마도 이 책의 독자들은 시공을 초월하여 활동에 몰두하는 상황을 알 수 있을 것이다. 이 같은 현상을 동기연구자들은 '몰입' 경험이라고 부른다(Csikszentmihalyi, 1998). 이 경험은 대부분 게임, 놀이, 예술과 같은 자유표현과 창의성이 허용되는 활동을 하는 동안 자주 일어난다(Pintrich & Schunk, 1996). 명백하게 몰입경험은 다른 것들을 제외하고 어떤 것에 집중하는 것을 포함하기 때문에 선택적 주의와 관련된다. 더불어 흥미의 동기적 구성요소 또한 흥미가 특정 상황에서 주의하도록 결정한다는 사실에서 주의와 관련된다고 주장된다. 그러나 IP, 생애 또는 Vygotsky 학파의 관점을 가진 심리학자들은 몇 가지 이유 때문에 동기와 주의 사이의 관련성에 대해 거의 연구하지 않아 왔다.

5) '섬광' 기억 현상

몰입경험에 덧붙여 이 책의 독자들은 그들의 기억 속에 영원히 새겨지는 것 같은 개인적 경험을 가지고 있을 것이다. 예를 들어, 대부분의 사람들은 우주탐사선 챌린저호의 재난(또는 베이비붐 세대의 경우 Kennedy 대통령 암살)을 언제 어디서 들었는지 기억한다. 이런 경험은 세부적인 것까지 유지되는 이례적인 사건이기 때문에 사람들의 마음에 오래 남는다. 왜 우리는 이런 경험에 대해 오랫동안 유지되는 분명한 기억을 가지고 있으면서 다른 것들에 대해서는 구체적인 기억을 갖고 있지 못한 것일까?

하나의 가능성은 우리가 그 같은 감정적으로 강렬한 상황에 전적으로 몰입되는 경향(제5장에서 논의될 문제)이 있다는 것이다. 즉, 우리의 주의 자원의 거의 모두가 그 사건의 부호화에 집중된다는 것이다. 두 번째 가능성은 그런 사건에 대해 우리의 마음속에 되풀이하여 재생하거나 반복해서 친구와 상세하게 토론하는 경향이 있다는 것이다(이에 관하여는 시연기제를 이용한다. 제3장 참고). 세 번째 가능성은 매우 많은 생각들을 떠올리기 때문에 우리는 이런 상황에 대해 매우 정교한 부호화를 창조한다는 것이다(기억 강화. 제3장 참고). 물론 섬광현상에 대한 신경과학적 설명도 있다. 이에 대해서는 이 장의 후반에 다시 논의될 것이다.

6) 교육학적 관점

제3장에서는 사람들이 정보에 대해 수동적으로 처리하는 것보다 그 정보를 능동적으로 처리할 때 더 잘 기억한다는 것을 배웠다(즉, 생성효과). 몇몇 교육학 연구자들은(예: Wittrock, 1991) 능동적인 처리과정이 배워야 할 자료에 대해 강화된 주의를 촉진하기 때문에 기억을 증진시킨다고 주장하였다. 적극적인 처리과정의 예는 어휘를 공부할 때 문장 만들어 보기, 과학 개념을 공부할 때 유추해 보기, 동료 학생에게 수학 문제 만들어 주기 등이 있다. 많은 인지심리학자들은 생성효과가 정교화된 부호화를 포함한다고 생각한다. 그러므로 주의와 주의에 대한 신경학적인 것을 포함한 주장을 고려해 볼 가치가 있다.

7) 임상학적 관점

최근 주의력결핍 과잉행동장애(attention-deficit/hyperactivity disorder: ADHD)라는 질환에 대한 흥미가 매우 높다. ADHD는 인구의 3~7%에 발생하고 남학생의 경우가 여학생보다 3배 이상 많다(Barkley, 1997). 『정신장애 진단 및 통계 편람 IV(Diagnostic and Statistical Manual of Mental Disorders: DSM-IV)』, (American Psychictric Association, 1994)은 ADHD를 세 가지 하위 유형으로 명확히 구분하였다. 즉, 주의력결핍 우세형, 과잉행동-충동 우세형, 복합형이 그것이다.

임상학자들은 아이나 성인이 적어도 6개월 정도 부적응적이며 발달수준에 일치하지 않는 다음 징후 중 여섯 가지 이상이 드러날 때 주의력결핍 유형으로 진단한다. ① 세부 사항에 주의를 기울이지 못하고 학교활동이나 기타 활동에서 부주의로 인한 실수를 한다. ② 과제나 놀이 활동에서 주의를 유지하는 것을 어려워한다. ③ 직접적으로 말할 때 귀를 기울이는 것 같지 않다. ④ 지시를 잘 따르지 않고 학교 과제나 일 또는 작업에서 의무를 다하지 않는다. ⑤ 활동을 조직화하는 데 어려움이 있다. ⑥ 정신적인 노력을 요하는 일을 자주 회피한다. ⑦ 과제에 필요한 것들을 자주 잃어버린다. ⑧ 외부 자극에 방해받기 쉽다, ⑨ 매일 하는 활동을 자주 잊어버린다.

과잉행동-충동 우세형은 아이나 성인이 적어도 6개월 정도 부적응적이며 발달수준에 일치하지 않는 다음 징후 중 여섯 가지 이상이 드러날 때 진단된다. ① 계속 만지작거리거나 꼼지락거린다. ② 자리에 앉아 있어야 하는 상황에서 자리를 뜬다. ③ 뛰어다니거나 기어오르는 부적절한 행동을 한다. ④ 다소 한가로운 활동에 참여하는 데 어려움이 있다. ⑤ 끊임없이 활동하거나 마치 전동기가 달린 것 같다. ⑥ 과도하게 말을 많이 한다. ⑦ 질문이 끝나기도 전에 불쑥 대답을 한다. ⑧ 순서를 기다리는 것을 어려워한다. ⑨ 다른 사람을 방해하거나 끼어든다.

ADHD의 복합형은 주의력결핍과 과잉행동-충동에 대한 기준들 중 이 여섯 가지 이상을 각각 충족시킬 때 진단된다. 그러나 이 세 가지 유형에 대해 DSM-IV에서는 증상의 악화요인이 7세 이전에 나타날 때, 적어도 두 경우(예: 학교와 가정)에서 나타날 때, 그리고 다른 주요 장애인 주의나 충동의 문제(예: 정신분열증이나 행동장애)가 없을 때 진단할 것을 제안한다. 그러나 최근의 연구들은 발병 시기 기준이 장애(특히, 주의 문제)를 가진 개인의 대부분을 충분하게 설명하는 데 실패한다는 측면에서 이 기준에 대해 의문을 가진다 (Barkley & Bierderman, 1997; Applegate et al., 1997).

이러한 맥락에서 주의력 문제와 관련된 ADHD의 첫 번째와 세 번째 유형에 연구자들의 관심이 집중되고 있다. 비록 이 장애에 일반적으로 기질적 원인이 있다고 보이지만(외관상으로 어떤 카페인 같은 약물치료가 때때로 도움이 된다는 사실처럼), DSM-IV의 증후학(symtomatology)은 전적으로 행동에 주목한다. 그러므로 임상적 관점은 신경학적 견해보다 심리학적 견해로 특징짓는 것이 적절하다고 여겨진다. ADHD의 신경심리학은 이 장의 후반부에서 제시한다.

신경과학적 논의로 넘어가기 전에 ADHD를 주의 지속과 충동조절 문제에서 가장 낮은 수준이라고 표현하는 것에 주목할 필요가 있다. 모든 사람들은 물건을 잃어버리는 '멍한 상태' 일 수 있으며 때때로 충동적인 행동을 한다. 쟁점은 이러한 증상들을 개인이 통제할 수 있는지(전략, 노력의 증가 등을 통해), 증상이 자주 나타나는지, 또는 학교나 직장에서 심각한 문제의 원인이 되는지다.

2. 주의에 대한 신경과학적 관점

심리학자들의 경우처럼 신경과학자들도 주의에 대해 다양한 시각으로 접근한다. 연구의 한 가지 흐름은 주의가 동물들(인간을 포함한)이 특정 상황에서 적절하게 행동하는 것을 돕는다는 제안에서 비롯되었다(Posner, 1995). 또 다른 흐름은 뇌손상 환자의 사례연구에 대한 분석에서 나타났다. 최근 이런 다양한 견해의 통합을 시도한 Posner(1995)는 분석을 통해 주의가 독특한 인지적 기능을 가진 세 가지 상호 관련된 망으로 구성되었다고 주장하였다. 먼저 Posner의 주장을 설명한 후에 각성과 ADHD와 관련된 신경과학적 논쟁과 이에 대한 대안적인 설명도 검토할 것이다.

1) Posner의 주의망이론

Posner와 동료들은 뇌에 기초하여 정향망(orienting network), 실행망(executive network), 경계망(alerting network)의 세 가지 주의망을 주장하였다(Posner, 1995; posner & Raichle, 1994). 정향망의 주요 역할은 동물들이 환경의 변화에 주의를 기울이도록 하는 것이다. 이런 망은 변화에 따라 동물들이 보고 듣도록 하는 어떤 뇌구조(예: 머리,

귀, 눈의 움직임을 통제하는 기관들)를 포함한다. 그러나 이 망은 드러나지 않는 주의의 변화와 관련된다. 앞서 언급했던 것처럼 인간이나 동물들은 어떤 목표물의 위치처럼 단서가 주어질 때 더 빠르고 정확하게 반응한다. 이런 단서를 포함한 실험들에서 두피의 전기적 기록들과 단일 뇌세포의 세포 내 기록들은 안구가 움직이기 전에 그 효율성이 증가함을 보여 준다(Posner, 1995).

뇌손상 환자들과 실험을 위해 뇌수술을 한 동물들에 대한 연구들은 두정엽(특히 오른쪽)이 현재의 관심 대상으로부터 주의를 끊는 능력과 관련된다고 제안한다. 이 영역의 손상은 특정 자극에 대해 '고정되는' 문제를 초래한다. (앞서 언급했던 것처럼) 두정엽의 미성숙은 생후 1개월 된 유아가 자극에 대해 고정되는 경향을 설명할지도 모른다. 만약 주의를 끊는 과정이 순조롭게 진행된다면 다음 단계인 목표 영역에 대한 주의집중이 일어날 것이다. 상부둔덕(superior colliculus)과 중뇌로 둘러싸인 영역이 주의의 이런 이동에 관여하는 중요한 구조로 생각된다([그림 1-2] 참고). 마지막으로 시상의 베개핵(pulvinar nucleus)은 관련 없는 자극을 여과하는 과정에서 중요하게 여겨진다(Posner, 1995).

주의에 관한 오랜 심리학적 논쟁은 선택적 주의가 정보처리의 초기 단계에서 작용하는지, 또는 대부분 잠재적으로 관련된 자극들이 높은 수준으로 분석된 후에 상대적으로 늦게 일어나는지에 초점을 둔다(Posner, 1995; Hillyard et al., 1995). 전통적인 심리학적 측정(예: 반응시간)은 이 논쟁을 해결하는 데 유용하지 않다. 그러나 최근 연구자들은 초기 선택적 이론의 근거를 제공하기 위해 우수한 잠정적 해결 방편인 뇌전도(EEG)와 사건관련전위(ERP)를 이용하고 있다. 하지만 이러한 측정들도(제1장 참고) 모호한 특성을 가지고 있기 때문에 일부 심리학자들은 초기-후기 논쟁이 해결되었다는 점에 동의하지 않는다(Hillyard et al., 1995). 부가적인 문제는 뇌전도 접근이 자극에 대한 여과가 시상이나 피질 영역 안에서 주로 일어나는지의 여부를 쉽게 결정할 수 없다는 것이다.

Posner와 동료들은 정향망이 환경변화의 위치를 알아내면 그 뒤에 실행망이 작동하게 된다고 주장한다. RTA는 사람들이 대상이 존재한다는 것을 단순히 인식하는 것을 넘도록 도와주는 주의망이 있을 것이라고 주장한다. 사람들은 또한 대상의 범주를 정할 수 있어야 하며(그들이 보는 대상의 종류를 알기 위해), 더 일반적으로 찾는 목표를 성취했는지 알아야 한다(Posner & Raichle, 1994). 만일 실행망이 있다면 범주화, 작동기억, 목표 실행 또는 교수와 관련된 것을 포함하고, 목표 감지와 관련된 모든 뇌구조를 포함해야 한다. 그리고 이 망은 주의의 자발적인 통제와 관련된 구조들과 목표 이외의 것에 대한 반응을 억제하는 능력도 포함한다.

전측 띠이랑(anterior cingulate gyrus, [그림 1-2] 참고)은 몇 가지 이유에서 실행망에 대한 뇌의 핵심 구조로 생각된다(Posner & Raichle, 1994). 첫째, 전측 띠이랑은 의미기억, 작동기억, 억제, 목표 주도 활동이 포함된 구조와 해부학적으로 직접 연결된다. 둘째, 뇌영상 연구들은 대부분의 목표 발견과제들(내용에 상관없이)이 이 부분을 활성화시킨다는 것을 발견하였다. 결국 대부분의 연구들은 목표물의 수가 증가하면 띠이랑의 수준이 활성화됨을 보여 준다. 셋째, 이 구조 양쪽의 손상은 때때로 사람들이 상당 기간 동안 자발적인 활동을 시작하는 것에 실패하는 조건이 된다(무동무언증, akinetic mutism).

세 번째 주의망은 사람들이 어떤 사건의 발생을 기다리는 것처럼 긴장을 유지해야 하는 상황에서 작용하기 때문에 경계망이라 부른다(Posner, 1995; Posner & Raichle, 1994). 이 망은 군사 요원이나 레이더 스크린을 조정하는 항공관제 요원들에게 분명히 유용한 것이지만, 낮잠 자는 아이가 깨우는 신호를 들으려는 것처럼 일상생활의 보통 사람들에게도 유용하다. 뇌영상 연구에서는 오른쪽 두정엽과 오른쪽 전두엽 영역이 경계 상태를 유지할 때 특히 활성화된다고 말한다. 흥미롭게도 이 두 영역이 활성화될 때 띠이랑은 활성화되지 않는다. 게다가 연구들은 이 영역이 활성화될 때 심장박동이 느려진다고 보고한다.

2) Aston–Jones 등의 주의모형

Posner와 동료들이 선택적 주의에서 시상이 핵심 역할을 하고 경계 측면이 두정엽과 전두엽 구조에 의해 조정된다고 가정하는 반면, Aston–Jones와 동료들은 시상의 하부(뇌간의 제4 뇌실계에 위치)에 위치한 구조인 청반(locus ceruleus: LC)이 주의의 두 측면 모두를 관장한다고 주장한다(Aston–Jones, Rajkowski, & Cohen, 1999). 그들의 주장은 다음과 같은 몇 가지 사실들에 기초한다. 첫째, 이 핵은 지금까지 기술된 다른 단일 세포핵보다 매우 다양한 뇌 영역으로 신경을 분포시킨다. 둘째, 매우 밀집된 LC 분포는 주의과정(즉, 두정엽 피질, 베개핵, 위둔덕)과 관련되어 있다. 셋째, LC에서의 노르에피네프린(NE: 교감신경말단 신경전달물질) 방출은 무의식적인 활동을 감소시키는 반면, 뉴런의 활동 유발(자극하거나 억제하는)이 증가시킴을 발견하였다. 이 활동은 목표 시스템 안에서 소리에 대한 신호 비율의 강화를 초래한다고 생각된다. 넷째, NE 방출에서 강장제(tonic) 역할은 졸음과 각성에 따라 변한다는 것이 발견되었다. 마지막으로 LC에서 뉴런에 대한 단단위 기록은 뉴런이 목표 자극에 대해 선택적으로 반응함을 보여 준다. 예를 들어, 수직선일 때는 누르지 않고 수평선이 나타날 때마다 지렛대를 누르도록 훈련된 원숭이는 수평선이 나타날 때만 LC 뉴런의 활성화를 보인다.

3) 각성효과의 신경과학적 기초

신경과학자들은 40년에 걸쳐 각성의 구조에 흥미를 가졌다. 이러한 관심 대부분은 기억에서 스트레스 효과에 대한 해부학적 기초를 이해하고자 하는 것에서 시작되었다(Cahill & McGaugh, 1998; Robbins & Everitt, 1995). Yerkes와 Dodson(1908)의 연구를 시작으로 동물들은 낮은 각성 상태 또는 높은 각성 상태에 있을 때보다 적당한 각성 상태(역 U자 모양의 학습곡선)에 있을 때 학습이 잘 이루어진다고 논의되었다. 이 연구 결과를 교실 상황으로 옮겨 보면 학생들이 극도의 불안이나 가벼운 불안보다는 적당한 스트레스(적당한 요구나 적당히 위압적인 교사)를 받을 때 더 많이 학습한다는 것이다. 몇 년 동안 신경과학자들은 이 현상의 신경과학적 기초로서 몇 가지를 주장했다. 최근에는 뇌 안의 독특한 신경계뿐만 아니라 말초에서 분비되는 호르몬의 역할도 강조하고 있다.

첫 번째 주장에 의하면 부신(adrenal gland: 신장의 정상 부분에 위치)은 스트레스 상황 동안 에피네프린('아드레날린')과 노르에피네프린을 방출한다. 다른 것들 중에서 전자는 동공을 팽창시키고 심장박동수를 증가시키며 혈관을 수축시킨다. 일반적으로 호르몬은 혈뇌장벽(blood-brain barrier)과 교차하지 않으며 기억에 대한 스트레스 조절이 의미 있는 역할을 할 수 있는 것도 아니라고 가정된다. 그러나 최근 연구는 기억에 미치는 스트레스의 영향이 두 가지 부신속질 호르몬(adrenomedullary hormones)의 활동을 방해하는 물질을 복용함으로써 제거될 수 있다고 보고한다(Cahill & McGaugh, 1998). 이와 같이 에피네프린과 노르에피네프린이 주의 활동과 관련해 일정한 역할을 수행한다는 것이 밝혀지고 있다. 최근 경험적으로 지지를 얻는 한 가지 주장은 에피네프린이 혈액 안의 포도당 수준의 조절을 통해 기억에 영향을 미친다는 것이다. 포도당 수준 또한 역 U자 모형(예: 중간 수준은 낮은 수준 또는 높은 수준보다 학습이 더 잘 촉진된다)으로 학습과 관련되며, 혈중 에피네프린 수준은 혈중 포도당 수준에 영향을 미치는 것으로 나타났다(Cahill & McGaugh, 1998). 또 다른 대안적 설명은 에피네프린과 노르에피네프린이 아니라 또 다른 부신 호르몬인 코르티솔이 스트레스가 기억에 영향을 미치는 과정에서 원인으로 작용한다는 것이다. 해마(hippo compus)는 과다 복용 시 기억 문제를 일으키는 것으로 밝혀진 코르티솔의 수용기관이다(Sapolsky, 1999; Schmidt et al., 1999).

두 번째 주장에 의하면 전두엽 편도와 연결된 도파민(dopaminergic: DA) 뉴런은 스트레스 상황에서 활성화된다(Cahill & McGaugh, 1998). 제5장에서 언급하겠지만 편도(amygdala)는 공포나 화 같은 부정적인 감정에 관여하는 중요한 조직으로 간주된다. 제3장에서 전두엽이 작동기억에서 중요하다는 것을 배웠다. 이런 관점에 따라 도파민 뉴런은 여러 장점을 가진 것으로 여겨진다.

전뇌 영역을 뚜렷하게 연장한 LC의 노르아드레날린성(NA) 관, 중뇌에서 배쪽 줄무늬체(ventral striatum)와 앞쪽 신피질까지 확장한 DA관, 뇌줄기에서 전전두엽 피질과 시상 같은 조직으로 확장한 콜린성(cholinergic)관, 중뇌의 솔기핵(raphe nuclei)에서 NA관에 의해 자극된 많은 동일한 영역까지 확장한 세로토닌(5-HT)관을 포함한 다른 신경계가 각성에 영향을 미치는 것으로 보인다. 약리학적, 외과적, 임상학적 사례연구들은 NA 시스템이 스트레스 상황의 한가운데에 있는 동물의 자극 식별 유지를 돕는다고 주장한다. 대조적으로 DA 시스템은 운동 근육의 활성화와 인지 출력에 관한 역할을 하는 것으로 여겨진다. 콜린성 시스템은 피질 농도의 처리를 강화하는 기능을 하며, 5-HT 시스템은 억제와 각성 수준을 떨어뜨리는 현상을 초래하여 다른 시스템의 영향을 약하게 한다.

4) 주의력결핍 과잉행동장애(ADHD)에 대한 신경과학적 기초

또 고려해 볼 만한 가치가 있는 신경과학 연구의 한 요소는 ADHD와 관련된 것이다. ADHD와 관련된 뇌구조를 확인할 때의 첫 번째 단계는 이 장애에 대한 명확하고 일관된 정의를 내리는 것이다. 다른 말로 각 집단에 속한 사람들이 실제로 그 집단에 속하는지 명확하지 않다면 ADHD와 비ADHD의 뇌 구조 및 기능들을 비교하는 것은 의미가 없을 것이다. 비록 경험적으로 도출된 DSM-IV 정의가 이러한 논쟁을 명백하게 하는 데 효과적이지만, 이 정의의 모호함으로 인해 진단에 문제가 있을 수 있다. 예를 들어, 부주의 또는 충동이 발달상 부적절한 나이는 언제인가?(Barkley, 1997) 아이들이 다섯 살 때인가, 일곱 또는 여덟 살 때인가? 주의 문제가 너무 심각해서 부적응이라고 여겨질 때는 언제인가? 똑똑한 아이가 학교에서 C등급을 받을 때인가, 또는 그 학생이 교장에게 정기적으로 불려갈 때인가? 이러한 모호한 점들이 ADHD에 대한 신경과학 연구가 종종 다양하게 해석되는 것과 관련이 있다.

더구나 정확한 진단에 대한 관심을 보류하더라도 fMRI와 같은 기술들이 최근에서야 폭넓게 이용 가능해졌다는 문제도 여전히 있다. 이러한 이유 때문에 ADHD에 대한 현존하는 신경과학 연구들에서 확실한 결론을 도출하는 것은 어렵다. 이 같은 쟁점에 흥미를 갖는 과학자들은 Posner의 설명에 대한 논의와 각성연구에서 언급한 다양한 구조들에 주의를 기울이고 있다. 이러한 흐름이 계속되는 한 우리는 ADHD의 과잉행동-충동 우세형과 복합형이 전두엽 이상을 반영한 것이라는 Barkley(1997)의 최근 제안을 시험적으로 고려할 수밖에 없다. 전두엽은 행동 억제 및 작동기억과 관련된다. 그래서 ADHD 과잉행동-충동 우세형이나 복합형으로 진단을 받은 아이들은 억제와 기억에 관한 문제를 갖고 있다. 그러나 특히 주의력결핍 우세형의 경우 피질 하부조직 역시 ADHD에 영향을 미칠 수 있다.

ADHD의 신경과학적 기초를 잠정적으로 명백히 하는 한 가지 방법은 리탈린(ritalin, 염산메틸페니데이트) 같은 약품의 작용 부위를 고려하는 것이다. 이러한 약품들은 현재 남용되고 있고 부분적으로 효과성을 가지고 있을 뿐이다. 그러나 흥미로운 점은 이런 흥분제가 앞서 언급한 두 가지 신경관, 즉 DA관과 NA관을 목표로 삼는 것 같다는 점이다(Solanto, 1998). DA관에서 흥분제의 효능은 운동활동과 강화반응을 향상시키는 것 같다(쥐의 경우). 그리고 NA관에서 흥분제의 효능은 지연된 반응과 작동기억을 향상시키는 것처럼 보인다.

3. 결론, 유의점 및 교육적 함의

William James 시대 이후로 과학자들은 주의에 관해 적어도 세 가지 중요한 것을 알았다. 첫째, 과학자들은 정향, 여과, 강화 같은 것을 포함하는 주의의 구성요소들의 작용을 알게 되었다. 둘째, 과학자들은 주의가 자동적이면서 동시에 통제될 수 있다는 것을 알게 되었다. 셋째, 과학자들은 주의에서 전부가 아닌 일부 구성요소들이 연령에 따라 변한다는 것을 알게 되었다. 그러나 이러한 일반적인 점들을 넘어서 이 장에서는 주의, 동기, 정서 간에는 중요한 연관이 있을 수 있고, 주의에 대한 심리학적 견해와 신경과학적 견해 간에도 상당히 중첩된 부분이 있음을 제시했다.

되돌아보면 신경과학자들은 특정한 주의의 작용(예: 정향) 부위를 찾기 위한 '로드맵'으로서 심리학적 설명을 자주 사용했다. 이러한 사실에서 알 수 있듯이 심리학과 신경과학적 견해 간의 중첩은 다소 예상된 것이다. 유사하게 심리학자들도 주의에 관한 분야에서 몇몇 중요한 논쟁을 해결하기 위한 시도로 신경과학적 방법들에 의존하는 것을 선호하기 시작하였다.

그러나 이 분야의 몇 가지 확실한 발전에도 불구하고 여전히 알아야 할 것이 많다고 본다. 예를 들어, 어떤 사람은 과학자들이 신경과학적 방법을 사용하여 중요한 논쟁을 실제로 해결하였는가에 대해 의문을 가질수도 있다(Hillyard et al., 1995). 또 다른 문제점은 최근의 주의에 대한 설명도 그 설명을 적용하려는 사람들이 사용하기에 너무 모호하다는 것이다. 예를 들어, 교육적 관점에서 우리는 여전히 다음과 같은 기본적인 질문에 종합적인 해답을 할 만큼 주의에 관하여 충분히 알지 못한다. ① 교사는 어떻게 학생들의 주의를 극대화하기 위한 학습환경을 조성할 수 있는가? ② 정확히 어떻게 주의는 학습과 파지에 관련되는가? 그럼에도 주의에 관한 연구들은 교사가 학생들에게 흥미로운 내용을 사용하고, 수행을 위한 적당히 높은 기준(이러한 기준에 도달하는 것은 학생들의 책임이다)을 유지함으로써 주의를 관리할 수 있다고 제안할 만큼은 충분히 발전한 것이 사실이다. 더욱이 교사는 목표를 향해 효과적으로 진행시킬 수 있는 절차를 수립해야 하지만, 그 후 주의의 정향적인 측면을 끌어내기 위한 절차들을 정기적으로 바꾸어야 한다. 나아가 학생들이 학습과정에서 적극적인 참가자가 되도록, 자기 자신의 이해를 구성하도록 요구하여야 한다.

이러한 제안에도 불구하고 사람들은 왜 우리가 지난 100년 동안 주의에 대해 더 많이 공부하지 않았고, 교육현장과 더 많이 관련지어 생각하지 않았는가에 대해 여전히 궁금해할 수 있다. 한 가지 설명은 과학자들이 주의의 인과관계를 이해하려고 애쓰기보다는 주의의 구성요소를 밝히는 데 더 많은 시간을 보냈다는 것이다. 결과적으로 현재로서 과학자들은 '우리가 집중할 때 우리의 뇌 속에서 무슨 일이 일어나고, 왜 집중이 더 나은 파지를 이끄는가?' 와 같은 질문들에 대한 해답을 줄 수 없는 것이 사실이다. 하지만 덧붙여 제1장에서 논의했듯이 신경과학적 증거는 우리가 두 경쟁이론 중에서 어느 것이 더 정확한가를 결정하도록 돕는다는 점에서 유용성을 갖는다. 주의에 관한 정확한 이론은 효과적인 교수 수행을 위한 기초를 제공한다. 다시 말해서, 우리가 어떤 것(주의와 같은)이 어떻게 작동하는지 알게 될 때 우리는 이 특성을 어떻게 작동시킬지 알 수 있을 것이다. 하지만 주의에 관한 신경과학 연구는 주의에 관한 경쟁적인 심리학 이론들 중에서 무엇이 보다 타당한지 우리가 결정하는 것을 도와줄 수 있을 정도로는 아직까지 발전되지 않은 것이 현실이다.

그러나 주의에 관해 지금까지 수행된 심리학 연구는 발달상의 관점을 통해 볼 때 유용한 측면을 갖고 있다. 앞서 언급했던 것처럼 연구들은 초등학생에게 특히 어렵거나(즉, 여과) 그렇게 어렵지 않은(즉, 정향) 주의의 측면들이 있다고 제시한다. 물론 교사들은 교수 맥락을 고안할 때 '자연적인' 주의산만을 계산할 필요가 있다. 산만하고 시끄러운 환경은 저학년 아이들에게 문제를 일으킨다. 또한 활동을 끝마치기 위한 지시뿐만 아니라 활동목표를 아이들에게 반복적으로 상기시키는 것이 필요하다. 아이들이 산만할 수밖에 없다는 것을 알면 부모와 교사들이 경험하는 짜증의 양 역시 감소할 것이다. 그러나 이것은 주의에 관한 신경과학적 설명이 아닌 심리학적 설명(즉, 생애적 관점)에서 도출된 함의라는 것을 유념하는 것이 중요하다. 앞으로 주의에서 발달상의 경향은 신경학적 기초(예: 전두엽의 성숙 또는 전두엽-두정엽 연결망)를 갖는다는 것이 드러날지도 모른다.

발달적으로 기대되는 행동은 ADHD의 진단과도 관련된다. ADHD의 정의를 상기하면, 이 장애는 증상이 부적응적이고 발달수준과 일치하지 않는 정도라는 것이 드러날 때 판정된다. 평균적인 유치원생, 1학년, 2학년 아이들은 매우 산만하기 때문에 이들 학년의 아이를 ADHD로 판정하는 것은 적절치 않다. 유사하게 이들 학년의 어린이가 주의에 문제가 있다고 보일 때, 그 아이의 문제인지 혹은 학급 교육상의 문제인지 알아보아야 한다. 어린이들에게 동시에 너무 많은 것을 요구하지 않았는가? 이 교실이 다소 무질서한 것은 아닌가? 그러나 ADHD의 진단은 자신보다 어린아이의 주의능력을 보이는 중학생들에게 적절하다. 더욱이 어떤 점에서는 어린이들에게 과제를 지속하도록 요구하고, 상황에 적합하지 않는 행동(예: 학급과제에 조용히 몰두해야 할 때 말을 하거나 돌아다니는 것 같은)을 하는 것을 자제하도록 요구하여 판단한다.

마지막으로 나는 심리학자와 신경과학자들이 교사들에 의해 제기되는 많은 문제들을 해결하기 위해 주의에 대한 현재의 이해를 넘어서는 것이 중요하다고 생각한다. 또한 후속 연구가 주의의 본질적인 특성과 인과관계에 관한 많은 논쟁들을 해결하기 위해 수행되어야 할 것이다. 또한 연구자들이 ADHD와 같은 장애의 신경과학적 기초를 밝혀내고 주의에 관련된 뇌 영역에 관한 불일치(각성은 LC, 두정엽 또는 전두엽에 의해 조정되는가?)를 해결하는 것은 중요하다. 만약 과학자들이 ADHD인 사람과 ADHD가 아닌 사람의 뇌가 어떻게 다른지 알아낼 수 있다면 이 장애를 치료하는 보다 효과적인 방법들을 개발할 수 있을 것이다. 동시에 우리는 주의의 정상적인 발달과정에 대한 중요하고 새로운 통찰을 얻게 될 것이다.

제5장

정 서

제1장에서 나는 심리학자들과 교육학자들이 신경과학적 연구가 심리학과 교육학 분야에 관련이 있다고 믿는 연구자들과 대부분 관련 없다고 믿는 연구자들로 나뉜다는 것을 언급하였다. 다시 말하면, "만약 당신이 어떤 심리학적 현상에 관한 신경과학적 문헌을 읽는다면 이 현상(예: 학습)에 대한 당신의 이해가 바뀔 것이라고 생각합니까?"라고 물을 때, 후자에 속한 사람은 아마도 "아니요."라고 대답할 것이다. 그러나 그들에게 정서의 구체적인 사례를 강조한다면, 많은 사람들은 "글쎄요…… 아마도……."라고 대답을 얼버무리거나 바꿀 것이다. 이렇게 많은 사람들은 정서가 신경생리학적 기초를 갖는다는 것을 당연하게 생각한다.

왜 정서는 실제로 신경학적 기초를 갖는다고 가정되는 것일까? 첫 번째 이유는 정서적 체험이 신체 전부를 포함하는 경향을 갖기 때문일 수 있다. 예를 들어, 사람들은 심하게 화가 났을 때 ① 특이한 자세를 취하거나(예: 긴장한 팔, 다리), ② 화난 표정을 짓거나, ③ 특정한 톤의 목소리를 내거나, ④ 특유의 행동을 하거나(예: 문을 쾅 닫기, 팔을 휘두르기), ⑤ 부정적 생각들을 많이 하는 것(예: '이것이 마지막이야!')을 볼 수 있다.

왜 정서가 신경학적 기초를 갖는가에 대한 두 번째 이유는 대부분의 사람들이 어떤 당황스러운 일이 발생했을 때 자신이 있었던 곳을 정확하게 기억하는 섬광경험(flashbulb experience)을 하기 때문이다(제3장 참고). 전통적인 심리학 용어에서 정서는 그러한 경험을 자신의 마음에 '새기는 것'으로 여겨졌다.

이 장의 주된 목표는 정서에 관한 심리학적 그리고 신경학적 견해로서 두 견해의 양립 가능성을 적절히 평가하는 것이다. 또 다른 목표는 정서연구에 대한 교육적 함의를 고려하는 것이다. 다른 장과 마찬가지로 나는 신경과학적 견해 이전에 심리학적 견해를 먼저 제시할 것이다.

그러나 이를 설명하기에 앞서 교실학습이나 행동에서 정서의 역할에 관한 몇 가지를 전제하는 것이 유용할 것이다. 많은 학자들이 언급해 왔듯이(예: Anderson, 1990; Weiner, 1985) 인간의 행동은 목표를 지향하는 것으로 특성화되었다. 즉, 사람은 특정한 상황 속에서 행동을 할 때(예: 교실 안에서 돌아다니기) 대개 어떤 목표(예: 친구들에게 동의를 얻기)를 성취하려고 노력한다. 다음 절에서 알게 되듯이 정서는 어떤 결과를 향하여 우리 자신을 '끌어당긴다', 그리고 다른 것으로부터 자신을 '밀어낸다.' 그렇다면 이 같은 현상을 이용해 교사는 교실환경을 설계할 때 ① 성취 행동과 결과(예: 어떤 내용의 숙달)를 긍정적인 정서(예: 자부심)와 결합시키거나, ② 성취와 양립할 수 없는 행동과 결과는 부정적인 정서(예: 공포)와 결합시키는 방법을 적용할 수 있을 것이다. 정서와 결과가 적절하게 결부되지 않을 때(예: 불안이 특정 정보의 학습과 연결된다. 실제로 어린이들은 과제를 잘하는 것보다는 친구들을 감동시키는 것에서 더 많은 기쁨을 얻는다), 어린이들은 자신들이 할 수 있는 능력만큼 학습하지 않는다. 둘째, 정서는 무선호출기의 호출이나 신체적인 아픔과 고통 같은 매우 두드러진 방식으로 우리의 주의를 사로잡는다. 주의를 기울이는 것이 학습에 이르는 길이라면(제4장 참고), 정서와 과제의 잘못된 결합은 학습 부진을 야기할 것이다. 게다가 부정적인 정서는 어린이들의 한정된 주의 자원 대부분을 사용한 것이기 때문에 학습에 투여되는 실제 주의양을 제한하게 된다. 이 경우 아동들은 학습내용에 관하여 생각하기보다는 자신이 현재 느끼고 있는 감정을 중요시한다.

섬광경험 현상은 정서반응이 신경생리학과 어느 정도 결부됨을 의미한다. 예를 들어, 정서적인 반응 동안에 방출된 어떤 물질들(예: 뇌 속의 신경전달물질과 말초 부분의 스트레스 호르몬)은 시냅스 발생과정의 속도를 높이거나 향상시킬 수 있다. 이러한 경우라면(우리가 여전히 그러한 경우인지 확실히 알지 못한다) 정서는 수업시간 동안 학생들이 주의를 기울여 자신들이 추구하는 목표를 결정하며 어떤 방법으로 시냅스 형성을 향상시켜 학습에 영향을 미칠 것이다. 따라서 정서는 분명히 교실학습과 관련이 있다.

1. 정서에 관한 심리학적 관점

심리학자들이 인간 정서의 특성 및 기능에 관해 분명한 일치점에

도달하기까지 약 100여 년의 시간이 걸렸다(Ekman & Davidson, 1994 참고). 그러나 이러한 합의는 명시적이기보다는 암묵적이기 때문에 이 분야의 학자들은 몇몇 중요한 문제에 대해서 여전히 동의하지 않고 있는 것이 현실이다(Ledoux, 1995). 그렇다 해도 정서에 관한 주요 모형들을 비교해 보면 이들이 몇몇 공통된 가정을 기초로 하고 있음을 알 수 있다. 다음에는 이러한 관점들이 일치하는 점들이 있다는 것을 보여 주기 위해 여러 모형 중 세 가지 모형에 대해 기술하고자 한다. 그런 다음 정서 발달에서 몇 가지 중요한 문제들을 살펴볼 것이다.

1) 정서에 관한 세 가지 최신 모형

수년 동안 정서에 관한 많은 이론들이 제시되었지만, 현재 다음의 모형들이 가장 영향력 있다고 볼 수 있다.

>>> Frijda의 모형

Nico Frijda에 따르면 정서는 평가요소(appraisal component)와 반응요소(response component)를 포함한다(Frijda, 1994). 평가요소는 사람들의 관심 및 안녕과 관련된 어떤 일이 발생했음을 개인의 인지와 행동체계에 알려 주는 신호장치로써의 기능을 한다. 즉, 어떤 사건이 사람의 정서를 유발한다면, 그 상황에는 자신의 목표를 추구하는 데 도움이 되거나 방해가 될 거라고 예상되는 무언가가 반드시 있다. 이러한 기본적인 생각을 설명하기 위해 사람들이 본능적으로 다치거나 죽는 것을 걱정한다는 것에 주목하자. Frijda는 공포가 현재 상황(또는 곧 일어날 상황)에서 어떤 해로운 것이 존재한다는 것을 우리에게 알려 주는 마음의 방식이라고 주장한다. 우리 쪽으로 빠르게 움직이는 물체들, 발 아래의 매우 가파른 비탈, 예기치 못한 큰 소리를 포함하는 몇몇 환경적 단서들은 공포를 유발할 수 있다.

Frijda(1994)는 긍정적인 정서가 세 가지 중 하나의 사건을 통해 발생하는 경향이 있다는 것에 주목하면서 자신의 핵심 제안을 정교화하였다. 동기 혹은 목표에 대한 만족(예: 희망, 즐거움), 삶의 활력소 증가(예: 애착, 사랑), 자신의 능력에 대한 입증(예: 자부심, 흡족함)이 그것이다. 이와 반대로 부정적인 정서들은 어떤 문제(예: 좌절, 범죄)를 바로잡기 위해 무엇인가를 행해야 하고, 바람직하지 않은 일들(예: 두려움, 분노)이 일어나지 않도록 예방해야 한다고 행동체계에 신호를 보낸다. 본질적으로 '목표는 정서적 사건에 포함되어 있는 정서적 매력 정도(Valence).' (p. 113)라는 말이다. 긍정적 정서는 자신이 바라는 목표를 향해 사람을 '밀어 주고', 자신이 바라지 않는 목표로부터는 '벗어나도록' 하는 것으로 비유될 수 있다(Frijda, 1994). 자신의 목표 달성을 촉진하거나 방해할 수 있는(자신의 생존을 포함해서) 상황에 처했음을 사람들에게 말해 주는 자동경보체제를 가지고 있는 것은 분명 적응적인 것이라 할 수 있다.

하지만 관련된 사건을 경고하는 것은 단지 일부분에 불과하다. 적응은 유기체(인간)가 신호에 적절히 반응할 수 있는(반응요소) 일련의 행동을 개시하도록 요구한다. 예를 들어, 공포경험(평가요소)에 대한 적절한 반응은 아마도 도망치는 것(반응요소)일 것이다. 유사하게 장애물을 만났을 때(예: 교통체증) 좌절감을 느끼는 데 대한 적응적 반응은 장애물 주위를 잘 '피해' 나가거나 자신이 두 배로 노력하는 것이다. 따라서 정서는 일련의 행동에 목표와 관련된 사건을 효과적으로 처리할 수 있는 동기를 부여하는 역할을 한다.

정서가 관련 신호체계의 하나로 작용한다는 발언에서 Frijda(1994)는 정서가 개인 내의 의사소통 역할을 한다고 주장한다. 그러나 그는 정서가 집단 내에서도 의사소통 역할을 한다고 덧붙인다. 모든 기본적인 정서들(예: 공포, 분노, 기쁨, 슬픔 등)에는 사람들이 쉽게 알아챌 수 있는 특유의 얼굴 표정이 있음을 주목해 보자(Ekman, 1994). 적절한 반응과 결합된 이러한 표현들(예: 공포의 경우 비명 지르고 도망가기)은 지금 상황에서 관련된 어떤 일이 일어났음을 다른 사람에게 알려 준다. 그러므로 어떤 집단 내에서 한 마리의 동물만이 어떤 불길한 것을 보거나 냄새를 맡았을지라도, 근처의 다른 동물들은 그것을 감지한 그 동물의 행동을 통해 적절하게 경계할 수 있다. 유추해 보면, 다른 정서들이 주변의 사회적 반응들을 조장하는 것을 볼 수 있다. 예를 들어, 가운데 있는 어떤 사람이 슬픔, 분노, 당황을 나타내는 얼굴 표정을 지었을 때 집단 내의 사람들이 어떻게 반응하는지 주목해 보자. 일반적으로 정서는 한 집단을 통제하고 집단의 생존을 증진시킨다고 여겨진다.

>>> Clore의 모형

Gerald Clore(1994)는 정서가 초점에 따라 크게 세 가지로 분류된다고 제안한다. 정서의 첫 번째 부류가 사건의 결과에 초점을 맞추는 것인 데 반해, 두 번째 부류는 각 행위의 작용에, 세 번째 부류는 대상의 속성에 초점을 둔다. 만약 사건의 결과에 초점을 둔다면(부류 1) 사람들은 그 결과(자신의 목표에 따른)에 따라 기뻐하거나 화가 날 것이다. 예를 들어, 사람들은 자신이 좋아하는 팀이 우승하게 되면 기쁨을 느끼지만 지게 되면 실망하거나 낙심한다. 기쁨이나 불쾌감을 느낄 수 있으려면 사람들은 바람직하다 또는 바람직하지 않다처럼 결과를 평가해야 한다. 부류 1의 정서는 희망, 공포, 신뢰, 실망, 행복감, 슬픔을 포함한다.

만약 행위의 작용에 초점을 맞춘다면(부류 2) 사람들은 그 행위에 대해 찬성하거나 또는 찬성하지 않을 수 있다. 어떤 행동을 찬성하거나 찬성하지 않기 위해 필요한 것은 최소한 그 행동을 판단하는 어떤 내적인 표준을 갖는 것이다(Clore, 1994). 내적 표준과 관련하여 칭찬할 만하다 또는 비난할 만하다로 평가되는 행동의 범주 내에서 정서가 발생한다. 예를 들어, 스포츠팬들은 자기 팀이 뛰어나게 높은 수준의 경기를 하였을 때 자부심을 느낀다. 죄의식 또는 당황함과 같은 정서는 표준에 기초를 둔 추론에 의해 발생하는 정서의 한 유형이다. 부류 2의 정서에는 자부심, 수치, 죄의식, 당황, 감탄, 비난이 포함된다.

또한 대상의 속성에 초점을 맞춘다면(부류 3) 사람들은 그 속성이 매력적이거나 매력이 없다는 것을 발견하게 된다. 속성의 상대적인 매력은 개인의 속성을 반영하는 것이다(Clore, 1994). 이러한 범주의 정서에 대한 예로는 사랑, 증오, 혐오가 있다. 이 관점에 따르면 사람들은 어떤 목표를 달성했거나(부류 1), 연인의 성취에 대해 감탄했기 때문에(부류 2) 사랑을 느끼지 않는다. 대신 연인이 가지고 있는 여러 가지 매력 때문에 사랑을 느낀다. 혐오 역시 목표 추구(부류 1) 또는 어떤 표준에서의 이탈(부류 2)보다는 일부 대상의 매력적이지 않은 본래 속성(외모와 냄새 같은)과 더 관련된다. 이러한 맥락에서 대다수의 실제 혐오반응이 배설물 또는 고름과 같이 살아 있거나 부패한 동물의 생성물로 인해 발생한다는 점을 살펴보는 것은 흥미롭다(Pinker, 1997). 따라서 혐오는 그러한 생성물과 접촉하여 발생할 수 있는 질병으로부터 개인을 보호하는 적응적인 회피반응이라고 말할 수 있다.

더 나아가 Clore는 세 종류의 초점이 결합되어 나타나는 복합적인 정서가 있을 수 있다고 가정한다. 예를 들어, 분노의 경우를 생각해 보자. 사람들은 ① 특별히 개인적인 안녕과 관련된 사건 결과에 대해 불쾌할 때(부류 1의 초점), ② 해로운 결과를 초래한다고 생각되는 어떤 사람의 행동에 원인을 돌릴 때(부류 2의 초점) 분노를 느낀다. 다중 초점 정서의 또 다른 예로는 만족, 감사, 후회가 있다.

Frijda(1994)와 동일하게 Clore(1994)는 정서의 주요한 기능이 정보를 제공하는 것이라고 생각한다. "정서는 특유의 표정과 목소리 표현을 통해 다른 사람들에게 정보를 제공하고, 특유의 생각과 감정을 통해 자기 자신에게 정보를 제공하고……. 정서는 판단과 의사결정을 위한 자료의 역할을 하고…… 우선적으로 처리해야 할 것을 재정리하기 위한 자료의 역할을 한다" (pp. 103–105). 재정리된 우선순위라는 개념은 사람들이 어떤 상황에서 덜 중요한 것에 집중하기 전에 중요한 것부터 처리하는 것을 의미한다. 정서는 목표와 가치(또는 Frijda가 기술한 관심)로 연결된다. 그래서 이것은 긴급한 일이 발생했을 때 위급한 것에 우선권을 두도록(아버지가 자신의 2세 된 아이가 도로로 걸어가는 것을 보고 잔디 깎는 것을 멈추는 것처럼) 도와준다.

이 모형으로부터 최종적으로 예상되는 한 가지는 정서 강도의 구성과 관련된다. 과학자들과 비과학자들은 정서가 꽤 심하거나 혹은 더 적은 강도로 경험될 수 있다는 것에 동의한다. 우리는 때로 화를 조금 내지만, 때로는 매우 심하게 화를 낸다. 이러한 다양성을 설명하기 위해 Clore(1994)는 결과에 대해 대부분 지각된 결과 또는 표준에서 일탈된 정도와 같은 국지적인 변수가 정서적 반응의 강도를 결정한다고 주장한다. 예를 들어, 어떤 위험한 사건이 발생할 가능성이 높으면 우리는 아무 일도 일어나지 않을 거라고 느낄 때보다 무서움을 더 느끼는 경향이 있다. 행동과 관련해서 우리는 흔히 각자가 할 수 있을 것이라 기대한 것에 따라 칭찬에 대한 평가를 다르게 한다. 예를 들어, 어린아이들은 나이가 많은 아이들보다 그들의 행동에 보다 적은 책임이 부여되기 때문에, 어린아이들이 잘못을 저질렀을 때 부모들은 화를 덜 낸다(Dix et al., 1986). 이와 관련해서 스포츠 기자들과 팬들은 나이 많은 운동선수가 1위를 할 때 젊고 활기찬 선수들이 1위를 할 때보다 더 많이 놀라곤 한다.

>>> Lazarus의 모형

Richard Lazarus 모형의 기본적인 구성 개념은 정서가 환경과의 관계에 대한 개인의 평가에서 발생한다는 것이다(Lazarus, 1991). 좀 더 명확히 말해서, 각각의 정서는 주평가 요소와 부평가 요소 양식에 따라 구분된다. 주평가 요소에는 목표 관련성, 목표 적합성, 자아 관여 유형이 포함된다. 부평가 요소에는 비난 또는 신뢰, 대처 잠재력(coping potential), 미래에 대한 기대가 포함된다. 이러한 두 범주 내의 구성요소들은 함께 특정한 대인환경 관계의 고유한 해악과 이점에 대한 개개인의 이해를 바탕으로 정서의 핵심 관련 주제(core relational theme: CRT)를 결정한다.

이러한 일반적인 접근은 몇몇 목표-불일치(부정적)와 몇몇의 목표-일치(긍정적) 정서들을 사용해서 설명할 수 있다. Lazarus(1991)는 분노와 공포-불안이 특유의 CRT와 행동 경향을 가지는 두 가지 목표-불일치 정서라고 주장한다. 분노의 경우 CRT는 나 혹은 나의 것에 대해 침범하는 행동이다. 만약 상황을 평가하는 동안 어떤 사람이 멸시, 무관심, 독단 또는 악의 있는 어떤 행동의 희생자였음을 느낀다면 그 사람은 대개 화가 날 것이다.

이러한 분노-유발 평가는 다음의 주요소와 부요소로 인해 발생한다. 첫째, 거기에는 반드시 관련된 목표가 있어야 한다(예: 직장에서 승진하고자 하는 욕구). 그러나 목표를 갖는 것은 분노를 포함해서 단지 어떤 긍정적 · 부정적 정서를 유발하는 조건을 정하는 것이다. 둘째, 그 사건은 목표-불일치로 판단되어야 한다(예: 사장이 직원을 무시하고 동료를 그 대신 승진시키는 경우). 사건이 목표-불일치로 평가될 때는 오직 부정적인 정서들(분노를 포함해서)만 일어난다. 셋째, 개인의 자기존중 혹은 가치 지각에 대한 위협을 받아야 한다(예: 무시를 당해 기분이 상하는 것). 이러한 세 종류의 평가는 더 나아가 분노, 불안, 자부심과 같은 정서로 범위를 좁힌다.

후자의 세 가지를 구별하기 위해 부평가 요소들을 떠올릴 필요가 있다. 분노의 경우 누군가의 공격에 책임이 있다고 판단된다. 그러나 고의성이 없는 불가피한 공격은 분노를 반드시 야기하지 않는다는 것을 유념하자. 또한 공격적인 행동은 비난을 통해 가장 잘 치료된다는 평가가 있어야 한다. 마지막으로 비난이 보복, 처벌 또는 관계에서 돌이킬 수 없는 손상을 야기하지 않을 것이라는 예상이 필요하다. 결과적으로 분노는 보복적 행동 가능성을 높인다. 학급 내에 폭력적인 경향이 있는 학생들은 보복하려는 욕망을 억제하는 통제가 거의 안 될 뿐 아니라 왜곡된 평가처리(예: 그들은 복잡한 복도에서의 우연한 충돌이 고의적이라고 생각한다)를 하는 경향이 있다(Garber & Dodge, 1991).

다음으로 공포-불안의 예를 보면, 공포에 대한 CRT는 곧 닥칠 것 같은 신체적 해악이다. 불안에 대한 CRT는 불확실성, 존재에 대한 위협을 내포한다. 둘 다 개인적 목표(분노와 유사하게)와 관련되지만 양립할 수 없는 사건에 의해 촉발된다. 만약 위협이 실제적이고 신체의 손상에 집중된다면 공포를 경험할 것이다. 그러나 그 위협이 자아 보전(또는 자아 존중)에 대한 것이고 원인을 알지 못한다면 불안이 나타날 것이다. Lazarus(1991)는 부평가의 세 종류(즉, 비난하기, 극복 잠재력, 미래에 대한 기대)는 공포 혹은 불안과는 크게 무관한 감정이라고 주장한다. 공포와 불안의 행동 경향은 둘 다 회피 또는 도피 행동과 연관된다. 당연히 교사는 자기 학생들이 학습 내용(예: 수학 공식)에 대해 공포 또는 불안 반응을 나타내는 것을 원치 않을 것이다. 학생들은 그 내용을 완수하기 위해 몰입하기보다는 회피하려 할 것이다.

목표-일치(긍정적) 정서의 두 가지 예로 행복과 자부심을 들 수 있다. 이들 중 어느 하나를 경험하려면 개인적 목표와 관련되고 양립한다고 판단되는 사건(주평가요소 1과 2)이 반드시 발생해야 한다. 행복에 대한 CRT는 개인의 목표실현을 향한 합당한 진보다. 자부심은 우리 자신이나 어떤 사람 또는 우리가 동일시하는 집단에서 중시된 목적 또는 성취의 공적을 인정받음으로써 개인의 자아정체성이 향상되는 것이다. Lazarus(1991)는 자아 관여(요소 3), 비난 혹은 신뢰(요소 4) 그리고 대처 잠재력(요소 5) 유형이 모두 행복의 감정과 무관하다고 주장한다. 행복은 긍정적인 미래에 대한 기대(요소 6)와 관련된다. 반면, 자부심의 경우 자아 관여와 신뢰(자기 자신에 대한)의 유형과는 둘 다 연관되지만, 대처 잠재력과 미래에 대한 기대와는 무관하다. Lazarus는 행복에 대한 행동 경향성이 개방성(expensiveness)과 사교성이라고 추론한다. 또한 자부심에 대해서는 자랑하거나 돋보이려는 것과 유사한 종류의 행동일지 모른다고 가정한다.

>>> 요약

모두 고려해 볼 때, 앞서 언급한 세 가지 정서에 관한 심리학적 이론들은 정서가 개인의 목표와 관련된 사건을 고려하는 인지적인 측면을 가지고 있음을 보여 준다. 덧붙여 정서가 사람들 간에 그리고 사람들 내에서 의사소통의 역할을 한다고 가정한다. 긍정적 · 부정적 정서는 사건이 개인의 목표에 양립하는가 혹은 그렇지 않다고 판단되는가에 따라 구별된다. Frijda와 Lazarus는 더 나아가 정서는 비난과 회피같이 특유의 행동 경향성과 밀접하게 연결된다고 가정한다. 그러나 Clore는 정서가 의사결정 과정과 주의 이동에 의해 행동과 연결된다고 주장한다.

2) 정서의 발달

Vygotsky(1978)와 많은 다른 학자들이 언급해 왔듯이, 어떤 현상(예: 정서적 표현)에 대한 현 상태를 이해하기 위한 최선의 방법은 그것이 선행 상태로부터 어떻게 발생하게 되었고 왜 그와 같이 발전되었는가를 고려하는 것이다. 앞 절에서 제시한 세 가지 모형들은 정서의 충분히 완성된 체계를 기술한다. 정서 발달의 분석에서 제기되는 질문은 다음과 같다.

① 어린이들은 언제 처음으로 여러 가지 정서들을 표현하고 경험하는가?
② 만약 어떤 정서가 다른 것보다 앞서 발생한다면 그것은 왜 그런가?
③ 정서의 구성요소들(예: 평가와 행동) 간의 연결은 어떻게 발달과 함께 변화하는가?

Charles Darwin은 이와 같은 질문을 묻고 답한 최초의 사람들 중 한 명이다. 그는 자신의 아이들을 관찰 대상자로 삼았다. 약 100년 후에 연구자들은 Darwin의 진화론적 접근을 재발견하고 이를 토대로 정교한 얼굴 부호화 시스템(facial coding system)을 개발하였다(Izard, 1994). 이러한 부호화 시스템을 사용한 최근의 연구에서 Izard 등(1995)은 흥미, 기쁨, 슬픔, 분노의 완전한 얼굴 표현이 생후 2개월 반 즈음에 모두 나타나고, 정서의 98% 정도가 생후 첫 9개월 동안 표현된다는 것을 발견하였다. 그러나 이러한 결과들은 이 연령대 유아들이 환경의 적절한 단서에 반응하여 네 가지 정서를 경험했음을 의미하지는 않는다. Camras(1994)는 유아들이 이들 정서를 요구하지 않는 상황에서 놀라움과 기쁨의 얼굴 형태를 규칙적으로 표현하고, 때로는 정말로 요구되는 어떤 상황(예: 낯선 사람이 접근했을 때의 무서움의 표현)에서 적절한 정서를 표현하지 못한다고 보고한다. 그러므로 정서체계에서 발달한다고 보는 한 가지는 정서표현과 환경 속 단서 사이의 일치 비율의 증가다. 이러한 결과들은 인지적 평가요소가 발생하기 전에 정서적 표현요소가 자리 잡고 있음을 암시한다.

두 번째 중요한 발달적 변화는 정서를 유발하는 조건 또는 사건과 관계가 있다(Dunn, 1994). 유아나 취학 전 아동을 웃게 만드는 것과 청소년이나 성인을 웃게 만드는 것은 확실히 같지 않다. 유사하게 어린아이들은 더 나이가 많은 어린이나 성인이 무서워하지 않는 많은 것들을 두려워한다(예: 자신의 침실의 어두움). 어린이들의 사고가 발달하고 그들의 경험 폭이 넓어지듯이, 웃음이나 공포를 일깨우는 상황에 대한 그들의 평가(예: “이건 웃겨.” “이건 무서워.”)도 달라진다. 앞서 언급한 정서의 모형들을 가정해 볼 때 또 다른 중요한(아직은 임시적이지만) 변화는 어린이들의 목표와 가치가 변경된다는 사실이다(Lazarus, 1994). 예를 들어, 어린아이들이 자신의 친구들보다 어른들에게 더 신경을 쓴다면 친구들 앞에 있는 무대에서 무엇을 하거나 말하거나 탭댄스를 추는 것을 두려워하지 않을 것이다. 그러나 청소년기라면 그들은 자신의 친구들 앞에서 그러한 춤을 추게 될 때 아마도 두렵고 당황스러워할 것이다.

세 번째 중요한 변화는 어린이들의 자아 개념 및 자아존중과 관계가 있다. 어린이들이 자부심, 부끄러움, 죄책감, 질투, 당황스러움과 같은 정서를 경험하기 위해서는 수행의 내면화된 표준을 가질 뿐만 아니라 타인과 분리된 자기 자신에 대한 개념을 갖는 것이 필요하다(Dunn, 1994). 대부분의 학자들은 두 살 이하의 어린이들은 뚜렷하게 구별된 자아 감각이 부족하고 아직 내면화된 표준이나 규칙을 갖고 있지 않기 때문에 자아와 표준에 기반을 둔 감정들을 경험하지 못한다고 생각한다. 이러한 분석을 한 단계 더 진보시켜 보면, 자아 감각이 초기 유년기와 후기 청소년기 사이에서 변화함에 따라 정서적 반응과 정서를 유발하는 조건 역시 변화한다고 주장할 수 있다.

네 번째 주요한 발달적 경향은 정서적 표현의 풍부함과 관계가 있다. 인류는 때때로 어떤 환경에 적응하기 위해 자신의 정서를 숨길 필요가 있다는 관점에서 다른 종들과 구별된다고 할 수 있다. '자신의 정서를 감추지 않고 드러내는' 성인은 종종 직장에서 대우를 잘못 받는다(적어도 대인관계와 지도자 위치로의 승진과 관련하여). 어린이들은 자신의 부모와 교사들에 의해 '적절한' 표현 형태로 규칙적으로 사회화되고(예: 남자는 우는 게 아니다, 주먹을 쓰기 전에 말로 하라 등), 자신의 이해를 더욱 구체화하는 정서에 대한 수많은 자연언어 목록을 획득한다(Dunn, 1994). 물론 특정 표현의 적절함은 정서를 나타내는 데 사용되는 많은 용어가 있듯 문화에 따라 다양하다. 그와 같이 사람들은 이런 점에서 다른 문화 간의 차이를 예상할 수 있을 것이다.

마지막으로 논의할 주요한 발달상의 변화는 최근 몇 년간 많은 연구의 주제였다. 어린이들은 다양한 환경에서 적절하게 기능할 수 있는 것처럼 자신의 정서를 어떻게 조절하는지를 배울 필요가 있다(Dunn, 1994; Rothbart, 1994). 즉, 그들은 긍정적 · 부정적 정서를 나타내도록 요구될 때(예: 결혼식과 장례식에서) 자신의 정서를 적절하게 표현할 수 있어야 하고, 억제를 요할 때(예: 사장에 대한 분노) 정서를 표현하려는 자신의 성향을 통제할 필요도 있다. 다시 말해, 평가와 행동 성향 사이에 존재하는 선천적이고 반사적인 연결을 끊을 수 있는 중재적 처리과정을 잘 활용할 수 있어야 한다. 특정한 평가(나는 손해를 입었다)와 특정한 행동 경향성(나는 반드시 공격하거나 보복해야 한다) 간의 연결을 멈추지 못하면 수많은 사회 문제가 발생한다. 앞서 언급했던 것과 같이 평가의 오류와 정서적 통제 불능은 사회적

거부와 행동장애와 관련된 문제의 핵심적인 징조다(Garber & Dodge, 1991; Thompson, 1991).

2. 정서에 관한 신경과학적 관점

만약 신경과학자들이 정서와 연관된 기능적인 뇌 영역을 찾는 데 도움을 받기 위해 은유적인 '로드맵' 으로 앞서 말한 정서에 대한 심리학적 설명을 사용했더라면, 그들은 평가과정과 특별한 정서의 의식적인 경험이나 특정 행동 경향과 관련된 하나 또는 그 이상의 뇌 영역을 찾기 위해 노력했을 것이다. 그뿐 아니라 다양한 정서(예: 긍정적 대 부정적 정서들, 자부심 대 분노 등) 간의 구별을 위한 해부학적 증거를 찾기 위해서도 노력했을 것이다. 예를 들어, 밀접하게 관련된 정서들(이론에 따라서)이 fMRI 연구에서 유사하면서도 특유의 활성화 패턴을 산출한다면 정서에 관한 몇몇 모형들이 지지를 얻었을 것이다.

폭넓은 일련의 연구를 통해 정서의 모든 요소들을 고찰해 온 신경과학자는 아직까지 없었다. 대신에 보다 일반적인 접근법은 ① 두려움 또는 분노와 같은 몇몇 선택된 정서들에 초점을 맞추고, ② 그 정서들과 관련 있는 특정한 문제들을 연구하는 것(예: 두려움의 신경경로를 명확히 하는 것)이었다. 이러한 선택을 하게 된 주된 이유는 Frijda, Clore, Lazarus와 또 다른 연구자들이 포괄적인 심리학적 모형을 제시하기 전에 신경과학자들이 정서에 관한 연구를 시작했기 때문이다. 따라서 안내자의 역할을 할 수 있는 포괄적인 모형이 없었던 것이다(LeDoux, 1995). 또 다른 이유는 신경과학자들이 PET와 fMRI 같은 뇌영상 기술이 널리 이용되기 전에 연구를 시작했기 때문에 고양이와 쥐 같은 종에서 정서의 신경적 기초를 연구하는 것으로 연구 활동이 종종 제한되었다. 즉, 그러한 종들을 이용함으로써 연구될 수 있는 정서의 종류가 제한되었던 것이다. 쥐는 공포를 경험하지만 자부심, 죄책감 또는 당혹감을 경험할 수 없다(우리가 아는 한!). 그러나 지난 수년 동안 보다 많은 것들을 알게 되고 뇌영상 기술을 더 쉽게 이용할 수 있게 됨에 따라 신경과학적 견해와 심리학적 견해 사이에 더 많은 부분의 수렴이 이루어졌다.

이후에는 정서에 관한 신경과학적 견해와 연구를 세 부분으로 살펴볼 것이다. 첫 번째 부분에서는 몇몇 독자적인 연구 견해를 제안하고 있는 최근 신경과학적 모형들에 초점을 둘 것이다. 두 번째 부분에서는 두려움과 스트레스 관련 반응과 같은 특정한 정서로 초점이 좁혀질 것이다. 세 번째 부분에서는 몇몇 정서적 결합에 대한 신경학적 기초에 초점을 둘 것이다.

1) 세 가지 통합적인 관점

정서에 대한 포괄적이면서도 세부적인 신경과학 모형이 제안되었고, 최근에는 이 정서에 관한 일반적인 설명을 넘어서는 연구문헌이 등장하기 시작했다.

>>> 인간의 정서에 대한 신경망 모형

Halgren과 Marinkovic(1995)은 최근 단일 '신경망(network)' 모형

으로 세 가지로 분리된 신경과학적 연구 맥락을 통합하는 것이 가능하다고 주장하였다. 이 모형의 출발 가정은 어떤 자극에 대한 정서적 반응에서 네 가지 연속적이지만 중복되는 단계가 있다는 것이다. 즉, ① 복잡함으로 향하기(the orienting complex), ② 정서적 사건 통합, ③ 반응 선택, ④ 정서적 맥락의 지속이 그것이다. 첫 번째 단계인 복잡함으로 향하기는 한 사람이 어떤 사건에 주의를 기울이고, 그 사건에 대응하기 위해 자원을 동원하는 자동적이고 전의식적 반응이다. 이러한 복잡함(complex)의 한 가지 결과는 더 상위 수준의 처리를 위해 다른 단계로 전달되는 신경의 부호화된 자극이라 할 수 있다. 두 번째 단계인 정서적 사건 통합에서, 신경의 부호화된 자극은 의미 연합, 장기기억의 다른 의미 정보들(어떤 종류의 사건이고, 어떻게 명명하는가), 선언적 기억(이 사건에 관해 내가 알고 있는 사실은 무엇인가) 그리고 작동기억(예: 현재의 맥락상 여러 측면들)과 통합된다. 통합이 완료될 때 개인은 자극을 지각하게 되고, 인지적 해석과 정서적인 색채를 불어넣으며 그 사건을 자발적인 행동과 연결시킨다. 얼마만큼 숙고한 후에 이들 행동 중 하나가 반응 선택이라는 세 번째 단계에서 선택된다. 마지막 단계인 정서적 맥락의 지속에서는 이전 단계의 결과들이 현재의 '단계적 사건에 대한 신경생리학적 배경인 피험자의 기분' 에 연결되고 영향을 받는다(p. 1138).

Halgren과 Marinkovic(1995)은 4단계 각각이 서로 다른 신경물질들과 관련되어 있다고 제안하였다. 그들은 인간과 동물에 관한 기록, 손상, 자극에 관한 연구에서 얻은 결과에 이러한 주장의 근거를 두었다. 먼저 복잡함으로 향하기(1단계)에 관해 동물과 무뇌증 유아를 대상으로 한 연구들은 혐오 또는 공포증의 또 다른 측면들이 중

뇌에서(그리고 시상하부에서도) 통합된다고 제안한다. 신경학상 손상되지 않은 더 나이가 많은 사람에게 이러한 통합은 자극이 발생한 후 0.2, 0.28, 0.35초에 두피의 이마 중심부에 기록되는 사건관련전위(ERPs)뿐만 아니라 뇌간 내 자동적 활동의 결과로 발생한다. 이러한 ERP의 보다 심도 있는 분석은 지향적 주의(directed attention)에 관한 연구에서 확인된 것과 동일한 두정엽의 띠 모양으로 된 배후측두정부 띠(parietal-cingulate-dorsolateral) 회로에 의해 발생되는 것처럼 보인다고 제안하였다(제4장 참고).

심리학자들은 정서가 단순히 주의를 향하게 하는 것보다 더 많은 역할을 하므로 다른 신경체계도 반드시 포함되어야 한다고 주장한다. 사람에게 적응적 반응은 특정한 주관적인 경험과 행동 경향이 다른 정서와 사건으로부터 발생하며 높은 수준의 분석을 필요로 한다. 어떤 때는 분노의 감정과 행동이 적절한데 반하여, 다른 때는 행복한 감정과 행동이 적절하다. 어떤 정서가 일어나야 하는지 알기 위해 마음은 정서적 사건의 통합(2단계)에 관련되어야 한다. 전기적 자극을 받은 사람의 뇌에 대한 연구들은 두려움이 편도체의 직접적인 자극에 의해 유발되는 가장 일반적인 정서라는 것을 발견하였다(Halgren & Marinkovic, 1995). 또한 편도체와 해마의 자극은 심장과 호흡에 관련된 현상을 일으키는 것으로 발견되었다. 전측 띠이랑의 자극(이것은 실행상의 주의에서도 역시 활성화된다고 발견되었다. 제4장 참고)은 동일한 수의 긍정적 · 부정적 정서를 이끌어 낸다. 즐거운 감정은 후측 안와(posterior orbital)와 전측 띠피질들을 연결한다고 생각되는 뇌량 섬유들을 자극하여 역시 유발될 수 있다. 그리고 내측 측두엽의 자극은 보통 배에서부터 가슴 그리고 목과 머리까지 발생하는 상복부 감각(epigastric sensation)을 유발시키는 것으로 밝혀졌다.

전기적 기록 연구 결과는 대개 직접적 자극 연구 결과와 일치한다. 특히, 다중연합 대뇌피질 영역(예: 방추형 이랑과 상측두구)과 변연계 영역(예: 편도체, 해마, 측면 안와전두 피질)에서 발생되는 N4/P3b라는 ERP가 있다. 전자는 정서적 얼굴표현과 의미 연합에 관한 정보를 제공한다고 여겨진다. 후자는 제시된 자극에 대한 정서적 평가와 부호화를 위한 정신사회적 맥락을 제공한다고 여겨진다(Halgren & Marinkovic, 1995). N4의 구성요소는 어떤 잠재적으로 유의미한 자극에 의해 생성되며 약 0.4초에 발생하는 부정적 요소다. 따라서 대뇌피질 안의 지식 저장소 가까이에 기록될 수 있다(제3장 참고). P3b는 자극(excitation)이 정보를 넓게 퍼트린 후 발생하고 부적절한 연합을 막기 위한 억제과정이 발생함을 반영하는 긍정적 요소다.

반응 선택(3단계)에 관하여 중심 구조는 보조운동 피질과 중심 띠이랑인 듯하다. 왜냐하면 ① 이 영역의 손상이 수의운동(마음대로 운동)에 영향을 끼칠 수 있고, ② 피험자에게 수의운동을 계획하라고 요구했을 때 이 영역에서 신진대사가 매우 활발하게 나타나기 때문이다. 마지막으로 정서적 맥락의 지속(4단계)은 전두엽의 특정 영역 내에서 뚜렷한 발화가 지속된 것과 관련이 있다(Halgren & Marinkovic, 1995).

>>> 다미주신경 이론(Polyvagal Theory)

최근에 제시한 Porges(1995)의 정서와 주의의 작용에 관한 모형 이론은 Darwin 학파의 이론과 다양한 계통 발생 종들에서의 신경 작용에 관한 정신생리학 연구에서 알게 된 통찰에 기초한다. 이 이론은 진화를 통해서 포유동물들이 정향반사, 주의의 증가, 얼굴표현, 발성, 알림반응(fight-or-flight reaction)과 같은 여러 가지 적응행동들을 유발하고, 심장을 조절하기 위해 미주신경(뇌에서 심장과 같은 말초조직까지 아래로 퍼지는)이라는 두 가지 신경 하부체계를 발달시킨다고 주장한다. 반면에 파충류들은 단순히 정향과 멈추는 경향을 지원하기 위해 존재하는 단일 체계에 의존한다. 왜냐하면 파충류들은 상대적으로 낮은 신진대사 요구를 갖기 때문에 그들의 보다 원시적인 체계는 새롭거나 두려운 자극에 직면했을 때 심장 작동을 증가시킨다. 포유동물의 신진대사 요구는 파충류보다 4~5배 더 높기 때문에 스트레스를 받는 동안 미주신경 상태 내의 유사한 증가는 치명적일 것이다. 결과적으로 포유동물은 정향반사를 나타낼 때 미주신경 상태가 특유한 감소를 보이고 그 후 기저선으로 되돌아간다.

미주신경 체계와 정서 사이의 연결을 설명하기 위해 Porges(1995)는 주요(기본) 정서와 문화 기반 정서 간의 차이를 보여 주기 위해 Darwin과 많은 다른 학자들의 의견을 받아들였다. 분노, 공포, 당황, 슬픔, 놀람, 흥미, 행복, 혐오를 포함하는 기본 정서들은 선천적인 신경적 기초와 상응하는 특유의 얼굴표현을 갖는다고 간주되었다. 다음으로 그는 미주신경과 기본 정서들이 흔히 오른쪽 반구 편향을 갖는다는 것은 우연적인 결과가 아니라고 주장했다. 자동적 기능과 기본 정서들을 조절하는 우뇌의 기능상 우월은 좌뇌가 운동과 언어 기술에 대한 우월을 갖게 한다(오른손잡이에게). 이러한 반구의 분배는 정서-항상성 과정과 언어-수의 과정과 관련된 동시적 기능의 활성화를 가능하게 할 것이다. 함축적으로 이러한 설명은 정서적 상태의 변화가 미주신경 상태를 잇따라 변화시킬 것임을 의미한다. 예를 들어, 부정적인 정서가 일어났을 때 알림반응 행동을 촉진시키기 위해 미주신경 상태가 수축(withdrawal)될 것이라고 예상할 수 있다. 이하 흥미로운 분석에서 Porges(1998)는 어떻게 사랑이 포유동물의 자율신경계에 나타나는 특성인가를 설명하기 위해 이러한 미주신경의 설명을 확장시켰다.

>>> 반구 비대칭 모형

Porges(1995)는 모든 기본 정서들이 우반구의 통제를 받는다고 주장한 반면, Davidson(1992)과 Fox(1991)는 인간 뇌의 양 반구 내에 긍정적 정서와 부정적 정서가 비대칭적으로 분배되어 있다는 진보된 주장을 펼쳤다. Davidson은 초기에 그의 주장에 대한 근거를 뇌손상 환자의 사례연구에 두었다. 왼쪽 전두엽의 손상 또는 종양은 우울증 우발(depressive episode)의 증가와 관련되어 나타나는 반면, 오른쪽 전두엽의 상동 부분의 손상은 조병 우발(manic episode)의 증가와 관련하여 나타난다. 이와 같은 결과를 바탕으로 Davidson은 좌뇌 앞 부분이 접근에 대해 특수화되어 있고, 오른쪽 부분은 철회에 대해 특수화되어 있다는 가설인 접근-철회 체제(approach-withdrawal system)를 제안하였다. 이러한 주장에서 왼쪽 앞 부분은 기쁨, 흥미, 행복과 같은 긍정적인 정서의 경험을 포함하며 이러한 정서들은 차례대로 접근 행동을 유발한다. 오른쪽 앞 부분은 공포나 혐오감과 같은 부정적인 정서 경험을 포함하며 정서들은 차례대로 회피 행동을 유발한다(Davidson, 1992; Schmidt, 1999).

이와 같은 주장을 좀 더 평가하기 위해 Davidson과 동료들은 건강한 성인들에게 행복과 기쁨 또는 혐오감을 유발할 수 있는 짧은 영화 필름을 제시하였다. 피험자들이 그 영상을 보는 동안 그들의 얼굴표현을 비디오테이프에 녹화하였고 EEG 기록을 하였다. 연구 결과 100%의 피험자들이 왼쪽 앞 부분은 접근에 대해 특수화되었고, 오른쪽 앞부분은 철회에 대해 특수화되었다는 생각과 일치하는 EEG 행동 패턴들을 나타내었다(Davidson, 1992). 그러나 이들 연구자들은 또한 비대칭 정도에서 상당한 개인차를 발견하였고, 이것은 사람들이 안정된 정서(affective) 스타일을 갖고 있다는 후속 제안을 이끌었다. 후속 제안을 평가하기 위해 임상적으로 우울한 개인의 전두부를 통제집단의 것과 비교되었다. 연구자들은 우울증 환자에게서 오른쪽 전두부 비대칭 패턴을 발견하였고, 이것이 왼쪽 전두부의 불충분한 활성화가 있다는 것을 의미한다고 해석하였다.

Fox와 동료들은 유아와 대학생들을 대상으로 한 많은 연구에서 정서적 반응(그리고 비대칭)의 안정적 패턴에 관한 증거 역시 발견하였다(Fox, 1991; Schmidt, 1992). 이러한 패턴들은 사교성과 수줍음과 같은 예상된 접근-회피 행동 전략들과 상관이 있다고 제안된다.

2) 스트레스와 공포에 대한 신경해부학

성인들은 시간, 돈, 능력 등 갖추어야 할 것이 많이 있는데 이러한 모든 것을 성취하기가 어려울 때 스트레스를 느낀다. 하지만 할 것이 너무 많다는 것은 단지 일부에 불과하다. 스트레스 반응의 또 다른 중요한 요인은 자신의 책임을 완수하지 못한 것에 대한 처벌(또는 다른 부정적인 결과들)의 두려움이다(예: 해고, 강등, 보수의 늦은 지급 등). 이러한 공포와 스트레스 반응 간의 밀접성 때문에(McEwen,

1995) 두 반응이 이 절에서 함께 논의될 것이다.

>>> 공포

공포에 대한 신경해부학적 내용들은 쥐의 조건화된 두려움에 대한 연구에서 나온 것이다(LeDoux, 1995). 공포는 유해한 자극들(예: 전기충격)이 발생하기 직전에 무해한 자극들(예: 음성)을 반복적으로 제시하여 조건화된다. 시간이 지나면서 중립자극들은 결국 훈련된 동물들에게 공포를 유발시킨다.

손상에 관한 실험연구를 통해 과학자들은 공포의 조건화에 관여하는 중요한 구조가 편도체(amygdala)라는 것을 발견하였다(LeDoux, 1995). 편도체는 해마와 접한 내측 측두엽에 위치한 아몬드 모양의 구조다. 물체에 대한 정보(특징을 포함하여)는 뇌의 가운데 부분과 피질 안의 단두연합(unimodal association) 영역 안의 감각시상(예: 청각자극에 대해서 측두엽 부분)에서 파생되는 경로를 통해 편도체에 도달한다. 특정 자극(예: 음성)과 공포반응의 연합에 덧붙여, 동물들이 그들의 훈련환경(예: 동물 우리)과 공포를 연합한다는 것 역시 밝혀졌다. 해마 형성요소가 손상되었을 때 동물들은 초점자극(예: 음성)의 조건화된 공포를 지속하지만 맥락적 특성(예: 동물 우리의 출현)의 조건화된 공포는 상실하게 된다. 맥락과 자극에 대한 이러한 이중해리(double dissociation)와 더불어 연구자들은 편도체의 중심핵 손상이 공포 유발 자극에 의해 발생하는 행동 억제의 감소를 야기하지만, 자극 회피 경향을 감소시키지는 않는다는 것을 발견하였다. 반대로 편도체의 아래쪽 부분이 손상된 동물들은 조건화된 억제를 지속하였지만 자극을 회피할 수 없었다고 한다(Killcross, Robbins, & Everitt,

1997).

부정적 정서의 처리과정에서 편도체의 역할에 대한 한층 더 강화된 지지는 최근의 뇌영상 연구에서 비롯되었다. 연구자들은 공포스러운 표현에 대한 지각이 행복한 표정의 지각보다 편도체의 활성화를 더 일으킨다고 제시하였다(Morris et al., 1996). 더욱이 표현된 정서의 강도가 증가함에 따라 무섭고 행복한 표정에 대한 활성화의 불균형 역시 증가하였다.

편도체가 감각시상과 단두연합 피질로부터 자극을 받은 후에, 자극은 ① 공포 행동을 책임지는 운동중추, ② 심장에서 공포 관련 반응들을 착수하기 위한 미주신경, ③ 교감신경 각성에 관여하는 척수, ④ 부신 호르몬을 방출하도록 유도하고 차례로 스트레스 호르몬 방출을 촉진시키는 뇌하수체에까지 도달한다(LeDoux, 1995).

>>> 스트레스

공포와 스트레스 간에 연결이 있다는 이전의 주장을 고려해 보면, 스트레스에 대한 신체반응이 공포반응에서 포함되었던 동일한 세 가지 구조, 즉 편도체, 해마 그리고 부신을 포함한다는 것은 그리 놀랄 일이 아니다(McEwen, 1995). 그러나 스트레스 구성은 몇 가지 측면에서 공포에 대한 앞선 분석을 확대시킨다. 첫째, 높은 수준에서 부신 스테로이드에의 장기간 노출은 편도체와 해마(특히 해마)에 역효과를 미치는 것으로 밝혀졌다. 이 두 구조는 스트레스 호르몬에 대한 수용기를 갖고 있다. 몇몇 연구들은 높은 수준의 당질 부신피질 호르몬(당질 코르티코이드)이 해마의 위축 또는 뉴런의 죽음까지도 일으킬 수 있음을 발견하였다. 둘째, 부신 스테로이드는 중요한 신경전달물질의 고갈에 대비해 순간적인 보호가 있는 역조정 효과를 갖고 있는 것처럼 보인다. 설명하자면, 부신이 제거된 동물들은 그렇지 않은 동물들보다 더 빨리 학습된 무력감(동물 우울증과 비슷한)을 갖는다. 셋째, 연구를 통해 사람들이 동일한 스트레스 요인에 서로 다르게 반응한다는 것을 제시하였다. 즉, 어떤 사람에게 높은 스트레스를 일으키는 사건이 다른 사람에게는 아무런 영향도 미치지 않을 수 있다. 스트레스 반응의 개인차를 결정하는 중요한 요인은 ① 평가처리과정의 차이(단지 스트레스를 받은 사람만 위협과 위협에 대한 통제의 결핍을 지각한다), ② 스트레스 원인에 대처하는 데 유용한 방책에 대한 지각 정도의 차이다(McEwen, 1995). 사건이 위협적이라고 지각되고 대처수단이 없거나 불충분하다고 생각될 때는 높은 수준의 스트레스 호르몬과 스트레스 유발 질병들이 뒤따라 발생한다.

기억에 대한 스트레스의 영향에 관한 최근의 뇌영상 연구들에서 연구자들은 범죄(은행 강도) 피해자들이 범죄 장면에 관한 비디오테이프를 보았을 때 다음의 뇌 영역이 활성화되었다는 것을 발견하였다. 일차 시각피질과 이차 시각피질, 띠이랑 뒷부분 그리고 왼쪽 안와 전측 피질이 그것이다(Fisher, Wik, & Fredrikson, 1996). 또한 브로카 영역과 왼쪽 모이랑과 같은 구조에서 감소된 혈액 흐름이 발견되었다. 스트레스에 관해 앞서 말한 신경해부학적 설명처럼, 편도체와 해마에서 증가된 활성화 수준이 나타나야 했지만, 스트레스에 관한 지금까지 연구에서 그러한 결과를 얻지 못했다. 그러므로 편도체와 해마는 자극의 초기 처리과정에서 활성화되지만 '상기(reliving)' 또는 재인 중심의 자극기간에는 활성화되지 않는다.

3) 정서적 결함에 관한 신경해부학과 신경생리학

학자들은 비정상적인 집단으로부터 정상적 기능에 관한 추론을 이끌어 내는 것에 대해 논쟁해 왔다(예: Kosslyn & Intriligator, 1992). 최근 몇몇 정서적 혼란에 관한 신경과학적 연구는 정상적인 정서 기능에 관여하는 뇌의 각 부분들을 단순히 분별하기 위해 행해졌다. 논의될 첫 번째 연구 방향은 가족성 단극성 우울증(familial pure depressive disease: FPDD)에 관한 연구로 가능한 신경과학적 기초에 초점을 둔다. 두 번째 연구 방향은 헌팅턴병에서 일어나는 정서적 손상에 초점을 둔다.

>>> 가족성 단극성 우울증

임상 논문에서는 우울증을 단극성(즉, '순수') 우울증과 양극성 우울증(즉, 조울병)으로 구별한다. 단극성 우울증에서 한층 뚜렷한 차이는 가족성인 경우(혈통에 있다고 여겨지는 질병들)와 비가족성인 경우 간에 형성된다. 최근 일련의 영상연구에서 과학자들은 뇌영상 기술을 사용하여 가족성 단극성 우울증의 신경과학적 기초를 밝혀 내고자 노력하였다(Drevets & Raiahle, 1995).

이러한 연구들의 결과는 우울증이 아닌 사람과 비교할 때 가족성 단극성 우울증 환자들의 세 가지 뇌 영역(왼쪽 전전두피질, 왼쪽 편도체, 왼쪽 내측 시상)에서 혈액 흐름이 증가되었고, 줄무늬체의 배쪽 내측 꼬리 부분의 혈액 흐름이 감소되었음을 보여 준다(Drevets & Raiahle, 1995). 더 심화된 분석은 주요 우울증에 두 개의 상호 연결된 회로가 관여되어 있다고 제시하였다. 첫 번째는 편도체, 시상의 편도체 내측핵, 그리고 배가쪽과 전전두피질을 포함하는 변연-시상-피질(LTC) 회로다. 이 회로에서 부분들 간의 모든 연결은 흥분적인 관계를 형성하고 있는 것으로 보인다. 두 번째는 줄무늬체, 담창구 그리고 첫 번째 회로의 대부분의 영역을 포함하는 변연-줄무늬체-담창구-시상(LSPT) 회로다. 여기서 담창구와 줄무늬체 사이, 담창구와 시상 사이의 연결들은 억제적 관계를 형성한다(Drevets & Raiahle, 1995). 한 가지 관련된 주장은 도파민(DA) 신경세포의 역할, 특히 흑색질과 중뇌의 배쪽 뒤판 영역에서부터 줄무늬체, 편도체, 전전두피질까지 투사된 도파민 신경세포의 역할에 관한 것이다. 이 도파민 신경세포는 도파민 결핍이 LTC 활성화를 증가시킬 것이라고 기대되는 것처럼 억제 역할을 한다고 본다(Drevets & Raiahle, 1995).

앞서 언급한 해부학적 설명은 가족성 단극성 우울증 환자에게 두 가지 우울증의 원인이 있음을 제안한다. 먼저 LSPT 회로 또는 도파민 투사의 문제다. 어떤 원인으로 인해 부과된 억제가 이들 회로의 손상을 통해 제거된다면 편도체, 줄무늬체, 전전두피질의 활성화가 증가될 것이다. 그러나 편도체 활성화가 증가하는 것은 이 뇌 영역을 예민하게 하는 계속되는 스트레스의 결과일 수도 있다. 후자의 주장을 지지하는 두 가지 결과는 ① 항우울제 복용을 멈춘 가족성 단극성 우울증 환자들의 편도체 부분이 비정상적으로 증가된 활성화를 나타내었고, ② 항우울제는 실제로 편도체의 혈액 흐름을 감소시켰다는 것에서 찾을 수 있다(Drevets & Raiahle, 1995).

앞서 언급하였듯이 Davidson(1992)과 Fox(1991)는 편도체와 같은 피질하부의 조직을 덜 강조하고 전두엽피질 부분을 더 많이 강조하는 반구 비대칭 모형을 제시하였다. 또한 이들 연구자들은 반구 특수화 정도와 안정성에서의 개인적 차이를 발견하였다. 한 연구에서 Davidson과 그의 동료들은 준임상적인 우울 환자들과 비우울 통제 집단의 전두 영역의 활성화 지속을 비교하였다. 그들은 우울한 사람들에게서 오른쪽 전두 비대칭 패턴을 발견하였는데, 그것은 왼쪽 전두의 활성화 저하를 의미한다고 해석되었다.

그러나 이 해석이 옳다면 가족성 단극성 우울증 환자들의 뇌영상 연구들에서 앞서 보고했던 것과 다소 반대되는 결과가 나타날 것이다. 그렇다면 EEG 연구는 왼쪽 전두 영역이 더 낮게 활성화된다고 주장하면서도 왜 우울에 대한 뇌영상 연구는 왼쪽 전두 영역이 더 높게 활성화된다고 주장하는 것일까? 이에 대해서는 네 가지 설명이 가능하다. 첫째로 뇌영상 연구는 임상적으로 주요 우울증(즉, 가족성 단극성 우울증)이라고 진단된 환자들을 대상으로 한 반면, EEG 연구는 단지 가벼운 우울 환자들을 대상으로 했다는 것이다. 둘째로 Davidson과 그의 동료들은 여섯 부위(six-site) EEG 접근법을 사용하였다는 것이다. 여섯 부위 접근법은 보다 정밀한 뇌영상 접근법보다 더 낮은 공간 해상력을 갖는다(제1장 참고). 그리고 EEG 신호가 아마도 전두엽이 아닌 피질하부 영역에서 나온다고 생각할 수 있다. 셋째로 EEG 출력은 낮은 출력이 더 높은 활성화를 반영한다는 활성화 역비례 관계를 가정한다는 것이다(Lindsley & Wicke, 1974). Davidson과 그의 동료들은 왼쪽 전두 영역들에 대한 더 높은 출력 기록을 발견하여 그것이 더 낮은 활성화를 의미한다고 해석하였다. 출력에 대한 표준 해석은 부정확한 듯하다. 요즘에는 이러한 네 가지 설명 중 어떤 것이 정확한지가 분명하지 않다. 그러므로 우울이 왼쪽 전두 부분(그리고 편도체와 같은 다른 영역들)의 과활성화 또는 활성화 저하로 인한 것인지를 명확히 구분하기 위해서 추가적인 연구가 필요하다.

좌우 비대칭 안(案)에 대한 부가적 문제점은 최근 몇몇 fMRI와 PET 연구에서 발생했다. fMRI 연구(Teasdale et al., 1999)에서 연구자들은 부정적 정서를 자아내기 위해 설계된 자극이 오른쪽 중간 안쪽 전두이랑, 오른쪽 띠이랑 그리고 오른쪽 시상의 활성화 증가를 일으켰다는 것을 발견하였다(비대칭 안과 일치하게). 한편, 긍정적 정서를 자아내기 위해 설계된 자극은 오른쪽 그리고 왼쪽 뇌섬엽(insula), 오른쪽 하전두이랑, 왼쪽 팽대(splenium), 그리고 왼쪽 쐐기앞소엽(precuneus)의 활성화 증가를 일으켰다. 만약 비대칭 안이 맞다면 활성화가 오른쪽 반구에서는 발견되지 않아야 한다. 또한 PET 연구에서(Lane et al., 1997) 행복, 슬픔, 혐오감은 각각 전두엽 피질의 시상과 브로드만 영역 9번뿐만 아니라 전두 및 측두 조직의 활성화 증가와 관련되었다. 따라서 두 연구 모두에서 엄격한 왼쪽–전두–긍정/오른쪽–전두–부정의 분리는 일어나지 않았다고 볼 수 있다. 다른 뇌영상 연구(예: Schneider et al., 1974)에서는 긍정적 · 부정적 정서에 대해 왼쪽 편도체의 활성화가 증가되었다고 발견되었는데, 앞의 두 연구에서는 편도체가 특별히 활성화된 것이 발견되지 않았다는 점은 이상한 일이다.

반구 비대칭 안에 대한 모순된 결과들은 아마도 저자들이 각성 정도에 대한 자극을 동일하게 하지 않았다는 사실에서 파생된 것일지도 모른다. Canli, Desmond, Zhao, Glover 및 Gabrieli(1998)는 12명의 여성들에 대한 뇌영상 연구에서 이와 같이 하였을 때 긍정적 정서에 대해서는 왼쪽 반구, 부정적 정서에 대해서는 오른쪽 반구로 전반적인 활성화가 치우쳤다는 것을 발견하였다. 모순된 결과에 대한 또 다른 이유는 다음과 같다. ① 몇몇 연구자들은 오직 한 가지 성(여성)만을 대상으로 한 반면, 다른 연구자들은 양 성 모두를 대상으로 하였다. ② 어떤 연구자들은 PET를 이용한 반면, 다른 연구자들은 fMRI 또는 EEG 도구를 이용하였다. ③ 어떤 연구자는 자극이 없을 때의 활성화 지속 정도를 측정한 반면, 다른 연구자는 정서적 자극을 제시하였다. ④ 어떤 연구자는 참가자들에게 기억에서 정서적 느낌들을 끌어내도록 요구한 반면, 다른 연구자들은 피험자에게 정서적 자극을 제시하였다.

>>> 헌팅턴병

헌팅턴병(Huntington' s disease)은 무도병(연축), 기분변화, 인지장애 그리고 치매와 같은 임상 특징을 포함하는 뇌와 관련된 염색체 우성 질환이다(Zakzanis, 1998). 가장 두드러진 인지결핍에는 지연 회상, 인지적 유연성, 손재주(manual dexterity)에서의 문제들이다. 헌팅턴병을 앓는 환자들에게서 세포 소실은 주로 기저핵의 줄무늬체 부분에서 발생한다. 차례로 이러한 세포 소실은 뇌 속 신경전달물질 정도의 두 가지 주된 변화를 초래한다(Folstein, 1989). 첫째, 담창구를 투사하는 억제 감마아미노부티르산(GABA)-방출(ergic) 뉴런이 손실되면 결과적으로 감마아미노부티르산이 감소한다. 둘째, 줄무늬체 세포 안의 도파민 수용체가 손실되면 결과적으로 도파민이 증가한다(도파민이 이 부위에 묶이지 않기 때문에). 이러한 두 가지 변화는 모두 LCT 회로의 신경 활성화의 증가(이 회로에 영향을 주는 억제의 감소로 인한)와 헌팅턴병을 앓는 환자의 우울증 증가를 이끈다

(Drevets & Raichle, 1995). 사실 연구들은 헌팅턴병을 앓는 환자들이 다른 장애조건의 환자들보다 4~10배 정도로 우울을 더 경험한다고 제시한다(Drevets & Raichle, 1995).

최근 헌팅턴병을 앓는 환자에 대한 연구에서 드러난 또 다른 신기하고 혼란스러운 결과는 이들 환자들이 분노와 공포의 얼굴표현을 인지하는 데 결함을 보이고, 특히 혐오감의 얼굴표현을 인지하는 것이 서투르다는 점이다(Sprengelmeyer et al., 1996). 이러한 결과는 양쪽 편도체의 손상을 가진 개인들을 대상으로 한 연구 결과와 일치한다. 그들은 시각적 또는 청각적 양식으로 자극을 제시했을 때 공포와 분노에 대한 인지손상을 역시 나타내었다(Scott et al., 1997). 이러한 결과들은 모두 기저핵과 관련 조직들(예: 편도체)이 부정적 정서를 인지하는 데 중요할지도 모른다는 것을 보여 준다.

3. 결론, 유의점 및 교육적 함의

정서에 대한 심리학과 신경과학적 견해의 비교는 이들 두 방식이 분명히 서로에게 크게 영향을 주지 않았던 점을 드러낸다. 예를 들어, 정서를 특정한 요소(예: 평가 등)로 구분하고 구조화하려는 심리학적 노력은 이들 요소들과 관련된 뇌의 특정 부분의 발견을 제계적으로 이끌지 못했다. 또한 최근 뇌영상 연구와 뇌의 전기적 기록 연구 결과들은 정서에 대한 현대 심리학적 모델을 유의미하게 변화시키는 데 큰 도움을 제공하지 못했다.

이러한 두 견해의 명백한 중첩 부족은 세 가지로 설명될 수 있다.

첫째, 이들 방식에서 연구자들은 똑같은 질문에 항상 흥미로워하지 않았다. '기쁨이라는 정서가 자부심과 어떻게 구별될 수 있을까?' 라는 심리학적 질문이 "뇌의 어느 영역이 정서적 반응에 중요할까?" 라는 신경과학적 질문과 어떻게 다른지 유념하자. 둘째, 심리학적 접근이 복합적인 정서에 초점을 맞추는 경향인 데 비해, 신경과학적 접근은 단일 정서에 초점을 두는 경향이 있다. 셋째, 두 방식에서 다른 종들이 사용되었다(예: 인간 대 쥐). 이러한 세 가지 문제점들은 특정 사례(예: 우울증)에서 나타난 사실과 몇몇 신경과학적 실험 결과의 모순(예: 왼쪽 전두엽의 과활성화 대 활성화 저하)으로 인해 더 복잡해진다. 전체적으로 일부 학자들은 정서의 특정 뇌구조가 실제로 존재하는가에 대해 여전히 의문을 갖고 있다(Davidson & Ekman, 1994).

정서의 특징과 인간 뇌에서의 정서에 대한 반응에 대해 앞으로 연구할 것이 여전히 많다고 할 수 있다. 다음의 두 가지 연구 경향은 미래에 특별히 중요할 것이다. 먼저 신경과학자들은 심리학적 모형에서 주장된 공통요소에 부합하는 뇌의 영역이 있는지 알아보기 위한 안내로서 정서의 특징을 고려하는 최근의 심리학적 이론을 이용해야 한다. 그리고 신경과학자들은 동일한 종, 연령, 배경의 개인들을 동일한 방법론적 조건(예: 동일한 자극의 제시와 동일한 종류의 뇌영상 도구의 사용)에 두는 많은 유사 연구들을 수행해야 한다. 상충되는 결과들이 정서에 대한 '비국지적' 특징을 나타내는지 또는 방법론상의 차이를 나타내는지 여부를 결정하는 것은 중요하다.

교육적 함의에서 신경과학적 연구가 ① 학습, 인지 발달, 동기에 대한 기존 심리학적 모형을 확실하게 하도록 도우며, ② 심리학적 실험에서 나온 되풀이되는 결과들을 설명한다(제1장, 제8장 참고)는 점에서 교육과 폭넓게 연관해서 고려되어야 한다. 정서들의 사례에서 이들 방식 간의 중첩이 부족하다는 것은 정서에 대한 지금까지 수행된 신경과학적 연구가 교육 분야와 무관하다고 이야기될 수 있다. 그러나 앞서 언급했듯이 추가적인 연구들이 수행된 이후 신경과학적 증거가 결국은 학습에 대한 새로운 관점을 이끌어 낼 수 있다는 몇 가지 희망적인 사항들이 존재한다. 먼저 정서적 기초를 가질 수 있는 기억 분야의 연구 결과가 있다. 예를 들어, 섬광기억 현상이 그것이다. 현재 과학자들은 왜 사람들이 중립적 사건보다 불쾌한 사건에 대해서 더 많이 기억하는지 여전히 알지 못한다. 이것은 높은 수준의 정서적 자극이 기억의 고정화에 도움을 준다고 할 수 있다. 결국 편도체는 뇌 속의 해마와 인접해 있고 해마는 기억의 고정화에 중요한 것으로 밝혀졌다(제3장 참고). 또는 아마도 정서가 정향반사와 주의 증가에 관여하기 때문에 기억이 향상될 수 있을 것이다(Porges, 1995). 또한 정서적 느낌은 기억을 회상하도록 돕는 데 사용될 수 있는 단순한 맥락적 단서(어떤 다른 상황의 측면같이)일 수도 있다(Anderson, 1995). 후자의 설명은 학습 내용을 특정한 방식(예: 슬픔)으로 느끼도록 유도된 사람들이 다른 방식(예: 행복)으로 느끼도록 유도되었을 때보다 평가 상황에서 똑같은 방식(예: 슬픔)으로 느끼도록 유도될 때 더 많은 것을 회상한다는 기분일치 실험 결과와 일치한다. 어느 쪽이든 학생들 정서의 도움을 다소 얻는다면 교육이 더 효과적일 것이라는 점이 분명해야 한다. 앞서 언급하였듯이 정서는 학생들의 목표 설정, 주의의 대상, 처리과정의 깊이를 결정한다.

교육과 관련해서 고려될 수 있는 정서연구의 두 번째 방식은 인간의 동기체계에서 정서의 중심성에 관심을 갖는 것이다(Pintrich &

Schunk, 1996). 귀인이론(예: Weiner, 1985)은 사람들이 결과를 선행한 여러 종류의 원인으로 돌릴 때 어떻게 사람들이 다른 정서를 느끼는지 밝혀 주었다. 예를 들어, 시험에서 낮은 점수를 받고 시험을 너무 어렵게 낸 교사를 탓하는 학생들은 자기 자신에 대해 당혹해하거나 실망하기보다는 오히려 교사에게 분노를 느낄 것이다. 반대로 실패를 능력 부족이나 학습 부족으로 돌리는 학생들은 아마도 다른 정서를 느낄 것이다. 사전 행동 입장에서 귀인, 기대, 가치에 기초한 예상된 결과들(Wigfield & Eccles, 1992)은 학교에서 학생들이 선택을 하도록 이끈다(예: 열심히 노력하기 대 열심히 노력하지 않기, 주요 X 선택 대 주요 Y 선택). 물론 이 같은 내용들이 정서보다는 동기와 더 많은 관계가 있다고 할 수 있다(예: 자기 효능, 가치 등). 동기의 이러한 다른 측면에 관한 심리학적 연구는 신경과학자들이 이들 문제들을 검토하지 않았기 때문에 이 장에서는 기술하지 않았다. 현재 저자의 관점에서 흥미에 관한 신경과학적 연구는 동기 분야에서 이미 행해졌던 것을 확대시키는 유용한 새로운 방식이 될 것이다. 정서 연구자들(예: Porges, 1995)은 흥미를 신경학적 지지를 갖는 기본 정서이자 동기의 핵심적 측면이라고 주장한다(Wigfield & Eccles, 1992). 더욱이 학생들이 어떤 과목을 선호하고 회피하는 결정에 영향을 미치는 특정 흥미(예: 읽기 대 수학)를 태어날 때부터 가지고 있었을지도 모른다는 것을 배우는 것은 아주 흥미로울 것이다. 많은 연구자들은 초기 독자들이 책 속의 색다른 부분에, 그리고 일찍부터 흥미를 갖는다는 것을 발견하였다(제6장 참고). 물론 그러한 결과들이 많은 흥미가 경험과 사회화를 통해 획득된다는 풍부한 증거들을 부정하지는 않을 것이다(Wigfield & Eccles, 1992).

신경과학 중심의 연구가 교육과 관련될 수 있다는 마지막 방식은 진화론적 심리학자들(Geary, 1998; Pinker, 1997)에 의해 형성된 최근의 주장에서 나온 것이다. 진화론적 심리학자들은 특정한 종류의 처리과정(예: 시각)에 관여하는 뇌 부분들의 크기가 종에 따라 다르다는 것에 주목하였다. 그러한 차이들은 각 종의 동물들에게 놓여진 환경적인 요구와 상호 관련이 있다. 예를 들어, 영장류 피질의 현저하게 큰 부분은 시각적 처리과정에 관여한다. 섭식, 수면, 교미 습성을 분석해 보면 영장류들은 생존하기 위해 상당히 많은 시각적 처리능력을 필요로 한다는 것을 알 수 있다. 비슷한 주장을 이용해서 진화론적 심리학자들은 인간이 물리학, 생물학, 심리학의 정교한 순수이론들을 발전시키도록 도와주는 뇌조직을 타고났다고 주장한다. 경험을 통해 아이들이 가지고 있는 순수 이론들은 아이들이 내용을 배우는 방법에 영향을 미치고, 타고난 사교성과 인간 종에 대한 소속감 필요성을 설명한다. 현재 연구자들은 이들 순수 이론에 관여하는 뇌의 부분들을 찾아야만 한다. 이러한 설명이 사실로 밝혀진다면 교육적 내용(무엇을 가르칠지), 시기(언제 가르칠지) 그리고 접근법(단독연구 대 협동적 공동연구)에 많은 함의를 줄 것이다. 이것은 어린이들이 학교에서 자기 선생님이 친절하다고 판단할 때 더 잘 수행하는 것에 대한 하나의 설명이 될 수 있다(Wentzel, 1997). 지금까지의 공헌에도 불구하고 진화론적 설명에 대해서 아직 더 많은 연구가 필요한 것이 사실이다.

제6장

읽기

읽기능력은 아이들이 습득할 수 있는 가장 중요한 기술이다. 읽기에 능숙한 사람은 학교뿐만 아니라 그들의 삶을 통해서도 방대한 양의 지식을 얻는다. 반대로 읽기에 능숙하지 못한 사람은 학교에서 상당한 어려움을 겪으며, 결국 저임금 직업을 갖거나 교정기관에 들어가게 된다. 19세기 이후 사람들의 삶에서 읽기의 중요성은 읽기에 대한 방대한 과학적 문헌들을 통해 잘 설명된다.

분명한 것은 한 장에 걸쳐서 읽기 문헌과 관련된 모든 관점을 살펴볼 수 없다는 것이다. 하지만 이 책이 중점적으로 다루는 쟁점과 밀접한 관계가 있는 측면(즉, 읽기에 대한 심리학적 · 신경과학적 양립성)에 대해서는 살펴볼 수 있을 것이다. 이 장의 처음 두 절에서는 읽기의 심리학적, 신경과학적 관점에 대해 각각 기술한다. 세 번째 절에서는 읽기에 대한 통합 관점으로서 수업적 함의뿐만 아니라 두 가지 관점의 양립성에 초점을 두고자 한다.

1. 읽기의 심리학적 관점

이 절의 목적은 읽기능력의 본질적인 특성을 통한 통찰을 제공하는 것이다. 이러한 목적에서, 수년간 심리학자들이 제안해 온 핵심 작용의 대부분을 포괄하는 가장 대중화된 읽기모형(Seidenberg와 McClelland의 모형)을 먼저 검토해 볼 것이다. 다음으로 사람들이 긴 글을 이해하려고 할 때, 무엇을 하는지 고려하면서 이 모형을 다소 확장할 것이다. 마지막에서는 훌륭한 독자와 서투른 독자 사이의 주요한 행동 상의 차이를 밝힌 심리학적 연구에 중점을 둘 것이다.

1) Sidenberg와 McClelland의 읽기모형

1989년에 Mark Sidenberg와 James McClelland는 지금까지도 많은 지지를 받고 있는 읽기모형을 제안했다(Adams, 1990; Pressly, 1997). 이 모형은 최근 심리학자들이 어떻게 읽기의 구성요소 작용을 분석하는지 이해하기 위해 기술되었다. 중요한 점은 읽기를 잘하는 사람은 마음속에서 네 가지 상호작용적 처리장치를 사용하여 글을 해석한다는 것이다([그림 6-1] 참고; Seidenberg & McClelland, 1989). 각 처리과정을 차례로 검토해 보자.

>>> 철자 처리장치

작가는 자신의 생각을 철자가 상징(예: 영어 문자, 한자 등)하는 것으로 부호화하고 그들이 전달하는 것을 사람들이 받아들이기를 희

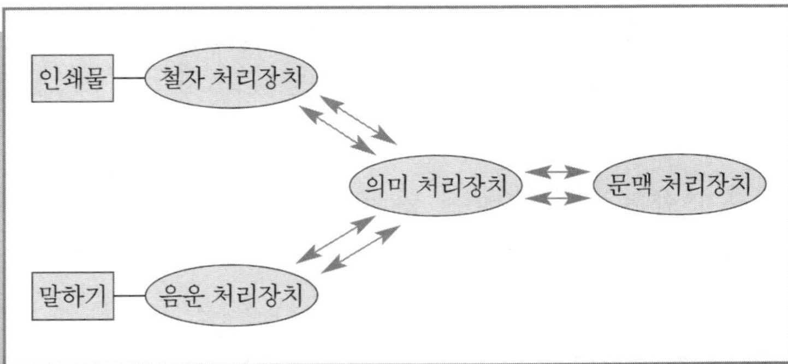

[그림 6-1] 읽기체계의 네 가지 처리장치(Seidenberg & McClelland, 1989)

망한다. 예를 들어, 영어를 쓰는 사람이 그의 아내에게 이러한 메모를 남겼다고 생각해 보자. "I' m at the store. Be home by 3." 만약 그녀가 영어 문자와 단어의 맞춤법으로 남편이 쓴 것을 인식하지 못한다면 분명히 메모를 해석하지 못할 것이다. 만약 남편의 글씨체가 특별히 나쁘거나 그녀가 영어가 아닌 한글만을 읽을 수 있다면 무슨 일이 일어날지 상상해 보라. Seidenberg와 McClelland(1989)에 따르면 글의 맞춤법을 인식하는 능력은 [그림 6-1]에 제시된 철자 처리장치에 의해 가능하다.

철자 처리장치는 철자 지식의 저장고로 생각할 수 있다. 철자 처리장치는 신경 조합과 밀접한 반응을 가져온다고 생각되는 많은 양의 상호 연결 '단위' 를 포함한다고 전해진다. 각각의 단위는 문자의 각 부분이나 전체단어를 인지하는 책임을 진다. 사람들이 읽은 글 속에서 어떤 문자('q')가 종종 다른 문자('u')와 함께 일어날 때 문자 단위 사이에 연합이 형성된다. 그때 낯익은 단어는 실제로 문자의 형태와 관련성이 높으며, 단어에서 각각의 문자는 다른 것을 인식하기 위한 '기초' 다. 결국 전체 단어는 매우 빠르고 자동적으로 인식된다. 문자의 연합은 능숙한 독자가 세 가지 다른 일들을 하도록 돕는다.

첫째, 연합은 독자가 단어를 볼 때 적당히 다른 문자로 처리하는 것을 돕는다. 예를 들어, THE 와 HTE 둘 다 'the' 라는 단어가 필요로 하는 문자를 가지고 있을지라도 단지 앞에 있는 THE만이 'the' 로 인식될 것이다.

둘째, 연합은 능숙한 독자에게 유사 단어를 인식하게 도와준다. 유사 단어는 실제 단어가 아니지만 매우 빈번하게 연합되는 문자열을 포함하는 것이다(예: 'mave' 'teel').

셋째, 연합은 능숙한 독자가 단어를 음절로 나누는 것을 돕는다. 예를 들면, 구두 영어의 소리에서 'dr' 이라는 문자는 받아들일 수 있는 결합인 반면에 'dn' 은 그렇지 않다. 결국 능숙한 독자는 'midnight' 이라는 단어를 시각적으로 'mid' 와 'night' 으로 나눌 수 있다. 이에 반해 'address' 는 시각적으로 'add' 와' ress' 로 나누지는 않을 것이다. 더욱이 능숙한 독자는 연합한 형태의 묶음을 통해 모음이 주변의 자음을 끌어당기는 것을 은연중에 안다. 예를 들어, 'partial' 의 첫째 a는 스스로 'p' 와 'r' 을 끌어당긴다. 이러한 사실은 'rt' 가 허용되지 않는 구어 결합방법이라는 사실과 partial은 'par' 와 'tial' 로 나뉠 수 있다는 사실과 결합된다(Adams, 1990). 역사적으로 문자언어에서 단어를 식별하기 위해서 구두점이나 띄어쓰기를 사용하지 않았다는 것은 매우 흥미로운 일이다(Just & Carpenter, 1987). 그래서 사람들은 문장의 의미를 알기 위해 철자 지식에만 의존해야 했다. 이러한 것이 어떻게 가능한지 알아보기 위해서 단어 사이에 띄

어쓰기가 없을지라도 다음 문장을 읽을 수 있다는 데 주목해 보자.

THATWASDELICIOUS

>>> 의미 처리장치

물론 문자열이 철자적으로 받아들여지는 것이든 낯익은 것이든 문장을 이해하기 위해서는 더욱더 많은 능력이 요구된다. 예를 들어, 'Trat distle quas' 이라는 문장은 받아들일 수 있는 세 개의 조합(빈번하게 쓰이는 것에 따라)을 포함하고 있지만 의미가 없다. 비슷하게 문장 'The octogenarian insinuated himself into our organization.' 이라는 문장에서는 'octogenarian' 과 'insinuated' 의 문자열을 본 적이 있는 사람일지라도 이 단어들이 의미하는 것이 무엇인지 기억해 낼 수 없으면 무의미할 것이다. 그러므로 문장을 이해하는 것은 문자열을 재인하기 위해서 철자 처리장치와 단어의 의미에 접근하기 위한 의미 처리장치 둘 다를 요구한다.

두 가지 관점은 의미가 어떻게 단어에 할당되는지에 관한 설명 틀을 제공한다. 먼저 어휘적 접근의 관점에 따르면 전체 단어의 의미는 사람의 정신적 어휘록에 저장된다. 어휘록은 간단히 속성(attribute)의 목록 또는 스키마타(shemata: 스키마의 복수형)의 관점에서 단어의 의미를 조직하는 당신의 기억 속에 있는 간단한 '사전' 이다. 쓰인 단어를 인식할 때 기억 속에 그 단어들에 대해 남아 있는 활성화 수준이 꽤 높다면 단어의 의미에 접근하게 된다(Just & Carpenter, 1987; 잔여 활성화의 구성에 관해서는 제3장 참고). 더욱이 잔여 활성화 수준이 높다는 것은 단어의 의미를 빠르게 회상한다는 것이다. 만약 단어들이 자주 나타난다면 단어의 의미는 높은 활성화 수준에 도달할 것이다. 이와 같이 빈번하게 일어나는 단어의 의미는 빈번하지 않은 단어의 의미보다 상대적으로 빨리 입력된다.

두 번째 관점은 최근 연결주의자(connectionist)들의 이론에서 비롯되었다. 이 관점에 따르면 단어의 의미는 기초적인 의미요소의 연합된 형태로서 의미처리장치에서 표상되고, 같은 방법으로 낯익은 단어들의 철자들은 문자와 문자들의 부분이 연합한 모습으로서 철자처리장치에서 표상된다(Adams, 1990). 개인의 경험은 주어진 단어의 의미요소들을 연합하고 저장하는 것을 결정한다(Hintzman, 1986). 예를 들어, '개' 라는 단어를 들은 어린이는 구체적인 맥락 속의 개에서 '개' 라는 단어의 전체 경험을 연합하여 적용할 것이다. 다음에 다시 '개' 라는 단어를 듣겠지만 그것은 다른 맥락 속의 다른 개일 것이다. 연결주의자들의 관점에 따르면 첫 번째 맥락에서의 관점과 두 번째 맥락에서의 관점이 유사하다면(예: 양쪽 개들 모두 살충제가 들어 있는 벼룩 잡는 목걸이를 하고 있음) '개' 라는 단어에 연합되어 저장될 것이다. 그리고 시간이 흐르면서 일치되었던 의미요소들은 반복해서 개를 접하므로 없어져 버릴 것이다. 각 요소는 다른 것들과 강하게 연합될 것이고, 다른 것들을 위한 가장 '기본적인' 기억일 것이다. 더욱이 '개' 의 의미에 대해서 그것이 가지고 있는 중심적 의미가 될 것이고 개의 속성(예: 털이나 짖는 것)에 일치된 상관을 보일 것이다. 이러한 속성들은 '개' 라는 단어를 읽을 때 가장 빨리 접근될 것이다. 그뿐 아니라 다소 덜 중심적인 다른 요소들(예: 살충제가 들어 있는 벼룩 잡는 목걸이를 하고 있는 것)도 접근되지만, '개' 라는 단어 하나만을 읽는다면 그러한 의미는 보다 천천히 접근될 것이다.

앞의 [그림 6-1]에서 본 것처럼 의미 처리장치는 철자 처리장치와 직접적으로 연결되어 있다. 이 설명은 각 처리장치의 결과가 다른 처리장치가 하는 일이 조금 더 낫도록 도와줄 수 있다는 것을 의미한다. 이러한 주장을 지지하는 것으로 Whittlesea와 Cantwell(1987)은 허구 단어에 의미를 주었을 때, 피험자들은 단어들의 정의가 부족할 때보다 이러한 단어들을 빨리 인식한다는 것을 알았다. 또한 단어의 의미를 정의한 수업 후에 피험자들이 부여된 의미를 회상할 수 없을 때조차 단어를 인식하는 능력은 적어도 24시간 동안 지속되었다. 그러므로 의미 처리과정은 철자 처리장치가 하는 일이 잘되도록 도와준다. 아마 더욱 중요한 것은 두 가지 처리장치 사이의 화살표가 철자 단위와 의미처리 단위 사이의 연합 형태를 제안한다는 것이다. 이러한 방법으로 단어의 모양에서 의미를 자동적으로 활성화할 수 있고 또 그래야 한다.

>>> 음운 처리장치

철자 처리와 의미 처리장치의 경우처럼, 음운 처리장치는 각각 연합을 형성하는 단위의 구성이라고 말한다. 음운 단위는 독자의 음성언어에서 음소에 해당된다. 'buh' 'ah' 'thu' 같은 음소들은 'ba' 'at' 같은 음절들과 결합될 수 있다. 그리고 'bat' 같은 단어가 될 수도 있다. 단어, 음절 또는 음소의 청각적인 표상은 음운 처리장치에서 구체적인 단위들의 활성화 상태를 포함하고 있다(Adams, 1990).

능숙한 독자는 문자를 볼 때 의미를 알기 위해서 음운으로 변환하지 않는다. 많은 연구에서 문자의 시각적 형태에 의해 간단하게 의미를 알 수 있다는 것을 보여 주고 있다(Adams, 1990; Seidenberg & McClelland, 1989). 그렇지만 능숙한 독자들도 글을 읽을 때 종종 단어를 음운으로 변환하기도 한다.

왜 사람들은 그렇게 하지 않아도 되는 어떤 조작을 할까? 그것은 음운 처리장치가 다른 처리장치에 의해 제공된 정보와 중복되는 여분(redundancy)을 제공하는 것처럼 보이기 때문이다. 이러한 여분은 다른 처리기제에 의해 제공된 정보가 불완전하고 믿을 수 없거나 구체성이 미흡할 때 이를 보완해 줄 수 있다(Stanovich, 1980; Adams, 1990).

더 구체적으로 음운 처리장치는 전반적인 읽기체계에서 두 가지 중요한 것을 제공하는 것 같다. 첫째, 빠르고 정확하게 읽는 것을 유지하기 위해 결정적인 알파벳 백업 시스템을 제공한다(Adams, 1990). 이 백업 시스템이 있는 것은 문어의 철자법이 주로 알파벳 원리를 광범위하게 따르기 때문이다. 쓰인 상징(알파벳 문자)은 말하는 소리(즉, 음운)에 대응된다. 비록 이러한 알파벳 문자-음운의 대응은 일대일이거나 완전하게 규칙적이지는 않지만 유용한 것이라고 충분히 예상할 수 있다(Just & Carpenter, 1987). 결국 음운 처리장치는 다양한 상황에서 도움이 되는 정보를 제공할 수 있다. 예를 들어, 독자가 구어의 의미를 알고 있지만 그 단어를 본 적이 없는 경우를 생각해 보자. 여기서 철자 처리장치에서 그 단어의 문자와 대응하는 단위와 의미 처리장치에서 그 단어의 의미와 대응하는 단위 사이에는 직접적으로 아무런 연결이 없을 것이다. 그렇지만 그 단어에 대한 음운 처리장치의 단위와 의미 처리장치의 단위 사이에 연결은 있을 것이다. 만약 해당 단어가 알파벳 원리를 분명하게 잘 따른다면, 사람들은 그 단어를 처음 보았어도 소리 내어 말할 수 있을 것이고 자신들이 말한 낯익은 단어를 들을 수 있을 것이다. 그러고 나서 그 단어의 의미에 접근할 것이다. 반복해서 읽는다면 단어의 음운 처리장치의 단위와 의미 처리장치의 단위 사이의 두 가지 연합이 철자, 의미, 음운 단위 사이의 세 가지 연결로 확장될 것이다.

둘째, 음운 처리장치의 역할은 막 읽은 것에 대한 기억과 관련된다. 제3장에서 심리학자들은 이후 처리과정을 위해 정보를 유지하거나 시연하는 데 사용되는 작동기억 안에 음운고리가 있다고 생각한다(Baddeley, 1999). 사람들이 읽을 때 그들은 문장 속의 단어 전부를 받아들이고 그것들과 함께 전체의 의미를 번역한다(Just & Carpenter, 1987). 왼쪽에서 오른쪽으로 읽을 때 사람들의 시각이 고정되어 있는 짧은 순간에 한두 개의 단어만 읽을 수 있기 때문에 읽기과정에 작동기억의 역할이 요구된다. 다시 말해, 시각이 고정된 순간의 왼쪽의 모든 단어들은 분명히 작동기억에 남아 있어야 한다.

>>> 문맥 처리장치

문맥 처리장치는 글의 조리 있는 해석과 연결을 구성하는 일을 한다(Adams, 1990). 이러한 처리장치의 결과물은 독자가 지금까지 읽은 모든 것의 정신적인 표상이다. 예를 들어, 어떤 사람이 '대통령이 입장할 때 모든 기자들이 일어났다.' 라는 문장을 읽으면 문맥을 통해서 백악관 기자실의 연설대로 걸어 들어오는 대통령의 모습을 상상할 것이다. 반면, 어떤 연구자들은 이러한 이미지를 글의 참고 표상(a referential representation)이라고 하고(Just & Carpenter, 1987), 다른 연구자들은 그것을 상황모형(situation model)이라고 부른다(van

Dijk & Kintsch, 1983). 이 장에서는 후자의 용어를 사용한다.

의미적, 실용적, 통사적 지식은 상황모형 구성에 모두 기인한다(Sidenberg & McClelland, 1989). 예를 들어, 능숙한 독자는 'John went to the store to buy a _____.' 라는 문장을 보았을 때 문장 속 모든 단어들의 의미에 접근하기 위해서 자신들의 의미론적 지식을 사용한다. 또 그들은 'John' 이 가게에서 사람들이 일반적으로 구입하는 무엇인가를 살 것이라는 것을 해결하기 위해서 실용적인 지식을 사용한다. 만약 빈칸에 'savings bond(예금채권)' 라는 것을 채운다면 사람들은 'savings(예금)' 라는 단어를 보면서 놀랄 것이다.

통사적인 지식은 종종 다음에 일어날 무엇에 대한 예상을 하도록 독자들을 자극한다(Garrett, 1990; Just & Carpenter, 1987). 통사론적 '구문분석(parser)' 이 어떻게 조작되는지 알기 위해서 우리는 문장에 대한 언어학자의 견해를 이끌어 낼 필요가 있고, 각 유형은 구체적인 규칙을 사용해서 만들 수 있다. 많은 언어학자들은 문장에는 어떤 유형이 있으며, 각 유형은 구체적인 규칙을 사용하여 만들 수 있다고 주장한다(Lasnick, 1990). 예를 들어, 다음의 각 문장은 세 가지 같은 규칙들을 사용하여 만들 수 있다.

- The fat boy hit the round ball. (그 뚱뚱한 소년은 둥근 공을 찬다.)
- The girl chewed an apple. (그 소녀는 사과를 씹었다.)
- A man drew a picture. (어떤 남자가 그림을 그렸다.)

그 규칙은 다음과 같다.

- 규칙1 문장 = 명사구 + 동사구(즉, 문장 명사구 + 동사구)

- 규칙2 동사구 = 동사 + 명사구(즉, 동사구 동사 + 명사구)
- 규칙3 명사구 = 한정사 + (형용사 선택) + 명사(즉, 명사구 한정사 + (형용사) + 명사)

언어학자들은 구체적인 문장과 그것의 문법적인 규칙에 대한 지식이 주어지면 사람들이 마음속에 요소별로 문장에 대한 정신적인 표상을 구축한다고 믿는다. 예를 들어, 'the' 라는 단어를 읽는 도중에 명사구를 만드는 법칙이 도출된다. 은연중에 마음속에서 '좋아. 명사구가 시작된 것이 틀림없어.' 라고 말한다. 위의 규칙 3에서 한정사가 앞에 제시되면 뒤에는 형용사 혹은 명사가 나올 거라고 예상한다. 문장 1에서 'fat' 이라는 단어를 읽을 때는 그것을 형용사가 들어갈 자리에 놓는다. 'the' 와 'fat' 이라는 단어가 함께 짜여진다면 규칙 3에서 다음 단어에 같은 명사가 나올 거라고 예상한다. 이러한 시스템으로 작동되기 위해서는 쓰여진 단어('fat')가 문법적인 분류(형용사)와 함께 정신적으로 연합되어야 한다. 이 모형은 지금까지 단어들이 철자, 의미, 발음 그리고 문법적인 분류로 연합되어 왔다는 것을 제시해 준다.

앞의 [그림 6-1]에서 능숙한 읽기모형은 문맥 처리장치와 의미 처리장치 사이의 이원적인 관계를 보여 준다. 화살표들은 앞선 문맥이 단어에 의미를 부여하는 데 영향을 줄 수 있다는 것을 내포하고 있으며, 현재 의미는 상황모형을 구성하는 데 영향을 준다. 그러므로 능숙한 독자가 'John removed the thorn from the rose(장미).' 라는 문장을 처리할 때는 'At the baseball game, the crowd rose(rise의 과거형 rose로 일어났다) to sing the national anthem.' 이라는 문장을 읽었을 때와는 달리 'rose' 라는 단어에 다른 의미를 할당한다. 이와 같이 이 모형은 기대가 단어에 할당된 문법적인 범주와 단어의 의미로부터 형성된다는 것을 제시한다.

그러나 연구에서 문맥-의미의 효과는 철자-의미의 효과보다 관계가 약하다는 것을 보여 준다. 즉, 독자들은 바로 앞의 문맥에 따라오는 단어를 예상하는 것보다 인식된 철자에 근거하여 가능한 단어의 의미를 예상하려고 한다는 것이다(Adams, 1990). 따라서 문맥-단어의 연결이 철자-의미의 연결과 갈등할 때는 후자가 우세하다. 그러므로 능숙하게 읽는다는 것은 쓰인 단어와 그것들의 의미 사이의 대응을 배움으로써 구성된다. 문맥의 효과는 단어가 인식되고 다양한 의미의 가능성에 접근된 후에 일어난다. 일반적으로 문맥, 철자, 의미, 음운은 글에 대해 가능한 최고의 해석을 구성하도록 돕기 위해서 일제히 작동한다.

2) 읽기 이해의 본질을 통한 심화 탐구

비록 Seidenberg와 McClelland의 모형이 능숙하게 읽기 위한 훌륭하고 전반적인 이해를 제공할지라도, 그것은 독해 영역의 중요한 몇 가지 쟁점을 처리하지는 못했다. 이 절에서 그러한 쟁점들이 더욱더 깊이 있게 논의될 것이다. 먼저 나는 독자의 지식으로부터 이끌어 낸 독해의 가장 중요한 측면(구조적 측면)에 대해 고려할 것이다. 그리고 나서 독자의 전략적 행동으로부터 이끌어 낸 측면(기능적 측면)을 고려하고자 한다.

>>> 이해의 구조적 측면

독해를 연구한 연구자들은 스키마의 구성에 상당히 의존해 왔다. 스키마는 사례가 가지고 있는 공통점에 대한 정신적 표상이다. 예를 들어, 집에 대한 스키마는 모든 집들이 공통적으로 가지고 있는 것을 구체화하는 것이다. 집과 같은 실체에 대한 스키마 외에도 능숙한 독자와 작가들은 글들의 구체적인 유형에 대한 스키마를 가졌다고 여겨진다. 글에 대해 널리 검토되고 있는 두 개의 중요한 스키마는 이야기 글(narrative text)과 설명문(expository text)에 관한 것이다. 다음에서 우리는 구체적인 주제(집)의 이야기 글과 설명문의 스키마가 읽은 것에 대해 아이들이 기억하고 이해하는 것을 어떻게 도와주는지 알아볼 것이다.

독자가 사물(집)과 사건(장례식)에 대한 도식화된 지식이 있을 때에는 그것에 대한 지식이 부족할 때보다 어떤 글에 표상된 정보를 더 잘 동화시킬 수 있다. 예를 들어, 장례식에 한 번도 참여해 보지 못한 사람은 장례식에 많이 참석해 본 사람에 비해 'Mary는 애도를 표현하기 위해 가까이 다가가 옷매무새를 고쳤다.' 라는 문장을 이해하는 데 더 힘들 것이다. 사실 경험이 있는 독자는 Mary가 장례식에 참석했다는 사실을 구체적으로 말하는 것조차 필요하지 않을 것이다(그들은 그녀가 있었던 곳을 추측할 것이다). 이해력은 어떤 사건에서 진행되고 있는 모든 상황을 이해하는 것이다. 주제에 대한 스키마는 독자가 일어나고 있는 일(등장인물이 어디 있으며, 그들이 무엇을 왜 하고 있는지 등)을 이해하도록 돕는다.

어떤 글(소설)들은 이야기식 구조를 취하는 반면에 다른 것(교과서)들은 설명식 구조를 취하는 것에 주목해 보자. 대부분의 이야기식 글들은 구조적 특성으로 인해 다음과 같은 사실을 포함하고 있다. 즉, ① 행동을 수행하기 위한 목표와 동기를 가진 등장인물, ② 이야기가 일어나고 있는 시간적 · 공간적 배경, ④ 주요 인물의 갈등과 주요 목적, ④ 갈등의 구성과 해결, ⑤ 감정 유형(즉, 줄거리에서 정서적이거나 그 외의 다른 반응들), ⑥ 요점, 교훈 및 주제, ⑦ 견해와 관점이 그것이다(Graesser, Golding, & Long, 1991).

그러므로 이야기 글을 쓰는 사람은 이러한 이야기 구성요소에 관한 지식들을 도식화하고 글을 쓸 때 그것들을 맞추려고 시도한다. 그리고 작가는 이런 도식화된 지식을 독자가 가지고 있을 거라고 예상하고 글을 쓴다. 이야기의 각 부분이 전개될 때 독자들은 다음에 올 내용이 무엇인지 예상하기 위해서 이야기 글에 대한 자신들의 스키마에 의존한다. 능숙한 작가는 종종 독자들을 놀라게 하거나(마지막까지 손에 땀을 쥐게 한다) '결말에 대해 조금은 여운을 주는 것' 으로 예상을 뒤엎는다. 더욱이 독자들은 이야기가 좋은 것인지 아닌지 판단하기 위해서 그들의 스키마를 사용하고, 또 그들이 읽은 것이 무엇인지 상황모형을 만들기 위해서 스키마를 사용한다.

이야기 글(예: 백설공주)의 주요한 목적은 이야기를 통해 독자에게 즐거움을 주는 것인 반면, 설명식 글(교과서)의 주요한 목적은 독자가 무엇인가를 배울 수 있도록 정보를 제공하는 것이다(Weaver & Kintsch, 1991). 결국 설명식 글의 스키마는 이야기 글의 스키마와 차이가 있다. 대부분 설명식 글의 스키마는 Meyer(1985)와 Kintsch(1982)의 이론적 모형을 인용한다. Kintsch의 모형(1982)에서는 설명식 글들을 위한 스키마를 다음과 같이 세 개의 주요 관계로 정리했다.

① 일반-특수 관계: 확인, 정의, 분류, 또는 설명을 하는 것들과 관계가 있다(예: 화성암은 …… 바위다).
② 대상-대상 관계: 사물에 대한 비교, 대조와 관계가 있다(예: 상록수와 낙엽수의 차이는……).
③ 대상-부분 관계: 인과관계와 관련, 대상 안의 부분들에 대한 배열, 또는 부분들이 어떻게 작용하는지와 관계가 있다(예: 엔진 내의 기화기가 하는 일은……).

Meyer(1985)의 모형은 사건 안에서 생각들이 각각 어떠한 관계로 정립된다고 말한다. 설명식 글들을 많이 분석한 결과 작가들은 다음의 다섯 가지 일반적인 관계로 자신들의 생각을 나타내고 있다.

① 집합: 집단에서 사물들이 어떻게 관계되는지를 보는 것(예: 오늘날 도로에는 일곱 가지 유형의 자동차가 있다. 첫째로……).
② 인과관계: 어떻게 하나의 사건이 다른 사건의 선행 원인이 되는지를 보는 것(예: 유조선이 바다에 모든 기름을 엎질렀다. 그 결과 바다의 생태계는……).
③ 반응: 어떻게 하나의 생각은 문제이고 다른 것은 그 문제에 대한 해답인지를 보여 주는 관계(예: 노숙자들의 대다수는 약물 남용의 문제가 있다. 이러한 장애를 치료하기 위해서 예산이 증가되기 전까지는 이러한 문제가 줄어들지 않을 것이 분명하다)
④ 비교: 사물들 간의 차이점과 유사성을 가리키는 관계(예: Piaget와 Vygotsky 둘 다 자기중심적 언어를 강조하였다. 하지만 Vygotsky는 그것을 ~로 보았다)
⑤ 묘사: 어떤 것에 대해 속성, 구체성, 방식 또는 구성처럼 더욱더

많은 정보를 주는 관계(예: 최신형 유조선은 그들이 사용했던 것보다 안전하다. 요즈음 유조선들은 파워스티어링과 이중 선체를 가지고 있다)

이러한 관계들은 글에서 생각들이 배열되는 방법을 포함하고 있기 때문에 글의 '산문체 구조' 를 만든다고 한다. 작가는 독자의 마음에 생각을 배열하는 것과 글 속에서 생각을 배열하는 것이 같기를 희망한다.

그러므로 설명식 글을 쓰는 사람은 Kintsch(1982)와 Meyer(1985)가 주장하듯이 관계들의 지식을 도식화하고 그러한 관계를 의사소통하는 일상적인 방법을 알고 있다. 독자들이 특정한 관계를 재인하기 위한 가장 일반적인 방법은 문장들을 인접하도록 하는 것이다. 문장이 서로 이어질 때 능숙한 독자는 문장들을 연결하려고 시도한다. 작가가 문장을 매우 가까운 곳에 배치했을 때조차 독자들이 연결시키지 못할 거라는 두려움이 있다면 작가는 분명히 연결시킬 수 있도록 다양한 신호장치를 사용할 수 있다. 예를 들어, Meyer(1985)의 비교관계를 전달하기 위해서 '대조해서' 라는 단어를 사용할지도 모른다. 또 인과관계를 드러내기 위해서 '결과적으로' 라는 단어를 사용할지도 모른다.

산문체 구조의 지식은 독자들이 읽은 것을 잘 이해하고 유지하도록 돕고 독자가 예상하도록 돕는다(Meyer, 1985; Weaver & Kintsch, 1991). 특별히 Meyer에 의해 확인된 다섯 가지 관계들은 종종 작가들의 주요한 요점 또는 주제로 제공된다. 주요한 생각은 이러한 다섯 가지 관계 중 하나에 의해 연결되고, 나머지 생각들은 전반적인 관계 아래 포함된다. 처음에 주요 요점을 부호화하고 나서 요점에 대한 부가적인 생각에 접근하는 사람들은 개별적인 생각을 가지고 단락을 취급하는 사람들보다 사건에 대해서 훨씬 잘 기억하고 이해하는 것으로 밝혀졌다.

>>> 이해의 기능적 측면

독자들은 다양한 종류의 글들(이야기 글 대 설명문)과 주제에 대한 구조적 지식을 가지고 있어야 할 뿐만 아니라 독해력을 증진시키기 위해서 연결된 다양한 처리과정을 이용할 필요가 있다(Paris, Wasik, & Turner, 1991; Pressley et al., 1994). 이러한 처리과정들은 총괄하여 '읽기 전략' 이라 부르는데, 이는 ① 목표 설정, ② 추론하기, ③ 중심 생각 확인하기, ④ 요약하기, ⑤ 예상하기, ⑥ 점검하기, ⑦ 다시 돌아보기 등을 포함한다.

독자들은 읽기 전에 가장 먼저 목표를 설정(goal setting)할 필요가 있다(Pressley et al., 1994). 읽기는 우리가 여러 가지 이유로 글을 읽기 때문에 목적을 가지고 있는 활동이다(Paris et al., 1991). 예를 들어, 우리는 일반적으로 세상에서 무슨 일들이 일어나는지 알기 위해 신문을 읽기도 하고, 간단히 휴식을 취하거나 여가를 즐기기 위해 탐정소설을 읽기도 한다. 비슷하게 우리는 때로 작가가 말하려고 하는 무엇에 대해 대충 알기를 원해서 대충 요점만을 훑어 보기도 한다. 반대로 우리는 작가가 말하는 모든 것을 알기를 원해서 모든 줄을 주의 깊게 읽기도 한다(학생들이 시험 보기 전에 교과서를 읽을 때처럼). 우리가 목표를 정하는 것은 읽기로부터 얻은 것을 강화하거나 제한할 수 있기 때문에 중요하다. 예를 들어, 어떤 사람이 '모든 단어를 정확하게 발음하는 것' 을 목표로 설정하였으나 '어떤 것에 대해 학습하는 것' 에 대한 목표를 설정하지 못했다면 나머지 어떤 전략도 사용하지 않을 것이다.

추론하기(infenece making)는 아마도 가장 폭넓게 연구된 읽기 전략일 것이다(Paris et al., 1991). 독자들은 ① 개별 문장의 의미를 정교화하고, ② 글 속의 몇 개의 문장의 의미를 통합하기 위해서 추론할 것이다(Alba & Hasher, 1982). 예를 들어, '그 사람이 커피를 저었다.' 라는 문장을 접할 때, 많은 독자들은 그들이 사용했던 스푼을 추론하며 표상된 생각들을 정교화한다. 더욱이 다음과 같은 한 쌍의 문장이 있을 때 많은 독자들은 Joe가 죽은 원인은 흡연 때문이라고 추론할 것이다.

'Joe는 하루에 4갑씩 담배를 폈다. 그가 죽은 후에 그녀의 아내는 필립 모리스사의 주식을 팔아 버렸다.'

그러고 나서 흡연과 죽음이라는 두 가지 생각은 인과관계로 함께 통합된다. 더욱이 추론은 글 속에서 상황모형을 구성하는 데 중요한 역할을 한다. 위에서 언급한 것처럼 추론의 기본적인 원리는 '커피' 와 '담배' 처럼 주제에 대해 도식화된 독자의 지식이다.

왜 사람들은 글을 읽을 때 추론하는가? 그것은 독자들의 마음이 항상 읽은 문장의 의미를 알려고 시도하는 것처럼 보이기 때문이다. 사물을 이해하기 위한 한 가지 방법은 정보를 더욱더 구체적이고 세밀하게 표상하는 것이다. 그래서 사람들은 위의 '그 사람이 커피를 저었다.' 라는 문장을 읽을 때, 마음속에서 '사람들이 커피를 저을 때 보통 무엇으로 젓는가' 와 같은 질문을 자연스럽게 하게 된다. 스푼은 단지 개연성 있는 추론일 뿐이다. 사람들은 때때로 포크를 사용하는 것처럼 무엇이든 손에 잡히는 것을 사용한다.

우리가 문장 사이에서 추론을 하는 이유는 앞에 나온 요점을 반복하는 것이 도움이 되기 때문이다. 그것은 마음속에서 항상 '어떻게 새로운 문장이 내가 이미 읽은 문장과 관련이 있는가'와 같은 질문을 하는 것과 같다. 때맞춰 두 가지 사건이 동시에 일어났다면 앞의 사건은 나중 사건의 원인이라고 생각하는 것이 자연스럽다(Bullock, Gelman, & Baillargeon, 1982). 예를 들어, 위에 제시된 첫 문장이 흡연에 관한 것이고 두 번째 문장이 죽음에 관한 것이기 때문에 흡연으로 Joe가 죽었다고 가정하는 것은 당연한 것이다. 비슷하게 '마루가 닦여 있었다. 나는 넘어졌다.'라는 문장을 읽는다면 말하는 사람이 마루에서 미끄러진 것으로 가정하는 것이 자연스럽다. 어쨌건 흡연으로 Joe가 죽지 않았으며, 그 사람이 다른 이유(예: 양동이 위로 뛰다가) 때문에 넘어졌을 가능성이 있다는 것이다. 그러므로 우리는 추론이 꼭 결론이 아니라는 것을 알 수 있다. 그것은 단지 개연성 있는 추측일 뿐이다.

또한 인과관계뿐만 아니라 다양한 문장 간의 연결도 추론할 수 있다. 예를 들어, 독자는 첫 번째 문장의 사람 이름으로 두 번째 문장의 대명사를 자연스럽게 연결시킨다(예: Mary는 의사를 만났다. 그녀가 말하길……). 인과 추론과 비슷하게 대명사에 대한 추론(즉, '그녀'가 여의사일 것이라는) 또한 개연성 있는 것일 뿐이다.

추론과 더불어 중요한 두 번째 읽기 전략은 중심 생각 확인하기(identifying the main idea)다. 어떤 글의 중심 생각을 확인하기 위해서 독자들은 각 생각들의 관련성을 평가하고 중심적이거나 중요하다는 관점에서 순위를 정할 필요가 있다(van Dijk & Kintsch, 1983). 앞서 언급했듯이 사람들은 종종 주요 생각을 확인하기 위해 글의 산문구조에 의존한다. 또한 글 속에서 다양한 신호를 사용한다.

이해하기 위한 것 이외에도 중심 생각을 확인하는 것은 세 번째 읽기 전략인 요약하기(summarizing)를 수행하기 위한 필수적인 기술이기 때문에 중요하다. 요약하기 위해서는 쓰인 것들 중에 중요하지 않은 것을 삭제하고 '요점' 을 남길 수 있어야 한다. 그 요점이 차례로 중심 생각의 대부분을 포함한다.

네 번째 중요한 읽기 전략은 예상하기(predicting)다. 예상하기는 단순히 이야기 글의 다음에 무엇이 일어날 것인지에 대해 예상하는 형식이나 설명문에서 작가가 다음에 무엇을 말할지 예언하는 형식으로 구성된다. 좋은 작가는 독자가 예상하도록 하는 데 능숙하며, 흥미를 위해서 예상을 뒤엎는 능력도 훌륭하다.

다섯 번째 읽기 전략은 이해 점검(comprehension monitoring)이다. 한마디로 이해 점검은 '모르는 것을 아는' 능력이다. 즉, 이해되지 않는 것을 찾아내는 능력이다(Markman, 1981). 앞서 언급한 것처럼 읽기는 단순히 단어를 발음하는 방법을 아는 것만으로 구성된 것이 아니다. 그것은 오히려 글에서 의미를 뽑아내는 것이다. 독자는 글의 일부분을 이해하지 못하면 읽기의 중요한 목표(즉, 의미를 뽑아내는 것)에 일치하지 못하고 있다는 것을 인식해야 한다.

방금 읽은 것을 이해하지 못했다고 인식할 때, 독자에게는 두 가지 선택이 있다. ① "음, 좋아. 우리 같이 읽어 보자!" 라고 말하거나, ② 자신들이 이해하지 못한 것에 대해 무엇인가 하기로 결심할 수 있다. 후자의 선택은 여섯 번째이자 마지막 전략인 다시 돌아보기

(backtracking)를 하게 한다. 다시 돌아보기는 이해하지 못한 부분이 생겼을 때 그 부분을 다시 읽는 것이다. Garner(1987)는 독자들이 네 가지 판단과 신념에 의하여 다시 돌아보기를 한다고 제안했다.

① 그들이 방금 읽은 것을 회상하지 못하거나 이해하지 못한다.
② 글 속에서 그들이 어려움을 해결할 수 있는 정보를 찾을 수 있다고 믿는다.
③ 앞선 자료에서 도움을 줄 만한 정보가 있는지 꼼꼼히 살펴보아야만 한다.
④ 이해하지 못한 문제를 해결하기 위해 앞에 나온 몇 개의 문장에서 나타난 정보를 결합하고 조정할 필요가 있을지도 모른다.

3) 읽기기술의 개인차

학교에는 어떤 학년이든지 읽기능력이 학년 평균 이상인 학생과 학년 평균인 학생 그리고 학년 평균 이하인 학생이 있다. 읽기과정을 이해하기 위한 마지막 방법의 하나로 우리는 첫 번째와 세 번째 집단의 아이들이 각각 어떻게 다른지 살펴볼 수 있다.

이야기하자면, 훌륭한 독자와 서투른 독자는 많은 차이가 있다는 것을 언급하는 것은 매우 중요하다. 한편으로 그들은 지능과 작동기억 용량, 지각능력, 규칙 유도(rule induction), 초인지와 같은 일반적인 요인의 측면에서 다를 수 있다. 다른 한편으로 그들은 단어 재인, 문맥 사용, 음운 인식, 이해 전략과 같은 읽기의 구체적인 처리과정에서 차이가 있을 수 있다. 이런 모든 변수들을 볼 때 훌륭한 독자와 서투른 독자들 사이에는 중대한 차이가 발견된다고 밝혀졌다(Stanovich, 1980, 1986, 1988a). 그렇지만 문제는 이러한 변수들 중 무엇을 기준으로 훌륭한 독자와 서투른 독자를 가장 명확하게 구분할 수 있는가다.

문헌을 주의 깊게 살펴보면 훌륭한 독자와 서투른 독자 사이에 특히 중요한 세 가지 차이점이 드러난다. 첫째, 훌륭한 독자는 서투른 독자보다 자동적으로 단어를 재인한다. 단어 재인이 자동적으로 일어날 때, 독자는 높은 수준의 문장 통합과 의미 처리과정에 주의의 초점을 둘 수 있다(주의에 관해서는 제4장 참고). 하지만 대부분 빈도가 높은 단어들은 평균적인 학생들이 3학년이 되면 성인수준으로 자동화되기 때문에 자동적인 재인은 1학년과 2학년에서 중요하다(Stanovich, 1980). 3학년이 되면서 훌륭한 독자와 서투른 독자 사이에 두 번째로 가장 중요한 차이가 나타난다. 훌륭한 독자는 단어와 하위 단위의 단어를 빠르게 재인할 수 있다. 앞에서 언급한 것처럼 속도가 중요하다. 왜냐하면 독자들은 그것이 사라지기 전에 작동기억 안에서 정보를 조작할 필요가 있기 때문이다. 훌륭한 독자와 서투른 독자의 세 번째 중요한 차이는 음운 표상을 통해 인쇄 항목들을 재부호화하는 능력과 관계된다. 앞서 언급했듯이 음운 기록은 ① 단어의 의미를 알기 위해 풍부한 방법(여분의 경로)을 제공함으로써, ② 작동기억이 수용한 정보를 더욱더 안정적으로 부호화할 수 있도록 함으로써 읽기를 촉진한다(Adams, 1990; Stanovich, 1980).

동시에 앞에 나온 문맥을 사용하는 능력 또한 훌륭한 독자와 서투른 독자의 중요한 차이라고 여겨진다. 하지만 여러 해 동안 연구한 결과 이러한 제안은 잘못된 것으로 판명되었다. 사실 서투른 독자는 낯선 단어를 접할 때 많지는 않지만 훌륭한 독자보다 앞에 나온 문맥을 사용하고 다른 단어로 바꾸는 오류를 범한다(Adams, 1990; Stanovich, 1988a). 능숙한 독자는 문맥적인 것보다 철자와 의미 사이의 직접적인 연결에 더 많이 의존한다. 훌륭한 독자에게 문맥은 글이 인위적으로 고쳐지거나 손상되었을 때 그들의 경험적인 효과를 발휘하게 만든다. 이와 같이 훌륭한 독자는 단어를 재인하고 판독하는 데 많은 문제가 있기 때문에 나이가 들수록 문맥에 점점 덜 의존하는 반면, 서투른 독자는 문맥에 의존하는 것을 줄이기 어렵다. 물론 이것이 문맥이 훌륭한 독자와 관련이 없다는 것을 말하는 것이 아니다. 앞서 언급했듯이 문맥은 글과 의미 사이를 연결하는 중요한 백업 시스템을 제공한다.

왜 훌륭한 독자는 서투른 독자보다 단어 발음이 더 자동적이며 빠른 재인을 하는가? 기술 습득의 특징과 연합 형성에 대해 우리가 아는 것에 의하면(Anderson, 1990), 훌륭한 독자는 서투른 독자보다 단어의 재인과 발음을 상당히 많이 연습했다는 것이 명백해 보인다. 연습의 차이 때문에 아이들을 1학년에서 시작하여 독서능력에 따라 집단을 나눌 수 있다. 상위 그룹의 아이들은 하위 그룹의 아이들보다 더 많은 연습기회가 주어지고, 집단 간의 초기 차이는 학년이 올라갈수록 더 벌어졌다(Stanovich, 1986). 그러나 훌륭한 독자와 서투른 독자 사이에는 신경과학적인 차이 외에도 연습의 효과를 제한하는 다른 차이가 있을 것이다. 다음 절에서 우리는 이러한 신경생리학적 가능성과 관련하여 다른 쟁점을 살펴볼 것이다.

2. 읽기의 신경과학적 관점

앞 절에서 우리는 읽기에 대한 심리학적 설명이 처리장치, 스키마, 전략의 세 가지 주요한 가설적 구성으로 이루어지는 것을 보았다. 이 절에서는 신경과학 문헌에서 나타나는 읽기의 개념을 살펴볼 것이며, 전자와 후자 사이의 유사성을 고려하여 다음과 같이 논의할 것이다. 우선 신경과학 문헌에 대해 개괄적으로 살펴본 다음 읽기능력 부족에 대한 신경과학적 기초에 대해 논의하고자 한다. 마지막으로 읽기 준비도와 조숙한 읽기 같은 현상이 신경과학적 근거를 두고 있는지 살펴보고자 한다.

1) 신경과학적 접근의 개관

대부분의 동물들은 읽기를 하지 못하므로 인지신경과학자들은 읽기를 구성하는 기능을 추측하기 위해 오로지 뇌영상 연구와 뇌손상을 당한 성인의 연구에서 얻은 자료에만 의존했다. 그러므로 읽기에 대한 신경과학은 뇌 발달과 기억, 주의(동물 연구의 자료에 의존하는)에 대한 신경과학과는 근본적으로 차이가 있는 것 같다.

뇌손상을 입은 성인에 대한 연구들은 많은 분명한(그러나 때로 동시에 발생하는) 결함들을 보고하고 있다. 이전의 일반적인 접근은 증후군의 관점에서 수집한 결함들을 분류하는 것이었다(예: 쓰기 장애가 있는 난독증 대 읽기장애가 없는 난독증). 1960년 이후에 정보처리이론과 다른 심리학적 설명들은 다음의 두 가지 일반적인 분류를 통해 후천적인 읽기 문제를 세분화하도록 연구자들을 자극했다. ① 쓰인 단어들의 속성들에 대한 시각적 분석과 관련된 읽기 문제(시각적 단어형태 난독증), ② 읽기 처리과정의 다음 단계(중심 난독증)와 관련된 읽기문제다(McCarthy & Warrington, 1990).

시각적 단어형태 난독증(visual word-form dyslexia)은 철자 난독증, 부주의 난독증 그리고 주의 난독증(McCarthy & Warrington, 1990)을 포함한다. 철자 난독증(spelling dyslexia)은 문자를 하나씩 읽는 사람으로 뇌손상을 입은 성인에게 분명하게 나타난다(예: 'dog'를 보았을 때 'dog'의 철자인 D, O, G를 말한다). 이런 환자는 정상적으로 철자를 말하고 쓰는 능력이 있지만 그들이 쓴 단어를 읽을 수는 없다. 철자를 말하는 경향은 환자들이 단위로써 단어를 재인하는 능력이 없는 것에 대한 보상 전략처럼 보인다. 대부분의 경우 철자를 말하는 난독증은 후두엽, 측두엽, 두정엽(좌측 모이랑)의 연결 부분 근처에 장애가 있다.

부주의 난독증(neglect dyslexia)은 처음이나 끝부분의 단어에 대한 착오나 생략을 포함한다(예: 'this'를 보았을 때 'his'로 보고, 'let'를 보았을 때 'wet'으로 보고, 'whether'을 보았을 때 'together'로 읽는다). 사례연구에서 오른쪽 두정엽 부분에 손상을 입었을 때 단어의 왼쪽(머리글자) 부분에 부주의하고, 왼쪽 두정엽 부분에 손상을 입었을 때 단어의 오른쪽(마지막) 부분에 부주의하다는 것이 드러났다.

주의 난독증(attentional dyslexics)은 개별 문자(예: 'A')를 잘 읽을 수 있으나, 그들이 시각적으로 다른 문자 옆에 있으면 개별 문자를 읽을 때 더 많은 어려움을 겪는다(예: 'K A L' 안의 'A'). 소수의 주의 난독증 환자들은 좌반구의 뒷부분에 위치해 있으며 피질하부 구조를 통해 퍼져나가는 악성 종양을 가지고 있다. 이 장애가 드물게 나타나기 때문에 주의 난독증과 관련된 뇌의 손상 위치를 정확히 구체화하는 데 현재 어려움이 있다.

시각적 단어형태 난독증에 대비되는 중심 난독증(central dyslexia)은 단어에 대한 최초의 시각적 처리과정 후에 일어나는 읽기 처리과정을 포함한다(McCarthy & Warrington, 1990). 중심 난독증 유형의 주요한 두 가지는 어휘를 소리(표면적 난독증, surface dyslexia 또는 음운 읽기) 내서 읽는 것과 눈으로(단어와 소리를 대응시키지 못하는 것) 읽는 것을 포함한다. 표면적인 난독증은 문자와 소리가 일상적으로 대응하는 규칙이 적용되지 않는 단어들이 많기 때문에 일어나는 문제다(예: 'yacht' 'busy' 'sew' 등). 발음 규칙에 대한 지나친 신뢰 때문에 표면적 난독증은 예상할 수 있는 방법으로 불규칙적인 단어들을 발음하고(예: 'sew' 를 'sue' 로) 음운론적으로 규칙적인 유사 단어를 잘 발음하는 것(예: 'blean')을 볼 수 있다. 표면적 난독증은 해부학적으로 넓은 범위의 장애 영역과 결합되어 있으나, 일반적으로 다른 영역의 손상과 함께 측두엽 손상을 포함하는 경향이 많다.

중심 난독증의 두 번째 유형은 눈으로 어휘를 읽을 수는 있으나 소리를 내어 읽지는 못하는 것이다. 그런 환자들은 표면적 난독증과는 반대로 철자와 소리의 규칙에 따르는 유사 단어 읽기에 매우 서투르다(예: 'bena' 이나 'tweal'). 더욱이 후자의 장애를 가진 환자는 기능적인 단어들(예: 'if' 'for' 등), 문법 형태소(예: '–ed' '–ing') 또는 추상적인 단어(예: 'idea')를 읽지 못하며, 때때로 의미에 대한 오류를 범하기도 한다. 추상적인 단어의 어려움과 발음의 어려움이 동시에 일어나는 것을 종종 중증 난독증(deep dyslexia)이라고 한다. 이러한 환자의 사례연구에서는 장애가 일관되게 한 곳에만 나타나지 않는다는 것이 특징이다(Warrington & McCarthy, 1990). 예를 들어, 몇몇 환자는 심한 측두장애가 있었고 다른 몇몇은 두정-후두 부위에 손상을 입었다.

Norman Geschwind는 [그림 6-2]가 나타내는 해부학적 모형으로 후천적 난독증에 대한 문헌을 요약하려 했다(예: Geschwind & Galaburda, 1987). 주지하다시피 이 모형은 쓰인 단어가 후두엽의 초기 시각 영역에 첫 번째로 등록된다고 제안한다. 시각적 영역의 활성화는 모이랑으로 이어지며, 베르니케 영역은 청각적 표상과 대응하는 시각적 형태로 연합하는 데 중요한 역할을 한다고 생각된다. 활성화는 아치형 섬유다발(arcuate fasciculus)이라고 부르는 섬유다발을 경유하여 베르니케 영역에서 브로카 영역으로 이동하는 것이다. 만

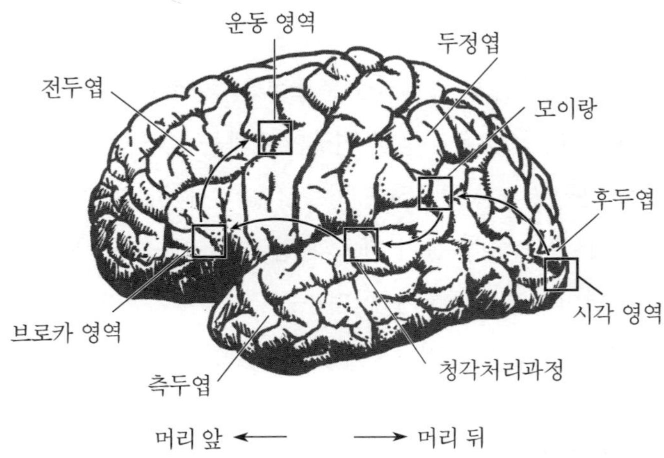

[그림 6-2] Geschwind-Galaburda의 대응하는 뇌 영역 모형

약 어떤 사람이 큰 소리로 읽는다면 신호는 브로카 영역에서 기본적인 운동피질로 보내지고 입술, 혀 등의 움직임을 통제한다.

앞에서 언급한 뇌손상 성인의 읽기 문제에서 무엇을 알 수 있는가? 여기서 두 개의 결론이 도출된다.

첫째, 읽기는 일제히 수행되는 다중적인 과업으로 구성된다. 예를 들어, ① 문자 묶음과 문자를 인식하는 것, ② 단어와 문자 묶음의 발음, ③ 단어의 기능과 접미사에 관계된 문법 처리과정, ④ 단어의 의미를 끌어내는 것과 관계된 의미 처리과정, ⑤ 추상적이고 구체적인 연속체와 관련된 개념 처리과정과 관계가 있는 과정이다.

둘째, 이러한 처리과정은 최소한 약하게 모듈화되어 있고 다른 처리과정과 기능이 약하게 중복되어 있는 것처럼 보인다(Kosslyn & Koenig, 1992). 즉, 난독증을 가진 사람들은 문제가 있다 해도 때때로 몇 개의 단어는 읽을 수 있다(예: 표면적 난독증은 규칙적인 단어의 음운은 읽을 수 있다). 더욱이 그들이 할 수 있는 것이 할 수 없는 것을 과잉 보상하기도 한다(Stanovich & Siegel, 1994).

난독증 아이들의 연구 결과(표준 실험실 연구에서 수행한)와 정상적인 성인의 PET 스캔을 사용한 연구의 결과들은 뇌손상을 입은 성인에 대한 연구 결과를 확증하는 경향이 있다. 특히, 대다수의 연구는 난독증 어린이의 대부분이 다음과 같은 성격을 드러낸다고 한다. ① 유사 단어의 발음에 매우 어려움을 겪는다. ② 명백한 발음을 요구하지 않는 음운에도 어려움이 있다. ③ 철자 처리과정 능력에 상대적인 강점을 보인다(Stanovich & Siegel, 1994). 그러므로 난독증 어린이들이 표면적인 난독증을 가진 성인보다 뇌손상을 입은 중증 난독증을 가진 성인에 더 가깝다.

아이들이 가지고 있는 문제의 특징을 살펴볼 때 발달적 난독증을 연구하는 신경과학자들이 음운 처리과정을 담당하는 좌측 측두엽 영역의 비정상적인 형태를 확인하려고 시도하는 것은 그리 놀랄 만한 것이 아니다(Hynd, Marshall, & Gonzales, 1991). 그렇지만 후천적 난독증에 사용되는 분류체계가 발달적 난독증에는 적당하지 않을지도 모르기 때문에 주의해야 한다(Rayner & Pollatsek, 1989). 후천적 난독증에는 뇌손상 영역들이 알려져 있는 반면, 발달적 난독증에서 뇌손상의 존재는 불확실한 것으로 남아 있다(Reschly & Gresham, 1989). 더구나 발달적 난독증을 가진 사람을 후천적 난독증 범주에 놓는 것은 발달적 난독증 특유의 문제와 체계를 발견하지 못하게 할 수 있다(Rayner & Pollatsek, 1989). 더욱이 중증 난독증은 성인 뇌의 특정 부위 손상과 관련되지 않는다고 앞서 언급하였다. 만약 실제로 성인의 중증 난독증이 증상면에서 분명히 발달적 난독증과 유사하다면, 발달학자들이 아이들 뇌의 특정 부분에서 비정상적인 것을 찾기를 기대할 이유가 없다.

Shaywitz와 그의 동료들은 난독증 어린이와 비장애 어린이가 읽는 동안 그들의 뇌에서 다른 뇌 활성화 형태가 관찰될 수 있는지 알아보기 위해서 fMRI 기술을 사용하였다(Shaywitz et al., 1998). Geschwind가 확인한 영역([그림 6-2] 참고)에 초점을 맞춰 볼 때, 난독증 독자는 브로카 영역이 상대적으로 과활성화되고, 베르니케 영역과 모이랑, 줄무늬 피질(신조피질)은 상대적으로 덜 활성화되는 것을 발견하였다. 저자들은 이러한 활성화 형태가 난독증의 '신호' 일 것이라고 제안한 반면, 측두엽에 포함된 부위는 과제 곤란과 작동기억을 나타내기도 한다는 점에 우리는 주의를 기울일 필요가 있다

(Barch et al., 1997). 앞서 언급한 형태가 실제로 읽기회로의 기능장애 신호라는 것을 보여 주기 위해 연구자들은 앞으로의 연구에서 적어도 두 가지 사항을 더 증명해야 할 필요가 있다. 즉, ① 어려운 과제가 주어진 비난독증 아이들에게서는 관찰되지 않는 형태, ② (더 나이가 많은 난독증 어린이만큼 새로운 단어를 발음하기 힘들 수 있는) 이제 막 읽기 시작하려고 하는 비장애 아이들에게선 찾을 수 없는 형태가 무엇인지를 찾는 것이다.

Posner 등(1988)과 Petersen, Fox, Snyder 및 Raichle(1990)은 정상적인 성인의 PET 스캔 연구에서, 실제 단어('board'), 유사 단어('floop'), 단어가 아닌 것('jvjfc'), 문자 같은 글자의 묶음을 수동적으로 찾는 것 모두가 후두엽의 동일한 부분을 활성화시킨다는 것을 발견했다. 그렇지만 단어가 아닌 것과 거짓 문자에서 활성화되지 않는 후두엽 부분이 실제 단어와 유사 단어에서는 활성화되었다(선조외 피질, extrastriate cortex). 후두엽 영역의 손상은 앞서 기술된 시각적 단어형태 난독증을 종종 유발시킨다는 것을 기억하자. 실제 단어를 표상하고 단어를 정의하는 것은 왼쪽 측두엽 영역을 활성화시키는 반면, 유사 단어의 표상은 이 영역을 활성화시키지 못한다. 결과적으로 청각과 음운 처리과정은 왼쪽 측두엽과 두정엽 하부피질을 활성화시키는 것으로 보인다. 이 둘은 발달적 난독증을 연구하는 사람들이 관심을 갖는 영역이다.

총괄하면, 다양한 신경과학적 연구들은 철자, 음운, 의미, 통사론적 처리과정이 구체적인 뇌 영역과 관련된다는 생각을 지지한다. 철자 처리과정은 일차적 시각 영역과 선조외 영역에 중점을 두는 것 같다. 음운 처리과정은 측두엽 상부와 모이랑과 관련이 있는 것 같다(Shaywitz와 동료들은 운율과제에서 측두엽의 활성화를 발견하기도 했지만). 의미 처리과정은 좌반구의 브로카 영역(전두엽)과 중앙 측두엽 내 영역이라는 두 개의 영역과 관련되어 있다(Just & Carpenter, 1987). 예를 들어, 브로카 실어증으로 진단받은 환자들은 단어의 기능(예: 'if' 'for' 등)과 다음과 같은 문장들의 차이를 인지하기 어렵다는 것이 발견되었다.

- 그들은 그녀의 개에게 비스킷을 주었다(They gave her dog the biscuits).
- 그들은 그녀에게 개 비스킷을 주었다(They gave her the dog biscuits).

2) 발달적 난독증의 원인과 신경학적 기초에 대한 이해

제4장에서 우리는 주의력결핍 과잉행동장애(ADHD)를 연구하는 사람들이 ADHD의 정의가 계속해서 변함에 따라 연구에 방해를 받는다는 것을 알았다(부분적으로 ADHD를 아직 잘 이해하지 못하기 때문에). 이와 비슷하게 정의에 관한 문제가 읽기장애를 연구하는 사람들을 혼란스럽게 한다. 예를 들어, 대부분의 학교에서는 아이들의 지능과 그들의 읽기수준이 일치하지 않을 때(즉, 정상 IQ이지만 읽기에서는 학년수준보다 2년이나 뒤떨어지는 경우) '읽기장애'라고 정의한다. 최근에는 이러한 접근이 서로 큰 차이가 있는 두 집단, 즉 실제 읽기 능력에 장애가 있는 아이들과 '흔히 말하는' 서투른 독자라고 불리는 아이들을 구별하지 못하고 있다는 것을 발견했다

(Stanovich, 1988b). 후자는 짧은 기간(예: 약 6주)의 집중적인 지도를 통해 빠르게 향상시킬 수 있지만 전자는 그렇게 할 수 없다(Vellutino et al., 1996). 더욱이 이러한 두 집단의 비교에서 그들의 음운처리 능력의 두드러진 차이를 보여 주지만, 시각, 의미 또는 통사 능력에는 큰 차이가 없음을 보여 준다(Vellutino et al., 1996; Stanovich & Siegel, 1994). 여기서 중요한 문제는 지능-성취 차이 접근법이 음운의 핵심 결함을 찾아낼 만큼 세밀하지 않다는 것이다. 덧붙여 이러한 접근법을 사용한 종단연구(Shaywitz et al., 1992)에서는 학생들을 네 유형으로 구분한다. 즉, ① 두 개의 검사 모두에서 차이가 있는 기준을 충족시키는 아이들(2%), ② 첫 번째 검사 기준은 충족하지만 두 번째 검사 기준은 충족하지 않는 아이들(6%), ③ 첫 번째 검사에서는 비장애이지만 두 번째 검사에서는 읽기장애라 불리는 아이들(7%), ④ 두 개의 검사 모두에서 비장애로 밝혀진 아이들(85%)이다. 만약 지능-성취 차이 접근법이 정확하다면 두 번째 집단은 나타나지 않아야 한다. 결국 몇 년의 지도를 통해 읽기성취가 향상된 아이들 중에는 읽기 장애를 가지고 있지 않은 아이들이 포함될 수 있을 것이다.

문헌을 보면 일부 연구자들은 연구대상이 실제로 읽기장애 아동들만을 포함했는지 확실히 하기 위해 노력하였다. 그렇지만 대부분의 연구자들은 학교체계에서 사용되는 불일치 기준(discrepancy criteria)에 의존했다. 이러한 정의의 차이는 연구 간의 비교를 어렵게 만든다. 어떤 결과들(예: 난독증 아이는 능숙한 독자보다 특정 뇌 영역의 혈액 흐름이 적다는 것을 나타낸다)을 믿기 위해서, 우리는 주어진 연구에서 아이들에게 적용한 분류(즉, '난독증' 대 '정상적인 독자')가 정확하다는 것을 믿어야 한다.

두 번째 쟁점은 읽기장애에 대한 해부학과 관련된다. 읽기장애가 있는 아이와 없는 아이의 뇌가 구별될 수 있는 몇 가지 방법에 대해 잠시 고려해 보자. 신경과학적 문헌에서는 문자자료를 읽을 때 (적어도) 다음 뇌 영역이 포함된다고 제시한다. 일차적 시각 영역, 선조외 피질, 좌측 모이랑, 좌측 측두엽의 중앙과 상부 영역, 브로카 영역과 둘러싸고 있는 좌측 두정엽 영역 그리고 주운동 영역이다. 제2장에서 제시된 주장에 근거하여 이러한 영역들이 적절히 배열된 적당한 종류의 뉴런을 충분히 포함하고 있다면, 이들 영역들이 적절하게 기능할 것이라고 말할 수 있다. 덧붙여 전체 조직이 적절히 작동하기 위해서 각 영역은 긴 신경섬유를 통해(예: 아치형 다발, arcuate fasciculus) 하나 혹은 더 많은 다른 영역과 적절히 연결되어야 한다.

읽기능력에 장애가 있거나 장애가 없는 독자 간의 해부학적 차이를 탐색하는 것은 적절한 수와 적절한 유형의 뉴런이 올바른 방법으로 연결되었는지를 말할 수 있어야 한다. 그러나 이러한 전제는 어려우므로 다음의 유추를 고려해 보자. 육군의 한 보병연대가 어떤 임무를 수행하기 위해서는 적절한 수와 적절한 유형의 전문가(예: 정찰병과 포병 등)가 필요하다. 한 연대의 행군을 보고 적절한 수와 유형의 전문가가 있는지 말할 수 있는 사람은 거의 없다. 비슷하게 대부분의 과학자들이 뇌조직의 미세한 얇은 조각을 보고 적절한 수의 신경 구성요소가 알맞은 자리에 있는지 알기는 어렵다. 가끔은 아주 적은 수의 뉴런이 문제가 될 수 있다. 그러나 어떤 때에는 너무 많은 뉴런이 문제가 될 수 있다.

또한 읽기의 신경해부학이 실제로 상호 의존적인 부분들을 가진 체계라면, 앞서 기술한 뇌의 영역들 중 얼마(혹은 몇몇)가 잘못되었을 때 문제가 일어날 수 있다(잘 구성되고 상호 의존적인 야구팀에서 스타팅 멤버 중 일부가 부상을 당했을 때 전력이 약해지기 시작하는 것처럼). 이처럼 중요한 붕괴 영역이 무엇인지를 탐색하는 것은 잘못된 접근일 수 있다. 심각한 읽기 문제가 출현하려면 하나 이상의 뇌영역이 영향을 받아야 한다고 생각할 수 있다.

읽기장애의 정의와 해부학 연구결과를 고려할 때 우리는 읽기장애에 대한 원인으로 간주되는 최근의 몇 가지 제안을 조금 더 실제적 자료에 근거해 검토할 수 있을 것이다. 첫 번째 제안은 다음 세 가지의 사실에 근거해 이루어졌다. ① 남학생에게 나타나는 더 높은 언어 문제 발생률, ② 난독증 아이의 특정 뇌 영역 크기의 대칭 또는 역비대칭, ③ 왼손잡이와 언어장애 그리고 면역장애 사이에 예상하지 못한 실험상의 관련들이 그것이다(Geschwind & Behan, 1982; Geschwind & Galaburda, 1985). 이러한 모든 발견들을 설명하기 위해서 Geschwind와 그의 동료들은 다음과 같이 제안했다. 태아기 발달 동안 테스토스테론(남성 호르몬)의 수준은 우성 발달과 같은 변형적인 형태의 방식으로 좌반구의 발달에 영향을 준다. 보통 사람들이 오른손잡이가 되고 좌반구 언어 편측화를 갖지만(가장 보편적인 우성 형태 유형), 테스토스테론에 영향을 받은 사람들은 우반구 혹은 양반구에서 언어 편측화를 갖는 왼손잡이가 된다. 이러한 생리학적 변화들은 차례로 발달적 난독증, 손상된 언어 발달, 자폐증과 같은 문제들을 야기한다. 테스토스테론의 수준은 흉선에도 영향을 미쳐서 면역체계 장애를 유발한다(예: 알레르기, 대장염, AIDS).

초기에는 높은 수준의 남성 호르몬이 좌반구의 발달을 지체시키고, 이것이 좌반구가 우반구보다 큰 전형적인 형태(66%의 사람)를 보여 주지 못하게 하는 원인으로 생각되었다. 그러나 이후의 주장(Galaburda, 1993)은 좌반구의 성장이 지체된다는 것은 어떤 것이 우반구 크기의 정상적인 축소를 방해한다는 생각으로 대체되었다(예: 테스토스테론은 세포 소멸과정을 억제한다). 어느 쪽이든 두 제안 모두 66%의 난독증 아이들이 대칭적 혹은 역비대칭적(좌반구보다 우반구가 더 큼) 뇌를 가지고 있다는 사실을 설명해 준다. 이 연구들에서 특별히 흥미 있는 영역은 편평 측두엽(planum temporale: 측두엽 상부 표면의 양쪽 뒤에 위치)이다. 편평의 위치는 편평 측두엽이 아이들의 음운 처리과정, 난독증 어린이의 특정한 문제, 그리고 언어지체와 관계가 있을지도 모른다고 제안된다.

비록 Geschwind–Behan–Galaburda(GBG)의 제안이 어떤 희망을 보여 주었을지라도 최근의 포괄적인 메타분석에서는 문헌 내 많은 예외들이 밝혀졌다(Beaton, 1997; Bryden, McManus, & Bulman–Fleming, 1994). 첫 번째 문제는 읽기 문제의 발생률이 남자 아이 경우가 여자 아이의 경우보다 실제로 높지 않을지도 모른다는 것이다. 소년들이 소녀보다 읽기장애를 가진 것으로 의뢰되는 것은 교사나 장애 진단을 전문으로하는 학교심리학자들의 편견을 나타낼 수 있다(Shaywitz et al., 1990). 둘째, 왼손잡이와 면역장애 그리고 난독증 사이의 삼원적 관계를 보여 주려고 시도했던 연구들이 이러한 관계를 찾지 못했다. 셋째, 편평의 비대칭은 언어 편측화보다는 손의 사용과 더 관계가 있는 것 같다. 넷째, 인간은 다른 종보다 세포의 소멸에 덜 의존하는 것 같다(제2장 참고). 마지막으로 성 호르몬이 인간의 뇌구조에 영향을 준다는 확실한 증거는 없다(제2장 참고). 이러한 문제들과 관련하여 Bryden 등(1994: 155)은 GBG 모형에 관해 다음과 같이 말한다. "모든 것을 고려해 볼 때 우리는 GBG 모형이 부족하다는 것을 뒷받침하는 증거를 찾았고, 심리학자와 외과의사들이 앞으로 모형을 평가하는 일을 넘어서 더욱 유용한 일들을 해야 한다고 제안한다."

그러나 만약 GBG 모형이 맞지 않다면 다른 무엇으로 난독증을 의학적으로 설명할 수 있을까? 다시 말해, 편평의 대칭 또는 역대칭이 문제가 되지 않는다면 난독증 아이의 읽기회로에 무엇이 잘못되었고 또 어떻게 그렇게 된 것일까? 몇몇 연구자들은 읽기 문제가 유전적으로 결정될 가능성에 대해 탐색하기 시작했다. 연구에서 난독증인 부모의 자녀들 중 23~65%가 장애를 가진 것으로 제시되었다. 형제간의 비율은 최대 40%였다(Shaywitz, 1996). 쌍둥이에 대한 종단적인 연구에서 DeFries 등(1993)은 이란성 쌍둥이의 31.5%에 비해 일란성 쌍둥이는 53.5%가 읽기 문제를 동시에 가지고 있음을 발견했다. 후속 연구들은 6번과 15번 염색체의 위치를 관련시켰다(Gayan et al., 1999).

비록 이러한 발견들이 흥미를 자아내지만 그것은 앞서 언급한 모든 연구들이 가족 내의 읽기 문제에 대한 실태를 반영하기 위해서 자기 보고서와 학교 기록 같은 것에 의존한다는 것에 매우 주의해야 한다. 이러한 연구들에서 얼마나 많은 아이들과 성인이 실제로 난독증인지, 그리고 얼마나 많은 수가 단지 '흔히 말하는' 서투른 독자인지도 분명하지 않다. 둘째, 읽기 문제의 유전 가능성에 대한 평가에서 비유전적 요인(즉, 환경)이 변량의 절반(56%) 이상을 설명한다(DeFries et al., 1993). 셋째, 읽기 문제가 그 자체로 개인의 유전에 부호화되지 않을지도 모른다. 대신에 유전적 정보가 구체적인 해부학으로 옮겨지는 유전적 민감성의 문제가 있을지도 모른다(예: 증식, 이동, 시냅스 처리과정. 제2장 참고). 마지막으로 읽기가 유전적인 요소를 가지고 있다는 사실은 난독증의 신경학적 토대의 본질에 대해 우리에게 알려 주는 것이 없다. 다시 말하면, 난독증인 사람의 신경회로에 무엇이 잘못되었고 어떻게 그렇게 되었는지에 대해 여전히 알 수 없다는 것이다. 더욱이 일란성 쌍둥이의 읽기 문제에 대한 일치율이 100%보다 낮다는 사실은 난독증에 후천적이고 환경적인 요인이 포함된 것이 틀림없다는 것을 의미한다.

읽기 문제에서 유전의 역할을 조금 더 잘 이해하기 위해 다음의 비유를 생각해 보는 것이 도움이 될 것이다. 유전적 정보로부터 뇌를 만들다가 생긴 문제들은 청사진을 가지고 집을 짓다가 문제가 생겼을 때와 비슷하다. 무능한 건축업자가 완벽한 청사진을 가지고 부실한 집을 짓는 것이 얼마나 쉬운지 생각해 보라. 거꾸로 좋은 건축업자에게 결점 투성이 청사진을 주더라도 때때로 좋은 집을 지을 수 있다는 것을 생각해 보자. 설령 읽기 문제가 정말로 개인의 유전에 부호화된다 하더라도 이러한 유전 정보의 결함으로부터 장애가 없는 뇌를 만들 수 있는 방법이 있을 것이다. 후자는 위에서 기술한 일란성 쌍둥이의 일치율 자료가 제시한 것처럼 틀림없는 사실이다. 만약 쌍둥이 모두 유전 정보에 결함이 있다면, 왜 쌍둥이 중 단 한 명만이 읽기에 문제가 있는가? 그리고 유전과 뇌의 연결이 있을 수 있는 특징이라고 한다면, 읽기장애를 가진 뇌가 '완벽하고 훌륭한' 유전적 청사진으로부터 발생하는 것은 있을 수 없는 일인가?

3) 읽기 준비도와 조숙한 읽기의 신경과학적 기초가 있는가

읽기 준비도와 조숙한 읽기에 대한 논의는 읽기장애에 대한 앞선 논의에 기초한다. 읽기수업에 대한 최근의 흐름을 살펴보면(한 세기를 돌이켜 본다), 읽기가 성숙요소를 가지고 있다는 제안이 널리 퍼져 있음을 알 수 있다. 특히, 많은 교육자들은 수업효과를 위해 아이들이 성숙하게 '준비' 될 때까지 읽기를 가르치는 것은 불가능하다고 가정했다. 어떤 사람은 뇌가 준비된 때를 결정하기 위해서 IQ검사까지 사용하였다(Morphett & Washburn, 1931). 1960년대 성숙 준비도에 대한 생각은 Jean Piaget의 위계이론에 강한 흥미를 보이면서 활발해졌다. 많은 교육자들은 Jean Piaget의 이론을 다음과 같이 오해하였다. ① 지적 성장은 생물학적인 것에 기초를 둔다. ② 아이들은 Piaget의 지적(인지) 발달의 세 번째 단계('구체적 조작기')에 이르기까지는 읽기를 배울 수 없다. 사실 Piaget는 분명히 성숙에 대한 설명에 반대되는 논의를 했고(예: Gesell, Chomsky 등), 대신 지적 발달은 지식에 근거를 둔 것임을 호소했다(Byrnes, 2001). 더욱이 그는 60평생 동안 수백 편의 연구를 했는데도 읽기에 관해서는 전혀 언급하지 않았다.

그럼에도 불구하고 교사와 학부모는 일반적으로 취학 전 아이들이 읽기를 배우는 것에 대해 강하게 저항한다고 보고하고 있다. 또한 어린이에게 읽기를 가르치려고 시도한 간단한 실험에서 어린이가 5세 이하인 경우에는 일반적으로 실패했다고 한다(Feitelson, Tehori, & Levinberg-Green, 1982; Fowler, 1971). 그렇지만 2~5세에 읽기를 시작한 조숙한 독자의 사례에 대한 기록도 있다(Fowler, 1971;

Goldstein, 1978; Jackson, 1992). 게다가 몇 개의 실험적인 프로그램에서는 4~5세 사이에 겉으로 성공한 것처럼 나타난 경우도 있었다(Feitelson et al., 1982; Fowler, 1971). 이러한 근거들은 (장애가 없는) 노동자 계층과 중산층의 6세 아이들에게 읽기를 가르치는 것이 그렇게 어렵지 않다는 사실과 결합한다면, 신경학적으로 어떤 것이 진행되고 있다는 것을 의심해 보게 하는 합당한 이유처럼 보인다.

잘 통제된 연구는 지식과 경험 요소를 통제한 후 나이가 유일하게 읽기수업에 대한 민감성을 예언해 주는 변인이 아니라는 것을 보여준다(Adams, 1990; Bryant et al., 1990; Stanovich & Siegel, 1994). 초기 연구들은(Fowler, 1971; Morphett & Washburn, 1931) 아이들의 생활연령이 아닌 정신연령이 중요하다고 제안한다(IQ 검사에서 5세 질문에 대답하는 2세 아동은 4세 질문에 대답하는 5세 아동보다 읽기를 더 잘 배울 수 있다). 정신연령과 지능은 후속 연구에서 두 가지 더 설명력이 높은 예언변수로 대체되었다. 아이들이 문자의 이름(문자 지식)을 말할 수 있는 속도와 언어의 소리(음소 인식)에 반응하고 처리할 수 있는 능력이 바로 그것이다. 아이들은 분명히 문자 지식을 가지고 태어나는 것은 아니며, 구어의 분절음을 표상하기 위해 경험을 통해 실제로 받아들여지고 있는 단어를 배우게 된다(Metsala, 1999). 분절음 표상은 다시 문자소와 음소들을 연결하도록 요구된다. 그러므로 수업에서 이해력 부족은 관련된 정보를 접할 기회가 적었다는 것을 반영한다. 조숙한 독자들이 일반적으로 부유하고 잘 교육받은 가정 출신이며, 읽기를 배운 4세 아이들이 일반적으로 높은 수준의 문자 지식을 갖는다는 것은 우연이 아니다(예: Fowler, 1971). 더욱이 중산층 아이들은 음소 인식과 문자 지식이 낮은 수준으로 학교에 입학하는 혜택을 받지 못한 다른 아이들보다 1학년에서 읽기를 훨씬 쉽게 배운다(Byrnes, 2001).

그러므로 읽기수업에서 연령의 문제는 중요한 지식들(즉, 문자 이름의 지식과 단어의 분절음 표상)을 습득하는 데 시간이 걸린다는 사실을 반영하는 것으로 나타났다. 물론 이러한 지식은 신경 조합의 형태(즉, 시냅스로 연결된 형태를 가지는 신경다발 덩어리)로 구체화해야만 한다. 신경다발을 형성하기 위해서 뇌가 성숙하는 순간에 어떤 영역에는 충분한 수의 뉴런이 위치해야 하며, 그것들은 주변의 뉴런과 시냅스를 연결할 수 있어야 한다. 뇌 발달 연구에서 전두엽의 뉴런만이 유아기 이후까지 계속해서 발달하므로, 측두엽에서는 상대적으로 같은 종류의 자극(문자를 보는 것)을 반복적으로 접한 후에 시냅스가 형성되는 데 많은 시간이 걸린다는 것을 시사한다. 그러나 서투른 독자의 경우 전두엽 영역에 다소 장애가 있다는 Shaywitz와 그의 동료들이 옳다면, 아마도 4세 이하의 어린이에게 읽기를 가르치는 것이 왜 어려운지는 다음의 두 개의 요인으로 설명할 수 있을 것이다. 즉, ① 경험적인 요인들(구어나 문자를 충분히 접하지 못함)과 ② 성숙적인 요인(뇌의 전두엽 영역의 지속적인 발달)이 바로 그것이다.

3. 결론, 유의점 및 교육적 함의

읽기에 대해 앞서 논의한 것에서 함의를 끌어내고 요약하려면 다음의 네 가지 질문에 대한 답을 고려해 보아야 할 것이다.

① 읽기에 대한 설명 중에 심리학적인 것과 신경과학적인 것이 얼마나 많이 일치되는가?
② 이러한 설명들을 하나의 통합된 관점으로 융합시키는 것이 가능한가?
③ 이 두 가지 전통적 관점에서 드러난 읽기의 모습을 우리는 얼마나 확신할 수 있는가?
④ 우리는 이 두 가지 전통적 관점에서 배운 것을 통해 언제 어떤 방법으로 아이들에게 읽기를 가르칠 수 있는가?

1) 일치성 문제

내가 이 책에서 몇 번씩 언급했던 것처럼, 심리학자들은 특정한 이론적 모형을 지지하는 것을 발견하기 위해 연구한다(구성요소를 통해 심리학적 실재를 '조각하는 것').

심리학적 요소들을 확인하여 보여 주는 좋은 예는 앞서 제시된 [그림 6-1]의 능숙한 읽기의 모형이다. 반면, 신경과학적 접근은 특정한 이론모형(즉, 환자에게 단어를 가리키라고 할 때 X를 가리키고, 그것을 크게 읽으라고 하면 Y라고 읽는다)을 검사하는 것보다 행동적 증상이 드러나는 것에 더 많이 관련된다. 이러한 방향의 기본적인 차이점은 때때로 심리학적 관점 대 신경과학적 관점에서 이끌어 낸 설명들 사이에 일치되는 부분이 거의 없을 수 있다는 것을 의미한다.

그렇지만 실제로 이 두 가지 관점을 이용한 설명은 종종 다음의 세 가지 이유들 때문에 서로 일치되는 측면을 갖는다(제3장과 제4장 참고).

첫째, 신경과학자들은 단지 사례연구에만 흥미를 갖지 않는다. 그들은 어떠한 인지능력의 구성요소가 뇌의 영역과 연합되는 것에 흥미를 가지고 있다. 그래서 그들은 종종 그러한 구성요소들의 의미를 알기 위해서 심리학적 이론을 사용하기도 한다.

둘째, 심리학자들은 단지 정상적인 행동에만 흥미를 갖지 않는다. 또한 극단적(예외적으로 높거나 낮은 수행)이고 개별적인 차이에 흥미가 있다. 이 문제에 중점을 둔 학자들은 어쩔 수 없이 그 차이점에 대한 뇌 기반 설명을 고려하는 것 같다.

셋째, 최근의 많은 심리학자들은 신경과학적 증거가 그들이 선호하는 이론을 지지하기 위해 사용될 수 있다는 것을 깨닫기 시작했다.

이러한 세 가지 이유로 읽기에 대한 심리학과 신경과학의 문헌들이 많은 부분 일치되는 것처럼 보인다. 예를 들어, 읽기가 철자, 의미, 통사, 음운 처리과정을 포함하고 있다는 주장을 지지하는 증거들이 양 진영 모두에서 발견된다. 비슷한 예로 Seidenberg와 McClelland의 심리학적 모형([그림 6-1] 참고)은 Geschwind의 해부학적 모형([그림 6-2] 참고)과 양립된다. 심리학적 모형이 의도적으로 '뇌 양식' 개념에 기초를 두고 있으면, 이러한 양립성은 이해가 충분히 될 수 있는 것이다. 그럼에도 불구하고 아직까지 많은 심리학적 개념들은 읽기에서 신경과학적인 부분과 대응하는 곳을 찾아내야 한다. 예를 들어, 스키마가 어떻게 뇌 안에서 표상되는가? 그러한 표상들이 뇌의 특정한 영역에만 국한되는가, 아니면 광범위하게 분포될 수 있는가? 비슷한 예로 아이들이 문자 이름과 음소분석 과제를 할 때 어떤 부분이 활성화되는가? 왜 이러한 영역들은 읽기 준비도와 관계가 있을 수 있는가? 더불어 상황모형의 구성을 포함하는 오른쪽 두정엽에서 심상 처리과정의 범위는 얼마나 되는가? 읽기 전략(예: 추론하기와 다시 돌아보기)은 뇌의 어디에서 수행되는가?

2) 통합 문제

학자들이 앞의 절에서 어려워했던 질문에 일관되고 신뢰할 만한 답을 제공하는 것은 시간이 지나면 해결될 문제다. 만약 답이 나온다면 우리는 읽기의 심리학적 관점이 신경과학적 관점과 융화될 수 있는지의 여부를 알기 위한 좋은 입장에 설 수 있다. 그리고 ① 두 가지의 관점이 같은 구성요소 분석으로 집중될 때(예: Seidenberg와 McClelland의 모형 같은 것을 양쪽에서 처리한다), ② 읽기 발달과 읽기 장애의 신경과학적 기초를 잘 이해할 때 통합이 상당히 진행되고 있다고 말할 수 있다.

3) 확신 문제

이전의 절에서 논의된 내용을 보면 심리학자들과 신경과학자들이 읽기에 대해 비슷한 이해를 가지고 있는 것처럼 보인다. 서로가 유사하게 갖고 있는 이해가 정확하다고 확신할 수 있는가? 이러한 의문을 해결하는 하나의 방법은 새로운 자료로 바뀔 수 있는 제안들과 바뀔 수 없거나 아마도 바뀌지 않을 제안들을 고려해 보는 것이다. 예를 들어, 새로운 증거는 철자 처리과정이 쓸모없는 것이라고 생각할 이유가 전혀 없다는 것이다. 사람들은 자신이 사용하는 언어의 상징을 재인할 수 있어야 한다. 그렇지만 특정한 철자 처리과정(예:

단위에 대한 연결주의자들의 생각)이 정확하지 않은 것으로 발견될 수도 있다. 더욱이 과학자들이 읽기 조작의 모든 구성요소를 발견하지 못했을 수도 있다. 다시 말하면, 앞의 [그림 6-1]이 보여 주는 모형에 다른 하나 또는 두 개의 타원이 더해져야 할지도 모른다. 실험연구에 동물을 사용할 수 없다는 사실은 발달과 기억 또는 주의를 연구한 과학자들이 좋아하는 신경의 구체적 수준을 결코 얻을 수 없다는 문제를 야기한다. 또한 신경과학자들이 끌어낸 어떤 결론은 읽기장애에 대한 측정이 정확하게 이루어질 수 없다는 사실 때문에 모호한 것으로 여겨진다. 더욱이 많은 뇌영상 연구는 단일 단어들의 처리과정에 의존한다. 이에 사람들이 실제적이고 길게 연결된 글을 읽을 때 뇌의 어느 영역이 활성화될지는 분명하지 않다.

지난 19세기 이후 읽기는 계속해서 연구되어 온 주제였지만, 현재 우리가 받아들이고 있는 어떤 기본적인 가정은 심리학적 · 신경과학적 연구로부터의 새로운 증거가 제시되면 바뀔 수 있다. 그렇기 때문에 현재까지 나타난 읽기에 대한 연구가 절대적인 것은 아니라는 것을 생각해야만 한다.

4) 교육적 함의

① 읽기, 스키마, 전략 그리고 [그림 6-1]에서 보여 준 처리과정을 사실이라고 생각하고, ② 신경과학자들이 읽기와 연합하는 뇌 영역의 대부분을 확인했다고 잠시 가정해 보자. 이때 심리학자와 신경과학자들이 발견한 것은 무엇이며 아이들에게 읽기를 어떻게 가르쳐야 하는가? 그리고 언제 읽기수업이 시작되어야 하는가?

첫 번째 지적할 점은 이론적으로 연구하는 것과 수업에서 실천하는 것 사이에는 기본적으로 차이가 있다는 것이다. 예를 들어, 교사들은 아이들의 읽기기술을 향상시키는 방법을 알기 위해서 읽기가 네 가지 처리장치를 포함한다는 사실을 잘 알아야 할 필요가 있다. 그들은 또한 이런 네 가지 처리장치와 그들 간의 상호 연결로 발달을 향상시키는 방법을 알아낼 필요가 있다. Seidenberg와 McClelland의 모형에서 연합은 반복과 연습을 통해 이루어진다는 생각에 기초하고 있다. 이것은 교사들이 플래시 카드를 사용하여 의미 없고 천편일률적인 학습을 해야 한다는 것을 의미하는 것인가? 반드시 그런 것은 아니다. 연습과 반복은 반드시 포함되어야 하지만 의미 없고 지루해서는 안 된다. 비디오 게임을 하는 어린이는 반복을 통해 게임의 구성요소와 주인공에 대해서 알게 되지만 반복을 마음에 두거나 그것에 주목하지 않는다. 또한 의미를 부여한 유사 단어가 의미가 부여되지 않은 유사 단어보다 더 빨리 처리되는 결과들을 상기해 보자. 그렇다면 우리가 읽기에 대해 배운다는 것은 다양하고 중복적인 구성요소들이 증진되어야 한다는 것이다. 기술이 단독으로 작동하고 구성요소가 기술과 분리된다는 생각은 거의 지지받지 못하고 있다. 그러므로 최근의 심리학적 · 신경과학적 연구는 발음 중심의 어학 교수법과 철자 중심의 교수법(의미를 소홀히 하는 것)에 중점을 두거나 의미와 전체 단어에만(철자와 발음을 배제하는) 중점을 두는 것은 잘못된 것이라고 제안한다. 다시 말해서, 총체적인 언어와 발음 중심의 어학 교수법에 대한 것들을 잘 결합한 접근들이 읽기에 대한 신경과학적 · 심리학적 접근 모두를 지지하는 것임을 보여 준다.

읽기장애에 관련된 구성요소에 관한 요점은 다음과 같다. 만약 읽기장애를 가진 아이들에게서 좌측 전두엽과 측두엽 사이의 부적절한 상호 연결을 발견했다면, 읽기장애 아이들을 가르치기 위한 최선의 방법으로 어떠한 교육적 행위를 할 수 있는가? 어떤 교사는 이러한 정보를 안 후에 읽기장애를 가진 아이들을 지도하는 것을 포기해 버릴 것이고(즉, 아이들의 뇌가 잘못되었기 때문에 이 아이들에게는 희망이 없다고 가정해 버린다), 어떤 교사들은 시각적 기능들이 약한 음운처리 과정을 보상할지도 모른다는 희망으로 아직까지 잘 '작동하는' 뇌의 영역에 접근할 것이다. 어떤 교사들은 읽기장애 아이들의 기능수준을 올리기 위해서 단지 더 많은 연습이 필요하다고 판단할지도 모른다. 즉, 그들의 신경과학적 문제들이 배우는 것을 매우 어렵게 하지만 원하는 학습수준에 도달할 것이라고 생각할 수 있다. 어떻게 이 세 가지 반응들이 같은 정보를 주는지 살펴보라. 더 나아가 교사들이 읽기장애 아이들의 뇌가 구체적으로 잘못이 있다는 정보에 대해 같은 방식으로 반응했더라도 교사들에게는 차이가 있을 수 있다. 예를 들어, 위의 세 번째 방식(아이들이 결국 빨라질 것이라는)으로 반응한 교사는 다른 교사가 더욱더 흥미 있는 접근(예: 컴퓨터를 이용한 읽기 게임)을 하는 동안 끊임없이 플래시 카드를 사용할 수 있다.

마지막 요점은 언제 읽기지도를 시작해야 하는 것에 대한 문제다. 아이들은 2세 전까지 어휘를 많이 알고 있지 않다(문자의 이름을 포함해서). 더욱이 그들은 문자와 소리를 연합한다는 사실을 이해해야 할 뿐만 아니라 개별적인 소리를 듣고 이해하는 능력이 있어야 한다. 그러한 지식은 시간이 지남에 따라 습득되며, 생각해 보면 그것은 전두엽의 신경과학적 발달일지도 모른다(앞에서 언급한 것처럼). 그러므로 읽기지도는 3세 또는 4세 이전에는 상대적으로 효과가 없을 것이라고 짐작된다. 그러나 인지적인 뇌가 3세에 학습할 준비가 되어 있다고 보일지라도 아이의 흥미와 동기가 여전히 중요한 문제가 된다. 이는 단지 우리가 아주 어린아이들에게 무엇을 가르칠 수 있다는 것 때문에 그들에게 가르쳐야만 한다는 것을 의미하지는 않는다는 것을 의미한다. 그러나 4~5세 이상의 아이들에게 어떠한 형태의 읽기기술을 가르치지 않는 것은 정말 현명하지 못한 처사다. 아이들의 학업 성공을 증진시키기 위한 최선의 방법 중 하나는 적절한 읽기능력을 갖춘 상태로 1학년을 시작하게 하는 것이다. 다시 말하면, 언제라는 질문과 어떻게라는 질문은 다르다는 것이다. 읽기기술을 증진시키기 위한 방법에는 흥미롭고 명랑한 방법과 지루하고 형식적인 방법이 있을 수 있다.

제7장

수학기술

학교에 다니는 동안 아이들은 여러 종류의 적성검사, 학력검사 그리고 교사가 직접 제작한 검사들을 받게 된다. 대부분 교사와 학교 관리자는 학생들이 학습한 것을 평가하고 능력별 집단으로 학생들을 배치하고 특별한 교육 기술들의 효과를 확인하기 위해 이러한 검사들을 사용한다. 수백 년 동안 검사점수들은 종 모양의 분포를 이루어 왔다. 즉, 학생들의 약 1/6은 평균 이하의 점수를, 2/3는 평균 근처의 점수를, 그리고 1/6은 평균 이상의 점수를 받았다(Bernstein, 1996). 이러한 높고 낮은 수행의 연속은 ① 대부분의 검사들이 학생 개인의 재능 또는 전문 지식의 '실제' 수준을 확인하기 위해 계획적으로 설계되고, ② 학생들이 가지고 있다고 생각하는 능력의 양 또는 주어진 시간 내에 숙달하리라고 생각하는 내용의 양에서 서로 다른 차이(노력의 차이, 적절한 교육 접근 수준의 차이, 재능의 차이, 또는 이러한 요소들의 다양한 결합)가 있기 때문에 발생한다. 만약 모든 학생들이 검사 때마다 동일한 점수를 받았다면 능력이라는 문제는 별로 중요하지 않을 것이다. 그러나 점수들이 항상 변한다는 사실은 능력의 구성물들(그리고 이러한 능력 안에서의 개인차들)에 대해 대부분 사람들이 지속적 관심을 갖도록 한다. 최근에는 아이들과 성인들이 이러한 차이들(그리고 환경에서의 다른 변화들)을 인지한다고 주장해 왔다. 왜냐하면 인간의 정신은 개인차를 보도록 '구성되어 있고' 자연적으로 이를 설명하도록 동기화되어 있기 때문이다(Pinker, 1997). 과학자들이 능력의 변화들과 다른 종류의 변화들을 설명하기 위해 형식화된 이론들을 구성하는 반면, 비과학자들은 소위 비형식화된 단순한 이론들을 생각한다.

이 장에서는 수학능력의 본질에 관한 몇 가지 과학적 이론들을 조사하고자 한다. 첫 번째 절에서는 교실에서의 검사, 표준화된 검사 또는 실험자가 제작한 검사에서 나타난 수행변화들을 설명하기 위해 구성된 심리학적 근거들에 초점을 맞춘다. 최근에 수학교육 분야에서 등장한 관련 견해들은 심리학적 견해를 보완한다. 수학교육 분야에서 학자들은 자주 심리학적 설명으로부터 영감을 받아 왔지만, 그들은 또한 안내자로서 교실 경험, 정교한 모델 그리고 논리적 논쟁을 사용한 근거들을 상세하게 설명해 왔다. 두 번째 절에서는 다음에 집단들이 비교될 때 발생하는 수행의 차이들을 설명하기 위해 구성된 신경과학적 근거들에 초점을 맞추고자 한다. 즉, ① 신경학적으로 정상인 대 뇌 손상 또는 수학장애를 가진 사람, ② 높은 수학적 능력을 지닌 학생 대 낮은 수학적 능력을 지닌 학생, ③ 남성 대 여성의 비교가 그것이다. 마지막 절에서는 심리학과 신경과학적 입장의 일치성을 평가하고 통합된 근거로서 교육적 함의를 설명하고자 한다.

1. 수학능력에 대한 심리학적 · 교육학적 관점

대부분 심리학자들은 다음과 같은 질문에 답하기 위해 노력해 왔다. 수학능력의 본질은 무엇인가? 이 질문에 대한 해답은 수학적 기능을 갖는다는 것이 의미하는 바가 무엇인가에 대한 이론적(즉, 구성요소를 이루는) 설명에 근거한다. 반대로 교육자들은 약간 다른 질문들에 대한 해답을 찾아왔다. 예를 들어, 교육자들은 학생들이 무엇을 알아야 하며, 고등학교 졸업 시 수학으로 할 수 있는 것이 무엇인가를 질문해 왔다. 그래서 수학교육에서는 서술적이고 규범적인 입장 모두를 지지하는 경향이 나타났다.

이러한 두 가지 입장들이 종합될 때 수학능력은 다음에 제시되는 구성요소들과 관련이 있다.

1) 선언적 지식

제3장에서 논의했듯이 선언적 지식은 어떤 분야 내 사실들에 관한 지식을 말한다. 여기에서는 선언적 지식을 수학적 사실에 관한 지식으로서 언급할 것이다(Byrnes, 2001). 대부분 사람들에게 이러한 사실들은 다양한 계산에 대한 해답에 이르게 한다(예: 9는 3×3의 정확한 해가 되고, 또 25는 625의 제곱근이 됨을 아는 것). 상당한 수학적 능력을 가지고 있는 사람들은 보통 이해하기 쉬운 많은 수학적 사실들을 알고 있다(즉, 이러한 사실들을 생각해 내는 데 오랜 시간이 걸리지 않는다). 그러나 최근 몇 년 동안 이러한 수학에 관한 전문적 지식들은

그 중요성 면에서 경시되어 왔다(특히, 수학교육 집단에서). 왜냐하면 사람들은 사실에 대한 많은 지식들을 가질 수 있기 때문이다. 그러나 많은 지식에도 불구하고 학급 또는 실제 생활에서 문제를 해결하는 능력은 여전히 부족한 경우가 자주 확인된다. 사실상 선언적 지식은 수학능력에 대한 필요조건이지 충분조건은 아니다(Byrnes, 1992).

2) 절차적 지식

절차는 어떤 목표를 성취하기 위해 사용된 작용 또는 행동의 집합이다(Anderson, 1993; Byrnes, 2001). 그러므로 수학에서 절차적 지식을 가진 사람은 일련의 행동, 작용 또는 단계를 사용하여 어떤 목적을 달성하는 방법을 안다. 예를 들면, ① 사물들의 배열을 세는 방법, ② 모든 수, 분수, 정수 또는 대수적 기호를 더하거나 빼거나 곱하거나 나누는 방법, ③ 곡선 아래 영역을 결정하는 것, ④ 기하학적 증명을 세우는 방법, ⑤ 상관관계가 유의미하게 0보다 큰지를 결정하기 위해 통계를 사용하는 방법을 아는 것이다. 앞서 논의했듯이 한정된 수학적 상징들을 가지고(예: 1과 20 사이의 전체 수) 어떤 절차들을 규칙적으로 사용하는 것은 궁극적으로 어떤 사람이 선언적 지식의 일부를 가지고 있다는 것을 의미한다. 더욱이 절차의 형태들은 정확한 해답들을 도출하기 위해 어떤 방식으로 단계들이 수행되어야 하는지라는 의미에서 일종의 '문법' (Hiebert & LeFevre, 1987)을 갖는다고 할 수 있다(예: 손으로 소수점이 있는 수를 더할 때 소수점을 맞춰 나열하는 것).

심리학자와 교육자들은 절차가 여러 수준의 추상 개념으로 존재할 수 있다고 가정한다(Byrnes, 1999). 예를 들어, 가장 낮은 수준의 추상에는 구체적인 행동 또는 알고리즘이 있다(예: 달걀을 프라이하는 것, 두 분수를 더하는 것과 관련된 행동들). 이러한 행동들은 대상과 상황의 제한된 범위에서 적용된다는 의미에서 '구체적' 이다(예: 어떤 사람은 아마 프라이를 하기 전에 햄버거를 열어 보거나 또는 최소공통분모법으로 음수를 더하려고 하지 않을 것이다).

다소 높은 수준의 추상에는 전략과 직관이 있다. 전략은 ① 문제에 접근하는 방법을 개략적으로 서술하고, ② 전체 목표의 구체성(예: 각 X를 구하는 것)과 전체 목표를 달성하기 위해 성취할 필요가 있는 하위 목표(예: 처음에 ~을 구할 필요가 있다. 그 다음에 ~을 해야 한다)를 포함하는 계획이다. 전략은 행동에 기반을 둔 절차보다는 좀 더 추상적이다. 왜냐하면 전자는 각 하위 목표들을 달성하기 위한 특별한 방법들이 계획되기 전에 잘 형식화될 수 있기 때문이다. 더욱이 그와 같은 일반적 전략은 다양한 상황에서 적용될 수 있다. 직관은 절차적 지식과 관련된 한 유형이다(예: '의심이 날 때는, 선생님께 질문해라.').

셈하기 전략 연구의 흥미로운 점은 아이들과 성인들이 심지어 구조적으로 비슷한 문제들을 해결하는 데 다섯 내지 일곱 가지의 전략 목록에 의존한다는 것이다(Siegler, 1991b). 예를 들어, '3 + 7' 문제에 대해 아이는 한 손을 이용하여 3을 세고 다른 한 손을 이용하여 7을 세어 모두 펼친 손가락 하나씩을 세어 보는 것을 흔히 볼 수 있다(모두 세기 전략). 그러나 '18 + 2' 문제에 대해서는 가장 큰 수를 세기 시작하여 그 다음 두 수를 더할지도 모른다(최소 전략). 일반적인 접근은 효과적으로 올바른 답을 구하는 전략들을 사용하는 것이다.

요컨대, 심리학자들과 교육자들은 수학적 능력이 풍부한 절차적 지식의 기초를 요구한다고 가정한다. 그러나 장기기억에 저장된 사실, 절차, 전략 그리고 발견법들이 충분하지는 않다. 수학능력은 적당한 때에 적절한 사실, 절차 및 전략들을 찾아내는 능력과 관련된다. 다음에 기술되는 구성요소들은 문맥에 맞게 이러한 유형의 사용을 지지한다.

3) 개념적 지식

제3장에서 논의했듯이 사람들은 ① 수학적 사실과 절차들의 의미를 이해하기 위해 애쓰고, ② 수학적 기호들을 그 지시 대상들과 연관시키도록 배우고 수학 실제의 범주를 구성하며, ③ 수학적 지식의 기본적이고 서수적인 표상들을 구성하면서 수학에서 개념적 지식을 발전시킬 것을 기대한다(Byrnes, 2001; Case & Okamoto, 1996). 어떤 사실들을 아는 것과 그 사실들이 참이 되는 이유를 아는 것 사이에는 분명한 차이가 있다. 유사하게 절차를 실행하는 방법을 아는 것과 특별한 경우에 수행되는 이유(그리고 특별한 방식으로 실행되는 까닭)를 아는 것 사이에는 분명한 차이가 있다. 개념적 지식을 가진 사람들은 그 의미를 이해하고 수학적 사실과 절차들을 적절히 사용한다. 더욱이 다양한 수학적 기호들은 적당한 방식으로(읽고 쓸 수 있는 사람들이 언어를 그 지시 대상물과 연관 짓는 방식으로) 그 지시 대상들과 연관된다. 후자의 기술은 수학 범주와 정의의 구성을 요구한다(예: 홀수, 정수, 유리수, 적분 등). 수학에서 범주적 표상의 중요한 한

형태를 스키마(복수는 스키마타)라고 한다.

스키마는 모든 예(예: 덧셈을 요구하는 단어 문제)가 공통으로 갖는 추상적인 표상이다. 스키마는 특히 유사하거나 동일한 해답이 요구될 때 같은 종류의 문제 또는 상황을 반복함으로써 형성된다(Byrnes, 2001; Mayer, 1982). 문제들이 특정한 형태로 재인될 때, 그러한 해답은 그 순간에 다시 발견되는 것이 아니라 즉시 인출될 수 있는 것이다. 그래서 스키마는 조건적 지식의 기초를 제공하고 절차를 언제 어디서 적용할지를 알게 할지도 모른다. 그러나 어떤 절차적 지식의 이론적 모델은 절차 그 자체에 사용조건을 포함하고 있다.

개념적 지식의 마지막 종류는 수학에서 양에 대한 기수적이며 서수적인 표상의 융합적이고 선형적인 표상이다. 기수적 표상들은 대상들의 양이나 범위를 서술한다(즉, 특별한 상황 가운데 얼마나 많은 대상들이 나타날 수 있는가). 다양한 양에 관한 기수적 표상이 크기순으로 배열될 때, 학생은 이러한 수들의 서수적 표상을 갖고 있다고 할 수 있다. 그 한 예로 마음속으로 수직선을 긋고 정수의 크기를 나타내는 것을 들 수 있다. 기수적 지식과 서수적 지식을 평가하기 위해 연구자는 대상물을 두 줄로 나열해 놓고 더 많은 양을 가진 줄을 물어 볼 수 있다.

그러므로 개념적 지식은 마음속에서 다중적 표상들 사이의 개념(이른바 내적 관계)뿐만 아니라 외부 세계의 사물에 대한 정신적 표상(이른바, 외적 관계)을 그리는 것이다. 이러한 표상들은 학생이 수학적 사실과 절차를 이해하는 것을 돕는다. '뜻을 이해한다' 는 것은 아이가 어떤 절차상 예상되는 결과뿐 아니라 개념에 도달할 때 '큰 그림' 을 실제로 이해하는 것을 의미한다. 예를 들면, 수학적 감각이 있는 학생은 3×4 = 12에서 3이 4로 바뀐다면 어떻게 되는지, 그리고 3 + 4 = 7에서 3 대신 4로 바뀌는 변화에 어떤 차이가 있는지 구별할 수 있을 것이다(Byrnes, 2001; Markovits & Sowder, 1994). 그러므로 이 경우 아이는 수학 시간에 진행되고 있는 것들을 본질적으로 이해하고 있다고 볼 수 있다.

더욱이 수학적 범주를 아는 것은 학생들이 절차를 부적절하게 적용하지 않도록 도와준다. 예를 들면, 분수에 대한 개념적 지식을 가진 학생은 분수에 대한 두 범주들과 정수를 마음속에서 표상적으로 구별하기 때문에 단순히 분수의 분자와 분모를 함께 더하지 않을 것이다(Byrnes, 1992). 즉, 이러한 각각의 범주들은 그 자체가 일련의 절차로 연결되어 있다. 높은 수학능력을 가진 사람들은 수학에 관한 많은 양의 선언적, 절차적, 개념적 지식을 가지고 있는 반면, 그렇지 못한 사람들은 단지 선언적, 절차적 지식만을 갖고 있다. 다시 말해, 후자의 경우 올바르게 하기는 하지만 자신이 무엇을 하고 있고 왜 하고 있는지는 알지 못하고 있는 것이다.

4) 어림기술

가끔 어떤 문제는 단지 대략적인 해답만을 필요로 한다. 예를 들면, 고용주는 일이 완성되는 정확한 날짜가 아니라 단지 가능한 달(또는 연도)을 알고 싶어 한다. 또 집주인은 월세가 얼마나 많은 자금을 보충할 수 있는지, 또는 슈퍼마켓에 돈을 얼마나 가지고 가야 할지 대략적으로 생각하기를 원한다. 이런 경우에 능숙한 사람은 대략적이어도 유용한 해결을 위해 수학적 사실, 절차, 개념, 전략들을 어떻게 사용할지 알아야 한다. 예를 들어, 25×25 = ? 와 같은 문제에 대한 근사한 해답을 알고 싶어 하는 3학년 학생의 경우를 살펴보자. 이미 그들은 20×20 = 400이라는 것과 30×30 = 900이라는 것을 알지 모른다. 이러한 두 가지 수학적 사실과 정수에 대한 서수적 표상(즉, 25는 20과 30 사이의 중간이다)을 통해 아이는 25×25는 400과 900 사이 어디쯤에 있다고, 또 아마도 650이라는 중간값에 가까울 것이라고 유추할지도 모른다(중간값을 결정하기 위해 다시 서수적 표상 또는 빠른 계산을 사용함으로써). 물론 650의 어림은 625라는 정답에 상당히 근접한다. 국가수준의 학업성취도 평가(National Assessment of Educational Progress: NAEP) 또는 학업성취도 검사(Scholastic Achievement Test: SAT)와 같은 중요한 검사에서는 대부분의 문제를 60초 이내에 풀어야 하기 때문에 어림기술이 고득점을 얻기 위해 필요한 기술이다. 근사값은 몇 초 이내에 얻어지고 가능한 답과 비교될 수 있지만, 완벽한 계산은 대개 주어진 60초보다 더 오래 걸린다. 앞의 논의에서처럼 어림기술은 단순히 수학적 감각의 한 형태라고 말할 수 있다. 또한 수학에서 상당한 양의 선언적, 절차적, 개념적 지식이 없다면 어림하는 것에 숙달될 수 없는 것은 분명하다. 그러나 이러한 지식을 가지고 있지만 적당한 때에 어림하는 능력이 부족한 학생들도 있다.

5) 그래프와 모형화 기술

수학은 세상에 대한 패턴과 기능관계를 확인할 수 있는 학문이다. 자료들이 연속적인 형태나 하나씩 제시될 때 현재 진행되어 가는 것을 종합적으로 이해하기란 쉽지 않다. 예를 들어, 어떤 사람이 인근의 주택 가격을 대략 알고자 한다면 주변에서 (하나씩) 팔린 100채의 집에 대한 비체계적인 가격 목록을 읽을 수 있지만 이런 활동이 그렇게 도움이 되지는 못할 것이다. 좀 더 나은 접근은 대체적으로 주택가격이 낮은 곳을 볼 수 있도록 막대그래프 또는 점수 기록용지를 만드는 것이다(그래프를 증가하는 순서로 배열된 가격을 이용하여). 유사하게 다양한 분야에서 연구자들은 결과가 예언변수 중 어떤 변수와 통계학적으로 관련이 있는지 알아보기 위해 회귀라는 접근방법을 이용한다. 예를 들어, 과학자는 나이, 직업 그리고 대출 상환과 같은 변수들을 사용하여 어떤 사람의 연간 수입을 예측하는 회귀를 사용할 수 있다. 컴퓨터 통계 프로그램들은 수학적 함수로 그러한 변수들과 연결되어 있다. 이 함수는 어떤 변수들이 예측하는 데 유용한지 아닌지를 나타낸다. 또한 컴퓨터가 만든 모든 방정식은 어떤 변수가(예: 대출 상환) 다른 변수들(예: 나이)보다 더 나은 예언변수인지 나타낸다. 이때 그래프, 차트, 수학 방정식은 자료 내의 패턴들을 개념적으로 잘 이해하게 도와주고, 이러한 패턴들을 이해하기 위해 수행되는 많은 양의 정보처리를 감소시켜 줌으로써 추론하는 활동을 상대적으로 촉진한다(Bruner, 1966). 높은 수준의 수학능력을 가진 사람들은 전략적 방식으로 그래프를 이용한다. 더욱이 이들은 모형들을 만들기 위해 다방면의 지식에 의존한다. 이러한 활동에 개입되는 심리적 경향이 공간능력보다는 다른 어떤 것임에 주목할 필요가 있다.

6) 문제해결

요약하면, 수학능력은 ① 높은 수준의 선언적, 절차적, 개념적 지식과 ② 이러한 지식을 전략적이고 효과적이며 맥락에 맞게 사용하는 경향을 요구한다. 이와 같은 분석은 전체 표본에서 네 부류의 학생들이 있음을 제안한다. 첫째는 낮은 수준의 선언적, 절차적, 개념적 지식을 가지고 있기 때문에 전략적이고 효과적이며 맥락에 맞게 수학 지식을 사용하지 않는 학생들이다. 둘째는 적당한 수준의 선언적, 절차적 지식을 갖고 있지만 불충분한 수준의 개념적 지식, 부적절한 지도 또는 연습기회가 너무 적었기 때문에 문제를 푸는 데 이러한 지식을 사용할 수 없는 학생들이다. 셋째는 세 종류의 지식을 모두 갖고 있지만 부적절한 지도나 연습기회의 불충분함 때문에 문제를 해결하는 데 이러한 지식을 사용하지 못하는 학생들이다. 끝으로 필요한 지식을 소유하고 그 지식을 적용할 수 있는 다양한 기회들을 가졌기 때문에 폭넓은 범위의 문제들을 해결할 수 있는 학생들이다.

2. 수학능력에 대한 신경과학적 관점

대체로 신경과학자들은 특정한 뇌기제들의 작용에 대한 개인차를 주장하면서 수학적 능력과 장애를 설명하고자 하였다. 다음에 살펴볼 수학기술에 대한 신경과학적 문헌들은 다섯 가지로 요약된다. 첫째, 뇌손상으로 발생하는 계산결함을 설명하기 위해 구성된 몇 가지 수학기술 모형에 대해 구체적으로 살펴보고자 한다. 둘째, 아이들의 수학장애에 대한 문헌들을 요약하고자 한다. 셋째, 수학기술에 대한 뇌영상 연구들을 고찰한다. 넷째, 수학장애가 아닌 수학적 재능으로 논의의 초점을 변화시키고자 한다. 마지막으로 신경과학적 문헌들에 대한 요약을 제시하려고 한다.

1) 계산에 대한 신경과학적 모형

뇌손상으로 인해 가끔 발생하는 계산결함의 형태를 설명하기 위해 최근 두 가지 모형이 제안되었다. 이러한 이론적 틀을 함께 연구한 동료들이 있지만, 각각 맥클로스키 모형과 디헤니 모형이라 부른다.

>>> 맥클로스키 모형

성인 뇌 손상자를 대상으로 14가지 사례연구를 정밀 분석한 이후에, Michael McCloskey와 그의 동료들(예: McCloskey, Caramazza, & Basili, 1985; McCloskey, Aliminosa, & Sokol, 1991)은 계산능력을 기능상 두 부류로 나눌 수 있다고 제시했다. 수처리 체계를 구성하는 첫번째 부류는 수를 이해하기 위한 요소들의 집합과 수를 생성하기 위한 또 다른 집합을 포함한다. 또한 이해와 생산의 각 하위 체계 내에는 아라비아 숫자(예: 53)와 말로 표현되는 숫자(예: 오십삼)를 처리하는 별개의 요소들이 있다. 이러한 모든 요소들은 처음부터 주요 사례에서 나타나는 이중해리의 다양한 형태를 설명하기 위해 제안되었다. 예를 들면, 어떤 환자들은 질문을 받았을 때 아라비아 숫자를 인식할 수 있었지만 쓸 수는 없었다. 유사하게 일부 환자들은 아라비아 숫자를 쓸 수 있었지만 말로 표현되는 숫자는 적을 수 없었다.

두 번째 부류의 요소들은 계산체계를 구성한다. McCloskey 등(1985, 1999)은 이러한 요소들이 세 종류의 처리과정, 즉 ① 연산을 위한 부호나 단어의 이해(예: ÷, 나누기), ② 산술적 사실들에 대한 기억 인출(예: 39는 13×3의 해답이라는 것), ③ 계산 절차의 실행(예: 긴 나눗셈에 대한 연산방식)을 수행한다고 주장한다. 이러한 요소들은 특정 이중해리를 기초로 하여 추정되었다. 예를 들어, 어떤 환자들은 연산 부호를 인식할 수 있었지만 그 부호가 지시하는 연산을 수행할 수는 없었다. 반면에 어떤 환자들은 연산을 수행할 수 있었지만 그 연산과 관련된 수학적 사실들은 인출할 수 없었다. 더 나아가 계산체계로부터 연산 중 일부는 수행할 수 있지만 수처리 체계로부터 다른 연산은 수행할 수 없는 사람들이 있다(McCloskey et al., 1991). 그러나 두 체계 모두 완전할 때는 한 문제에서 수와 연산의 추상적 표상들을 만드는 능력을 통해 두 체계가 서로 연결된다고 여겨진다. 이 추상적 표상은 목표지향 절차 수행을 조절한다고 믿어지는 행동체계와 연결된다.

이러한 이중해리 외에도 14사례에서 다섯 가지 다른 흥미 있는 점들이 나타났다. 첫째, 대부분의 환자들은(64%) 좌반구에서 뇌혈관 사고를 경험한 후 문제가 발전하였다. 다른 두 환자들의 경우(14%) 뇌혈관 사고는 우반구에서 발생했다. 나머지 환자들은 폐쇄성 머리 손상(14%) 또는 무산소증(7%)을 경험했다. 따라서 산술적인 계산기술은 좌반구에 국한된 것 같지만 자료가 이 점에서 완벽하게 일치하지 않는다. 그러나 이러한 발견들은 난독증 아이들의 사후 연구에서 관찰된 것과 비슷하다. 이 연구에서 아이들의 66%는 측두골의 대칭 또는 역대칭을 보였고(제6장 참고), 나머지 아이들은 비대칭의 정상적 형태를 보였다. 두 경우에서 피험자의 2/3는 동일한 뇌 부분에서 문제를 보였으나 1/3은 그렇지 않았다는 점은 이상한 일이다.

두 번째로 흥미 있는 발견은 14개 모든 사례에서 계산결함은 곱셈에 제한되었다는 것이다(즉, 덧셈과 뺄셈에 대한 산술적 기술들은 대부분 완전하였다). 그러므로 이러한 발견들은 곱셈에 연관된 뇌 영역들이 있고 산술과 뺄셈에 연관된 다른 영역들이 있음을 시사한다. 세 번째 발견은 모든 환자들이 특정한 종류의 곱셈 문제에 대해 불규칙적인 수행 형태를 보였다는 것이다. 예를 들면, 어떤 환자들은 0을 포함하는 문제들(예: 3×0 또는 0×4)을 제외하고는 모든 문제들을 풀 수 있었다. 어떤 환자들은 두 번째가 아닌 첫 번째 곱해지는 수가 0인 경우에 문제를 풀 수 있었다. 또 다른 환자들은 0과 어떤 수를 포함한 항목들(예: 3×0과 1×4)에는 별 문제가 없었으나 2와 9 사이에 곱해지는 수를 갖는 다른 모든 조합에는 문제가 있었다. 네 번째 발견은 각각의 사람들이 항목에 관해 자신만의 형태로 문제를 갖고 있는 것 같다는 점이다. 이러한 발견은 다른 사례연구에서 나온 관련된 증거(예: Hittmair et al., 1994)와 결합하여 각 사실이 자신만의 형태로 저장되는 것 같다고 제시된다. 좀 더 심화된 분석을 통해 많은 환자들이 문제에 대한 모든 형태와 관련된 사실들은 잊어버렸지만, 0 또는 1을 가진 문제들은 보다 추상적인 규칙들이 면제되기 때문에(예: '1에다가 어떤 수를 곱하든지 결과는 그 수 자체다) 이 항목에 대한 사실들은 꽤 빨리 재구성할 수 있다는 것을 보여 주었다. 그러므로 이런 추상적인 규칙들을 저장하는 뇌 영역들이 있고 다른 종류의 곱셈 연산방식(예: 317×32와 같은 문제를 세로셈으로 푸는 방법)을 저장하는 다른 뇌 영역들이 있는 것 같다. 추상적 규칙에 관한 이러한 발견은 다른 사례연구들에서도 되풀이되었다(예: Pesenti, Seron, & Van Der Linden, 1994).

>>> 디헤니 모형

Dehaene와 Cohen(1997)은 수학 결함과 관련된 신경심리학적 문헌들을 재검토하고 다양한 발견들을 설명하기 위해 '3중 코드' 모형을 제안했다. 이름에서 암시하듯이 3중 코드 모형은 수에 세 가지 주요 표상들이 있음을 나타낸다. ① 좌측과 우측의 하부 후두 측두 영역에 위치한 시각적 아라비아 코드, ② 좌측과 우측의 하부 두정엽 부분에 위치한 유추량 또는 크기 코드, ③ 좌측 실비우스열 영역에 위치한 언어 코드가 그것이다. 여러 가지 숫자 연산을 보조하는 시각적 아라비아 코드(visual arabic code)는 일련의 숫자들을 확인하고 대응성 판단을 하는 동안에 활용된다(예: 끝자리가 2인 수는 짝수다). 반대로 크기 코드(magnitude code)는 방향성 있는 수직선 위의 활성화 분포에 해당된다고 여겨진다. 이 코드는 근사값을 계산하는 능력(예: 18은 20 근처에 있다)과 순서적 관계(예: 20은 18보다 크다)를 보조한다. 끝으로 언어 코드(verbal code)는 설명된 일련의 단어들을 통해 수들을 표현한다. 이것은 사람이 산술적 사실들의 반복적 언어기억에 접근할 때 관련된다.

더 나아가 Dehaene와 Cohen은 산술 문제들을 해결할 수 있는 기본적인 방법 두 가지를 제시한다. 2×9와 같은 문제를 직접적인 방법으로 해결하려면 우선 이 문제가 언어적 표상으로 변환된다(예: 이 곱하기 구는……). 다음에 그 언어적 표상은 기억에 저장되어 있는

(예: 십구) 반복 학습된 언어적 해답을 이끌어 낸다. 후자의 과정은 근본적인 기저핵(basal ganglia)과 시상을 통한 좌측 피질-하부 피질 루프와 연결된다. 그러므로 직접적인 방법은 어떤 형태의 개념적 분석을 요구하지 않으며 대개 의미적 분석을 포함하지 않는다. 반대로 두 번째 방법은 좀 더 간접적이며 수에 관한 의미적 지식에 의존한다. 간접적 방법에 의해 문제가 해결될 때, 사람들은 양적 표상으로 아라비아 기호들을 기록한다. 이러한 양적 표상들(좌측과 우측 두정 영역에 위치했다고 생각되는)은 크기 5의 표상을 7 또는 3의 표상으로 바꿀 때처럼 의미론상으로 유의미한 연산을 돕는다. 그러한 조작의 결과들은 좌측 하부 두정 부분의 외피에서 왼쪽 실비우스열 언어망으로 전달된다고 생각된다.

이때 Dehaene와 Cohen의 모형은 계산하는 데 결정적인 두 가지 주요 뇌 영역의 집합체가 있다고 제시한다. ① 수의 양에 관한 의미론적 지식을 수행할 수 있는 좌우동형의 두정 하부 영역과 ② 산술적 사실들에 대응되는 언어적 결과의 저장소와 연관된 좌측 피질-팔리듐-시상 루프다. 더 나아가 이 모형은 뇌손상이 위 두 영역 중 손상되는 부분에 따라 다른 결과를 가져올 것이라고 가정한다. 두정 하부 영역의 손상에서 발생한 계산결함은 영역 특수적(즉, 수 지식에만 영향을 주고 다른 종류의 지식에는 영향을 주지 않는 손상)이며, 평가, 비교, 순서처럼 의미론적인 수학적 지식에 상당히 의존하는 문제들(즉, 자동화된 사실들은 비효과적이다)에 제한된다. 반대로 피질-하부 피질 루프에 이르는 손상에서 발생한 계산결함은 영역 일반적이며(즉, 다른 종류의 반복-학습된 자료와 수학적 사실들에 영향을 받을지도 모른다), 나머지 의미상의 기술들과 결합된 수학적 사실들(예: 평가,

비교, 순서관계)의 감소와 연관된다.

Dehaene와 Cohen(1997)은 이 모형을 두 가지 사례연구에 적용함으로써 모형을 입증하였다. 환자들 중 일부는 우반구에 위치한 두정하부 영역의 손상을 가진 반면에 다른 환자들은 좌측 피질 하부 경색증을 가졌다. 예상된 바와 같이 두정 영역의 손상을 입은 환자는 다음에 제시되는 이중해리를 나타냈다. 즉, 그는 의미상의 관계들(예: 두 수를 비교하는 것)을 생각하는 데 어려움이 있었지만 자동화된 수학적 사실들을 인출할 수 있었다. 반대로 다른 환자들은 이중해리의 상반된 유형들을 나타냈다.

2) 수학에서의 발달장애

앞서 기술한 모형들은 뇌가 손상된 성인에게서 나타나는 계산결함을 설명하기 위해 구성되었다. 그런 후천적인 장애들은 이른바 수학에서 발달장애(혹은 MD)와 대조될 수 있다. 후자의 용어는 뇌손상을 입지 않은 아이들에게서 나타나는 문제에 적용된다.

MD를 지닌 아이들은 절차상 결함과 사실 인출 결함 모두를 가지고 있다고 보고된다. 더욱이 이러한 결함들은 서로 다른 발달상의 궤도를 따라 나타난다(Geary, 1993). 예를 들어, 절차상의 문제의 경우에 MD가 있는 아이들은 ① 발달단계 측면에서 볼 때 뒤처진 전략(예: '모두 세는 것' 대 '최소')을 사용하고, ② 같은 전략들을 매우 천천히 수행하며, ③ 잘못된 계산 수행을 더 자주 한다는 의미에서 보통의 동료들보다 뒤떨어진다. 그러나 2학년 말에 MD가 있는 아이들의 계산능력은 MD가 없는 일반 또래들의 계산능력에 접근한다. 그러나 사실 인출 결함은 지속되고 광범위한 훈련을 통해서도 변화되지 않는다. MD가 있는 아이들은 사실들을 회상하려고 할 때 거의 회상하지 못하고, 이러한 사실들과 연관된 회상시간이 매우 비체계적이며 잦은 인출 오류를 범한다(Geary, 1993).

MD가 있는 아이들의 두 가지 주된 결함은 McCloskey와 동료들에 의해 제안된 계산체계의 세 가지 요소 중 두 가지와 일치한다(앞의 내용 참고). 또한 사실 인출 문제는 Dehaene와 Cohen의 모형과 일치한다. 이러한 모형들의 연구는 절차상 문제와 사실 인출 문제들이 특별히 좌반구 또는 좌측 피질-하부 피질 체계에 뒤따르는 손상과 관련되어 있다는 주장에 기반을 둔다. 이 좌반구 편향은 MD를 가진 40%의 아이들이 읽기장애도 보인다는 점에서 관심을 끈다(Geary, 1993). 제6장에서 살펴보았듯이 많은 중요한 읽기능력들은 좌반구에 국한된 것처럼 여겨진다.

3) 뇌영상과 전체적인 전기기록 기술을 사용한 연구들

지금까지 능력에 결손을 가진 아이들과 성인에게서 일어나는 수학적 결함에 대해 제한적으로 논의해 왔다. 이 항과 다음 항에서는 정상인들의 수학능력으로 초점을 옮긴다. 다음에 기술된 두 연구들은 피험자들이 수학과제들을 수행하는 동안에 측정된 뇌영상 또는 전체적인 전기기록 기술들을 바탕으로 한다. 이런 종류의 연구들은 매우 드문것이 지금의 모습이다(반대로 읽기, 주의 또는 기억의 뇌영상에 대한 연구들은 많다).

Dehaene와 그 밖의 연구자들(1996)은 8명의 건강한 성인들에게 여러 개의 수쌍들을 제시하였다. 실험에서 1/3은 피험자들에게 두 수 중 더 큰 것을 마음속으로 생각하도록 요구했다. 다른 실험에서 1/3은 두 수를 곱하도록 요구했다. 나머지 실험에서는 단순히 보기만 하도록 하였다. PET 스캔을 사용하여 Dehaene 등은 어떤 두 조건들이 서로 비교될 때 혈액 흐름 형태상 분명한 차이점이 나타난다고 생각했다(예: 수를 곱하는 것 대 더 큰 수를 생각하는 것). 결과적으로 뇌의 많은 영역에서 선택적으로 혈액 흐름이 증가하거나 감소하는 것을 확인할 수 있다. 하지만 수 비교 과제에서는 자극 확인과 반응 선택에 관련된 특정 부분의 활성화가 더 많이 일어나지는 않았다(측후두부 피질, 앞중심이랑, 보조운동 영역). 그러므로 수 비교를 위한 결정적인 뇌 영역은 없다고 할 수 있다(Dehaene et al., 1996: 1103). 상대적으로 적은 활성화가 좌측과 우측 두정 하부 영역에서 나타났으나 이러한 활성화 패턴은 그다지 중요하지 않은 것이었다(Dehaene와 Cohen의 모형에 기초한 예언과는 반대로. 앞의 내용 참고). PET 스캔의 사용, 통제가 안 된 실험, 또는 표본의 작은 크기가 이 연구의 결과들에 영향을 미쳤을지 모른다.

Dehaene(1996)는 64채널 EEG 기술을 사용함으로써(제1장 참고) 수의 확인과 비교로 연구의 초점을 제한하였다. 그는 수 비교가 수 이해의 초기 단계를 포함하며, 기호들을 해석한 후 나타나는 정신적 표상에 대해 작용하는 비교과정에서 일어난다는 것을 제안하는 3단계 처리모형을 입증하려고 하였다. 먼저 아라비아 숫자들은 후부의 후두-측두 영역에서 쌍방향으로 처리된다. 그러나 언어적 숫자들은 주로 좌측 후두 영역에서 처리되는 것 같다. 수 비교의 두 번째 단계에 대한 활성화는 주로 우측 두정-후두-측두 교차점에서 발생하는 것 같다. 이러한 발견은 우측 두정 부분 손상이 크기 어림에서 문제를 일으킨다는 Dehaene와 Cohen(1997)의 사례연구 결과와 일치한다. Dehaene(1996)는 '우반구는 숫자를 확인하는 능력과 다른 수와 연관된 그 크기를 표현하는 능력 모두를 갖고 있다는 것' 에 주목하면서 논문을 결론지었다(p. 64).

4) 수학능력의 신경학적 기초

수학에 관한 신경과학적 연구의 가장 쟁점이 되는 부분은 수학능력의 신경학적 기초와 관련된 부분이다. 이러한 논쟁의 근원을 이해하기 위해 앞서 설명했던 종 모양(즉, 정상적인)의 분포를 다시 살펴볼 필요가 있다. 정상 분포에서 임의로 주어진 점수는 세 가지 범주, 즉 평균 이하, 평균, 평균 이상 가운데 하나다. 수년간의 연구는 학생들이 수학시험을 볼 때마다 항상 같은 범주(즉, 평균 이하)에 속해 있는 것 같다고 설명한다. 따라서 분포상의 상대적인 서열뿐만 아니라 학생들의 수행에서도 계속해서 상당한 안정성이 존재하는 것처럼 보인다.

비록 이러한 결과 형태가 다양한 방식으로 설명될 수 있더라도 (Byrnes, 2001 참고), 수학적 재능에 대한 신경학적 설명을 옹호하는 사람들(또는, 간단히 NEMT)은 신경구조에 반영되는 수학능력의 타고난 차이가 있을 것이라고 주장한다. 좀 더 극단적인 NEMT는 Albert Einstein의 뇌와 천재가 아닌 사람의 뇌 차이를 밝히려는 다양한 노력에서 드러난다. 이렇게 노력해 온 연구자들은 다음과 같은 의문을 가진다. Einstein의 뇌는 훨씬 더 큰가? 그렇다면 크기에서 가장 뚜렷한 차이를 보이는 뇌 영역은 어디인가? 피질의 특별한 층에 특이한 형태의 뉴런을 더 많이 가지고 있는가? 더 많은 시냅스 연결이 있는가?

이 책에서 여러 번 제시했듯이 비논리적인 상향식 접근방법은 비효율적이고 유익하지 못하다. 만약 수학능력이 다른 종류의 능력이라면 뇌의 특정 영역에서 수행되는 일련의 구성 기능들로 이루어질 것이다. 마찬가지로 뇌에서 구조적 또는 기능적 차이를 알아보기 전에 두 가지가 먼저 선행되어야 한다. ① 심리학자들은 수학능력을 구성 기능으로 설명하는 이론들을 만들어야 하고, ② 신경과학자들은 이러한 구성 기능들을 실행하는 뇌 영역들을 찾아야 한다. 이런 정보가 없다면 수학능력과 관계없는 뇌 영역을 조사함으로써 많은 시간을 허비할 수 있다. 게다가 고차원의 능력들은 뇌 전체에 걸쳐 넓게 분포되어 있다(제3장, 제4장, 제6장 참고). 뇌의 한두 영역에 대한 조직검사는 뇌 전체 조직 또는 수학능력 같은 기능의 신경구조를 밝히지 못할 것이다.

세 번째로 두 가지 기본적인 심리학적 이론들이 있다. ① 단지 처리과정을 구성요소 작용들로 세분하는 이론들과 ② 구성요소들이 높은 수준의 수행을 하기 위해 작용하는 방법을 서술하는 이론들이다. 이러한 이론들 간의 차이를 알아보기 위해 자동화와 관련된 다음 유추를 생각해 보는 것은 유용하다. 첫 번째 유형의 이론은 '자동차 엔진이 어떻게 작동하는가?' 라는 질문에 주어질 답과 같다. 여기서는 단순히 구성 부분과 처리과정이 무엇인지에 대해 답하게 된다(예: 배터리는 실린더 내부에 점화 플러그를 발화시킨다. 동시에 연료를 실린더에 뿌린다 등) 반대로 두 번째 유형의 이론은 '왜 경주용 자동차가 일반 자동차보다 더 빠른가?' 라는 질문에 대한 답을 하는 것이다. 즉, 이 질문은 구성요인과 전체로서 시스템의 최적 조건을 기술함으로써 구성요소에 대한 기본적인 설명을 한다(예: 빠른 자동차는 많은 실린더와 많은 양의 연료를 연소시키는 장치 등을 갖는다 등). 그러므로 높은 능력과 낮은 능력을 가진 학생의 뇌에서 발견 가능한 차이에 대한 필요조건은 수학 전문 지식 또는 능력의 본질을 설명하는 심리학적 이론이다. 수학기술을 구성하는 요소들을 단순하게 나열하는 것만으로는 충분하지 않다. 일단 구성요소들의 최적의 작용이 정의되었다면 여기서 특정 종류의 신경 조합들이 이런 최상의 수행을 지지할 수 있었던 방법을 생각할 수 있을 것이다. 예를 들어, 수학 능력에 관한 심리학 이론이 수학 전문 지식이 주어진 문제와 관련된 사실, 절차, 전략을 빨리 인출한다고 주장한다면(예: Byrnes & Takahira, 1994), 신경과학적 접근은 문제 관련 정보의 선택적 인출 외에도 고속 수송체계를 허용할 수 있는 뇌구조를 생각하려고 노력할 것이다. 유용하지 않은 신경과학 접근은 수학 지식이 인출될 때 활성화될 것 같은 뇌 영역을 찾는 것이다. 이러한 접근은 과학자가 사람들을 다음의 세 유형으로 구별하는 데 도움을 주지 않는다. 즉, ① 관련된 정보를 꽤 천천히 회상하는 사람들, ② 관련된 정보를 빨리 회상하는 사람들, ③ 관련 없는 정보를 빨리 회상하는 사람들이다. 이 세 가지 유형의 사람들 모두에 있어서 같은 뇌 영역이 활성화되는 결과를 보게 될 것이다.

네 번째로 복잡한 문제는 선천적인 능력(적성)과 후천적 전문성 간의 차이다. NEMT를 지지하는 사람들은 수학적 지식을 경험하기 전에 이미 존재한다고 믿고, 능력의 구조적 차이에 초점을 두는 경향이 있다. 다시 말해, 이러한 옹호자들은 뇌조직(또는 신경 기능)의 초기 상태가 수학 지식과 기술을 배우고 유용하게 쓰이는 방법을 결정한다고 주장한다. 예를 들어, 어떤 학생들은 수학문제 해결과 관련이 있는 뇌 부분인 전두엽과 두정엽에 더 많은 뉴런을 가지고 있다고 주장할 수 있다. 또는 수초화 과정이 다른 사람들보다 더 빨리 발생한다고 주장할 수 있다. 수학 수업에서 같은 내용을 직접 체험했다고 해서 두 사람이 비슷한 유형의 신경 조합들을 구성하는 것은 아니다.

반면에 후천적인 전문성에 근거한 설명은 발달상 나중에 나타나는 차이만큼 뇌 발달의 초기 차이에는 관심을 갖지 않는다. 후천적인 전문성을 옹호하는 사람들은 수학 전문가들이 유능하지 않은 동료들과는 다른 뇌를 가지고 있다고 동의할 것이다. 그러나 그들은 전문가들이 비전문가들이 경험하지 않은 경험을 했기에 다른 뇌를 가지고 있다고 주장할 것이다. 이러한 경험들은 적절한 신경 조합들을 만드는 데 도움이 되었다는 것이다(경험이 어떻게 이런 방식으로 뇌를 조직할 수 있는지 제2장을 참고하라). 여기서 자동차와의 유사점을 다시 살펴보면, 선천적인 능력의 관점에서는 어떤 사람들은 '경주용 자동차' 와 같은 뇌를 갖고 태어난 반면에 다른 사람들은 '일반 자동차' 와 같은 뇌를 가지고 태어난다고 주장할 것이다. 그러나 후천적인 전문적 지식의 관점에서는 '일반 자동차' 로 출발하다가 일부는 경험을 통해 '경주용 자동차' 로 바뀐다고 주장할 것이다.

이런 개괄적인 설명을 염두해 두면서 최근 최고의 수학적 재능(그리고 점에 관한 성별 차이)의 기원에 대한 몇 가지 제안들을 살펴볼 수 있다. 영재의 특성을 이해하기 위한 노력으로 미국에서 몇몇 대학의 연구자들은 7학년 영재들의 수학능력을 향상시키기 위한 여름 프로그램을 만들었다. 이 프로그램에서 아이들은 처음에 수학 또는 다른 과목 영역에 대한 매우 높은 표준화검사 점수를 기초로 그 능력을 확인받고 선발되었다. 일단 특정 프로그램에 등록된 후 아이들은 SAT를 포함한 다양한 검사를 받았다. 특히, 1% 미만의 아이들은 SAT에서 700 이상의 점수를 받았다(Benbow, 1988). 단지 6%의 고학년(12학년)만이 그렇게 높은 점수를 받는다는 사실을 고려할 때 이것은 상당히 고무적인 것이다. 더 심도 있는 분석은 700점 이상의 점수를 받은 7학년생 거의 대부분이 남학생이라는 것이다(실제적으로 여학생 1명당 남학생 12명의 비율이다).

이러한 발견에 대하여 다음에 제시되는 두 가지 질문은 타당한 것 같다. ① 어떻게 13세 학생들이 12학년생들에게도 어려운 수학시험(즉, SAT시험)을 잘 보는 것이 가능한가? ② 왜 SAT에서 700점 이상을 받은 능력 있는 학생들 중에는 남학생이 더 많은가? 이러한 결과들을 설명하기 위해 제시된 몇 가지 다른 연구들이 있다(Byrnes, 2001). 그러나 가장 흥미 있게 전개된 설명은 수학능력이 신경학적 근거를 갖고 있다는 것이다(예: Benbow, 1988과 논평집 참고). NEMT는 능력 있는 남학생과 여학생이 수학과 관련된 태도에서는 다르지 않다는 것을 보여 준다. 또한 연구자는 최고의 재능을 가진 7학년생들에서 나타나는 성별 차이가 남학생이 여학생보다 더 많이 수학과목을 수강했기 때문이라고 주장을 할 수 없다.

경험적 차이를 근거로 한 대안적인 설명들이 적합하지 않으므로 NEMT 옹호자들은 수학기술의 가능한 해부학상 또는 생리학상 기준에 대한 증거를 찾기 시작했다. 난독증의 해부학적 연구를 수행한 Norman Geschwind와 그 동료들의 연구결과를 기초로 NEMT 옹호자들은 자신들이 필요로 했던 증거를 찾아냈다. 제6장에서 언급했듯이 Geschwind 등은 세 가지 발견들을 설명하고자 했다. 그것은 ① 여학생보다 남학생의 경우 언어 문제의 발생 빈도가 높다는 것, ② 난독증 아이들의 일부 뇌 영역 크기에 대한 대칭 또는 역비대칭, ③ 왼손잡이, 언어장애, 면역결핍 사이의 예상치 못한 경험적 연결(Geschwind & Behan, 1982; Geschwind & Galaburda, 1985)이 그것이다. 이러한 모든 발견들을 설명하기 위해 Geschwind와 그 동료들은 다음과 같은 내용을 제안했다. 태아기 발달 동안 테스토스테론 수준은 좌반구의 성장에 부정적인 영향을 미친다. 오른손을 사용하고 좌반구로 언어 편측화되는 대신, 영향을 받은 사람들은 우반구 혹은 양반구로 언어 편측화된 왼손잡이가 된다. 이러한 변형된 생리 기능은 차례로 발달적 난독증, 손상된 언어 발달, 자폐성과 같은 문제를 일으킨다. 테스토스테론 수준은 또한 면역체계의 장애를 일으키는 흉선에 영향을 미친다(예: 알레르기, 대장염, AIDS). 좌반구와 우반구의 크기에서 비대칭을 설명하기 위해 Geschwind와 그 동료들은 테스토스테론이 좌반구의 성장 속력을 늦추거나 우반구의 정상적인 수축을 방해할지도 모른다고 제안했다.

이러한 제안은 어떤 개인들이 비전형적인 좌우반구 지배성과 평균보다 더 큰 우반구를 가지고 태어날지도 모른다는 주장 때문에 NEMT 옹호자들에게는 희망적인 제안으로 받아들여진 것 같다(Benbow, 1988). 비록 이런 차이들이 질적인 것이 아닌 양적인 것일지라도 우반구는 전형적으로 비언어적인 과제에 대해, 좌반구는 언어적 과제에 대해 분화되었다고 생각되고, 특히 계산능력과는 대조적으로 수학적 추론능력은 우반구의 영향이 강할지도 모른다는 것이 이유였다(Benbow, 1988: 180).

이러한 견해를 검증하기 위해 Benbow와 그 동료들은 영재 아이들이 영재가 아닌 아이들보다 왼손을 더 잘 쓰고 면역장애(예: 알레르기)를 더 가졌는지에 대해 연구해 왔다. 어느 손을 더 잘 쓰는지 알아보기 위해 Benbow와 동료들은 십만 명의 영재 학생 표본에서 뽑힌 다음 두 유형의 아이들에게 에든버러 검사(Edinburgh Handedness Invertory: EHI)(Oldfield, 1971)를 제시했다. ① SAT 수학에서 700점 이상 또는 SAT 언어에서 630점 이상을 얻은 매우 발달이 빠른 아이들 집단(N = 303), ② SAT 수학에서 500점에 가까운 발달이 약간 빠른 아이들 집단(N = 127)이 비교집단이었다. EHI 목록에 대한 기준은 스코틀랜드 성인의 8%가 매일 업무를 수행하는 데 때때로 또는 자주 왼손을 사용한다고 밝힌 반면에, 수학에 대해 발달이 매우 빠른 집단의 13%의 아이들과 발달이 약간 빠른 집단의 10% 아이들이 이런 방식으로 왼손을 사용한다고 주장하였다(Benbow, 1986). 왼손을 사용하는 비율이 스코틀랜드 성인보다 발달이 빠른 아이들에게서 더 높게 나온 반면에($p < .04$), 두 가지 다른 비교, 즉 ① 발달이 늦은 아이들 대 스코틀랜드 성인과 ② 발달이 빠른 아이들 대 발달이 늦은 아이들에서는 유의미한 차이가 없다고 밝혀졌다. 하지만 발달이 빠른 학생들과 스코틀랜드 성인 사이의 유의미한 차이가 표본 크기의 작용 때문이라는 점에 주목할 필요가 있다. 성인 표본의 경우, 1000명 이상이 포함되었다. 표본의 크기가 600보다 적었더라면 13%와 8% 사이의 차이는 더 이상 통계적으로 유의미하지 않을 것이다.

Benbow(1988)는 발달이 빠른 학생들에게서 나타나는 왼손잡이

성별 차이에 대해 여성이 왼손을 사용하는 경우(11%)보다 남성의 경우가 더 많다고(16%)보고했다($p < .05$. 확인되지 않은 검사 사용). 그러나 본 저자는 Benbow(1986)의 자료에서 빈도를 비교하기 위해 표준화 검사(즉, 카이제곱 검사)를 적용했고, 16%와 11% 사이에 유의미한 차이가 없다는 것을 밝혔다($p = .17$). 더욱이 수학적으로 발달이 빠른 남성(14%)과 여성(6%) 사이에 주요한 차이 또한 유의미하지 않았다($p = .33$).

면역장애에 관하여 매우 높은 수학능력을 가진 학생들은 일반 모집단의 아이들보다 알레르기를 가지고 있는 비율이 2배 더 많았다(53% 대 25%)고 Benbow(1988)는 보고한다. 그러나 모집단 수는 Benbow에게 제공된 면역장애에 대한 검사자의 평가였기 때문에 어떤 통계적 검정도 이 예에 적용되지 않았다. 그러나 25%의 모집단 비율이 10명 또는 그 이상의 아이들을 상대로 했다면 이런 차이는 유의미할 것이다. 수학에서 매우 발달이 빠른 학생들의 비율(53%)과 주어진 표본에서 발달이 늦은 학생들의 비율(35%)에 적용된 카이제곱 검정은 꽤 유의미한 차이를 드러냈다($p < .001$). 하지만 발달이 빠른 남학생(53%)과 여학생(54%)에 대해 알레르기 발생에서 차이는 유의미하지 않았다.

그러므로 왼손잡이와 오른손잡이 그리고 알레르기에 기초한 지금까지 연구결과들은 능력 있는 아이들, 일반 아이들 그리고 영재아, 특히 남자 영재아들이 우반구와 더 많이 관련되었다는 생각을 뒷받침하지 못한다고 종합할 수 있다. 그러나 이러한 연구들이 실질적으로 왼손잡이와 오른손잡이 그리고 알레르기에 관한 측정을 정확했게 하지 못했기 때문에 우반구(RH) 제안을 직접적으로 검증한 것이 아니라고 볼 수도 있다. 더 직접적인 접근은 뇌영상 또는 전체적인 전기기록 기술을 이용해서 우반구와 좌반구의 활동 형태를 조사하는 것이다. 후자를 이용한 문헌연구에서 O' Boyle과 Gill(1988)은 영재 청소년들이 청각자극을 듣거나 얼굴 표정을 처리할 때 비영재 청소년보다 우반구를 더 사용한다고 보고한다. 더욱이 영재 청소년들은 대학생들과 비슷한 신경세포들의 휴식패턴을 나타내며, 이 측면에서 비영재 청소년들과는 유의미한 차이가 있는 것으로 확인되고 있다(즉, 전두엽과 후두엽에서 더 활성화된다).

마지막으로 영재 남학생과 여학생의 비교에서 언어자극 외에도 안면처리(processing of faces)와 심적 회전(mental rotation)에 대한 우반구의 관련성에서 성별에 따른 차이가 있음이 밝혀졌다(남성이 더 많은 활성화를 보임). 하지만 언어자극에서는 그렇지 않다. 더욱이 Alexander, O' Boyle 및 Benbow(1996)가 제시한 차트들은 영재 여학생보다 영재 남학생에게서 전두엽과 두정엽에서 더 큰 비활성화를 제시하는 것 같다. 그러나 구체적인 비교는 본문에 제시하지 않았다. 더 넓은 우반구 영역이 더 높은 SAT 수학점수와 관련 있는지를 보여 줄 수 있는 한 연구(즉, O' Boyle & Benbow, 1990)에서도 이를 확증적으로 보여 주지는 못했다. 왜냐하면 연구자들이 SAT 수학점수가 제한된 범위 내에 분포해 있다는 우려를 나타냈기 때문이다. 저자들은 편측성 점수와 SAT 점수가 $r = -.29$의 상관이 있음을 보고했다. 그러나 전체 SAT 점수 또는 SAT 언어점수 중에서 어느 점수가 이러한 상관을 계산하는 데 사용되었는지는 분명히 제시되지 않았다.

그러므로 일반적으로 영재아, 특히 남자 영재아들이 다른 사람들보다 우반구를 더 사용하는 경향이 있기 때문에 수학능력에서 더 낫다는 생각을 지지할 증거는 거의 없다. 더욱이 이 RH 주장에 대해 진지하게 의심해 볼 다른 이유가 있다. 첫째, 대부분 신경과학자들은 전두엽이 고차원적인 추론 영역인 것 같다고 가정한다(Luria, 1973). 우반구의 훨씬 뒤쪽의 영역은 수학에서 개념적 지식의 어떤 측면 또는 공간 추론의 어떤 형태와 연관될 수 있다(전부는 아니지만). 그러나 이러한 영역들은 작동기억과 주의와 관련될 때 활성화된다(제3장 참고). 그러므로 매우 뛰어난 수학자가 재능이 없는 개인보다 더 많이 우반구를 사용했다는 증거가 있다 하더라도, 그 차이는 재능 있는 수학자들이 수학 개념, 공간기술 또는 작동기억에 더 크게 의존한다는 것을 반영할 수 있다. 이런 능력들은 SAT를 잘하기 위해 필요한 종류의 추론과 연관될지도 모른다. 그러나 문제 이해와 전략적 계획의 핵심 과정은 전두엽과 연관된 것 같다.

둘째, 읽기장애를 설명하기 위해 설계된 이론(예: Geschwind와 동료들의 모형)이 왜 높은 수준의 수학능력을 설명하는 데 적당한지가 분명하지 않다. 만약 Geschwind의 모형이 실제적으로 적용된다면 수학 영역에서 매우 발달이 빠른 아이들 중에 읽기장애를 발견하는 것은 기대될 수 있는 것이다. 그러나 사실상 이러한 아이들 대부분은 수학능력과 더불어 상당한 언어능력도 가지고 있다(Benbow, 1986, 1988). 셋째, 제6장에서 Geschwind와 동료들의 제안을 지지할 만한 근거가 매우 적다고 언급한 바 있다.

넷째, 신경학적 설명을 옹호하는 지지자들은 어떻게 지식 기반 또는 경험 기반 설명들이 실행 가능하지 않은지를 실제적으로 보여 주지 못했다. 예를 들어, 13세 영재 아이들은 고등학교 수학 교과과정을 이수하지 않았기 때문에 지식과 추론 기술을 다른 데서 배워야 한다. SAT 수학 검사는 산술, 대수, 기하학 지식을 요구한다는 점에 주목하라. 많은 평범한 아이들은 7학년 또는 8학년에 이런 주제로 직접 교육을 받는다. 그리고 대부분 영재 아이들은 그보다 2~3년 전에 이러한 주제로 교육을 받는다. 더욱 학교에서 영재아들을 위한 교육은 문제해결 게임을 연습하는 것뿐만 아니라 학교 밖에서 수학과 관련된 활동들을 하는 것과 관련이 있다. 이러한 경험 기반 관점에 대한 유일한 대안은 급진적인 생득주의다(즉, 영재 아이들은 산술, 대수, 기하와 같은 주제의 지식들을 이미 갖고 태어났기 때문에 이러한 지식에 노출될 필요가 없었다). 그러므로 문제는 영재아들이 비영재아보다 어떻게 더 많은 지식을 가졌느냐가 아니라, 어떻게 이 같은 내용을 배웠는지가 될 것이다.

마지막으로 연구자들이 영재아와 비영재아 사이의 미묘하지만 중요한 구조적 차이를 주목하는 것은 가치가 있다. 만약 차이가 존재한다면 이런 차이는 무엇 때문인가? 지금까지 이러한 질문에 답을 제시했던 논의들은 거의 없다. 핵심적인 문제는 이런 차이들이 존재하든 그렇지 않든 간에 언제 어떻게 이런 차이가 발생했는가에 있다. '어떻게' 라는 관점에서, 이 책에 제시된 연구는 뇌구조에 영향을 미치는 수많은 요인들(예: 유전학, 호르몬, 경험)이 있다는 것을 제시한다. '언제' 라는 관점에서 어떤 설명들은 뇌구조의 차이가 수학 내용을 접하기 이전에 존재한다고 주장하는 반면(선천적인 능력 관점), 다른 설명에서는 그러한 차이가 수학 내용에 대한 차별적 경험으로부터 발생한다고 가정한다(후천적 전문성 관점).

5) 신경과학적 문헌의 요약

이 장에서 짐작할 수 있는 것처럼 수학 기능에 대한 신경과학적 연구들은 거의 없는 것 같다. 이 정도의 문헌들에서 확실한 결론을 이끈다는 것은 매우 어려운 것이다. 우리가 불확실하지만 말할 수 있는 것은 ① 계산기술은 대개 좌반구에 제한되는 것 같다(항상 그런 것은 아니지만) ② 개별적인 수학 요소들과 절차들은 그들의 분리된 피질 영역에 저장되는 것 같다(예: 한 영역에는 곱셈요소들, 다른 영역에는 나눗셈 절차들 등). ③ 비교와 서술적 기술은 우반구의 후측 영역에 위치하는 것 같다(항상 그런 것은 아니지만). ④ 영재아들은 비영재아들보다 우반구를 많이 사용하고 좀 더 많은 알레르기를 가지는 것 같다(항상 그런 것은 아니지만). 그러므로 앞으로 수학기술의 신경과학적 기초에 대해 학습할 것은 많다고 할 수 있을 것이다.

3. 결론, 유의점 및 교육적 함의

다른 장과 마찬가지로 이하에서는 다음의 네 가지 질문을 고려함으로써 수학능력에 대한 연구의 함의에 대해 말할 것이다.

① 수학기술의 심리학적 설명과 신경과학적 설명 사이에 얼마나 많은 일치성이 존재하는가?

② 이러한 설명들은 하나의 통합된 관점으로 설명하는 것이 가능한가?

③ 두 가지 견해에서 나타난 수학능력을 얼마나 확신할 수 있는가?

④ 두 가지 견해에서 알게 된 연구결과를 근거로 생각할 때 학생들은 언제 그리고 어떻게 학습하도록 해야 하는가?

1) 일치성 문제

수학능력에 대한 심리학적 · 신경과학적 측면들의 비교는 이 두 영역의 연구가 거의 일치되지 않는다고 제시한다. 심리학자들(그리고 교육자들)이 다양한 종류의 지식, 전략 그리고 문제해결 기술들을 강조하는 경향이 있는 반면, 신경과학자들은 산술계산 또는 순서 판단과 같은 낮은 수준의 기술들을 강조하는 경향이 있다. 더욱이 수학적 추론의 핵심 작용들의 수행을 담당하는 뇌 영역을 찾는 데 도움을 줄 '로드맵' 으로서 심리학적 설명을 적용해 왔다는 증거는 거의 없다. 게다가 수학에 대한 신경과학적 연구들은 현대 심리학 이론들에 거의 영향을 주지 않았다.

이러한 일치성이 부족한 이유는 분명하지 않지만 그럴듯한 두 가지 설명은 가능하다. 첫째는 수학에 대한 신경과학적 연구들이 상대적으로 거의 이루어지지 않았다는 것이다. 더욱이 세부적인 내용들을 다룬 연구들을 찾아보기 어렵고 또 잘 다루어지지 않는 것 같다. 둘째는 수학 특정 결함이 언어 특정 결함 주의 특정 결함 또는 기억 특정 결함보다 일반적이지 않다는 것이다(Dehaene, 1996). 다시 말해, 수학 결함을 경험한 많은 사람들은 다른 영역에서도 결함을 경험한다. 그러한 복합적인 장애를 가진 사람들에게서 순수하게 계산을 하지 못하는 경우가 드물기 때문에 이를 문헌들에서는 간과해 온 것 같다. 복합장애가 많은 것은 수학에서 높은 수준의 수행이 작동기억과 계획의 성향과 같은 영역 일반적인 능력을 필요로 하기 때문이다. 후자의 과정은 전두엽에 중심을 두고 있다고 단언해 왔다(Luria, 1973; 제3장 참고).

그러나 심리학과 신경과학적 입장이 일치된다고 보는 견해도 있다. 특별히 수학을 두 개로 분리하는 것(위 참고)은 흥미를 유발하는 사례로 수학을 선언적, 개념적, 절차적 지식으로 구별하는 관점은 교육자들과 심리학자들의 주장을 강력하게 지지한다(Byrenes & Fox, 1998). 그러나 불행하게도 이러한 종류의 지식 사이에 가능한 연결관계를 살펴보는 연구 결과들은 거의 없다. 논리적으로 적어도 세 가지 가능성들이 존재할 수 있다. 첫째로 필요한 모든 지식(즉, 선언적, 개념적, 절차적 지식)을 가지고 있으나 그 지식들이 본질적으로 서로 연결되지는 않고 있는 경우다. 이 경우 목표와 관련된 사고와 초인지적 사고 활동들이 필요한 정보(그리고 전략)를 찾아내고 관련되지 않은 요소들을 서로 연결시키는 역할을 수행할 것이다. 둘째로 높은 수준의 개념적 지식은 학생의 절차적 실수들을 하지 않도록 도와준다(Hiebert & LeFevre, 1987). 셋째로 개념적 지식은 배움의 절차를 위한 기초를 제공하고 또 동기를 강화한다. 학생들은 이해하지 못했을 때보다 이해했을 때 내용에 더욱 끌리는 것처럼 보이기 때문에 학생들의 동기는 강화된다. 지금까지 알려진 뇌연구가 이러한 견해들을 평가하는 데 사용될 수 없었고, 사실 언젠가 뇌연구가 해낼 수 있을지도 분명하지 않다.

2) 통합 문제

'일치성' 과 '통합' 의 구성 개념들은 벤다이어그램 또는 Hegel의 정반합의 논리와 비슷한 이론적 틀에 기초한다. 일반적인 경우(예: 경쟁적인 두 이론들)에 일치되어 통합된 많은 부분과 그렇지 않은 부분들이 있다. 그러나 수학에서 심리학과 신경과학적 관점들의 경우에 신경과학적 관점은 계산과 순서 판단에 관련될지 모르는 뇌 영역의 일부 설명을 제외하고는 심리학적 관점에 본질적으로 포함된다. 따라서 심리학적 설명은 신경과학적으로 설명하는 모든 것을 거의 포함하고 그러한 기본적인 주장을 꽤 상세히 설명한다. 이로써 '심리학과 신경과학적 견해가 통합된 한 가지 견해로 융합되는 것이 가능한가' 라는 질문에 간단히 '그렇다' 고 답할 수 있을 것이다.

3) 확신 문제

다른 장에서도 언급했듯이 확신 문제는 심리학적 · 신경과학적 연구의 두 가지 기본적인 측면에 따라 정해진다. 그것은 ① 사용된 측정의 타당도, ② 전반적인 연구 결과들의 일관성이다. 이를 수학연구에 적용한다면, 첫 번째 논쟁점은 사용된 측정기술(예: 종이-연필 과제, EEG 기록 등)이 수학 기능의 타당한 지표가 되는가다. 측정은 당신이 측정하고 있다고 생각하는 것을 측정하는 정도만큼 타당하다(즉, 당신이 X를 측정하려고 한다면 실제로 그래야 한다). 반대로 타당하지 않은 도구는 측정의 내용을 잘못 이해하도록 하거나(우리가 측정하려는 것은 X인데 실제로는 Y를 측정하는 것으로) 두 가지 의미로 해석된다(즉, X의 의미나 Y의 의미로 반응할 수 있다). 일관성과 관련된 쟁점은 심리학과 신경과학 분야의 연구들에서 같은 결과가 반복해서 나타났느냐 하는 것을 포함한다.

이 장에서는 수학에 관한 심리학적 연구의 타당성과 일관성에 대해 포괄적인 논의를 하였다. 연령에 따른 경향(예: 언제 아이들이 처음으로 덧셈을 이해하는가?)과 지식의 다중적 형태를 가정할 필요(예: 개념적, 절차적, 선언적 지식)에 대해 논의할 점이 있을지라도 연구들은 상당한 일관성이 있다고 말할 만큼 만족스럽다. 예를 들면, 아이들에게 '0.35 + 2.19'의 답을 계산하도록 요구할 때, 이 과제는 절차적 지식을 측정하는 것일 수도 있고, 더불어 다른 유형의 지식을 측정하는 것일 수도 있다. 비슷하게 아이들에게 왜 5/6이 '1/2 + 1/3'의 답이 되는지 설명하도록 요구할 때 아이들은 개념적 지식에만 의존해서 설명한다고 말하는 것이 정확하다고 할 수 있는가? 그렇다면 이 장의 서두에서 제시한 심리학적 서술의 장점을 고려하는 데 관심을 가질 것이다. 결과적으로 심리학자와 교육자들은 이러한 서술이 합리적으로 정확하다고 받아들이고 있는 것 같다.

그렇지만 이 장에서 서술된 신경과학 연구 결과들을 성급하게 확신할 수는 없다. 제1장에서 언급했듯이 모든 신경과학적 방법들은 나름의 문제가 있다. 결과적으로 우리는 다양한 연구자들이 여러 방법(예: PET, fMRI, EEG, 컴퓨터 시뮬레이션 등)을 사용하여 같은 결과를 발견할 때까지 수학기술에 대한 신경과학적 주장들을 확신할 수 없다. 그러므로 수학기술에 대한 부가적인 신경과학적 연구들이 필요하다. 더 나아가 새로운 연구들은 심리학 영역에서 나타나는 수학적 능력의 서술에 바탕을 두어야 한다. 신경과학 연구들이 높은 수준의 수학학습활동을 지지할 수 있는 구조에 대한 탐색을 시작하는 것이 유용할 것이다. 이런 광범위한 구조에 대한 단서는 SAT와 같은 문제를 해결할 때의 영재와 비영재아의 차이에 관한 fMRI 연구에서 나올 수 있다. 일단 활성화되는 뇌 영역들이 밝혀지므로 연구자들은 빠르고 정확하게 창조적인 수학적 추론을 지지할 수 있는 영역 내 그리고 영역 간 미시구조들을 생각할 수 있을 것이다.

4) 교육적 함의

앞의 내용을 요약하면, 심리학 영역에서 등장하는 수학기술의 설명에 대해 타당한 확신을 가질 수 있는 반면에 신경과학자의 수학과 관련된 주장에 대해서는 아직까지 확신할 수 없다. 그러므로 대부분 교육적 함의는 심리학적 측면을 기초로 하고 있다(최소한 좀 더 신경과학적 연구가 실행될 때까지). Byrnes(2001)는 수학기술 발달의 광범위한 연구 보고서를 재검토하고 다음과 같은 함의를 제시한다.

① 취학 전 경험은 아이들이 가지고 있는 수학적 개념과 절차적 지식을 향상시킬 수 있는 방법으로 구조화되어야 한다(이러한 지식이 비형식적 또는 함축적인 것이 될 수 있을지라도). 즉, 1학년 학생들이 수학적 사고의 상호작용이 시작될 때까지 기다릴 필요는 없다.

② 교육은 아이들의 비형식적인 수학적 사고와 학교에서 가르치는 형식적 수학 사이의 다리 역할을 해야 한다.

③ 모든 수준에서 교육은 미국 수학교사협회(NCTM)의 '수학

2000' 의 권고와 일치해야 한다. 좀 더 먼저 나타난 수학 기능의 일치된 견해는 이러한 많은 권고의 기초로서 제공된다.

④ 교육적 활동은 다양한 언어적 문제에 대한 스키마뿐만 아니라 수 개념의 획득을 향상시켜야 한다. 학생들에게 이러한 지식을 스며들게 할 가장 좋은 방법은 구조적으로 비슷한 문제를 풀게 하는 것이고 이런 문제들로 유사한 방법들을 생각하게 하는 것이다(Gick & Holyoak, 1983; Sweller & Cooper, 1985).

⑤ 연습 문제들은 해답이 타당하고 정확할 때와 그렇지 않을 때에 정확한 초인지적 이해를 향상시키도록 설계되어야 한다.

⑥ 마지막으로 폭넓은 연습을 대신할 만한 것은 없다. 교사들이 구체적으로 해결하는 절차들을 결합하거나 유의미하게 문제를 해결하는 데 의존할 때조차도 학생들은 여전히 다양한 절차적 오류를 만든다(Byrnes, 1992; Petersonet al., 1989; Resnick & Omanson, 1987). 비록 사람들은 한편에는 '의미' 가, 다른 한편에는 '반복' 이 있다고 이분법적으로 생각하지만 실제로는 그렇지 않다. 가장 좋은 접근방법은 연습을 의미 있고 목표지향적인 활동 속에 포함시키는 것이다.

제 8 장

결 론

이 장의 목적은 지금까지 제시한 연구와 주장을 다시 확인하고 통합하고 토론하는 것이다. 이러한 문제에 접근하는 가장 좋은 방법은 다음의 두 가지 질문, 즉 ① 어떻게 뇌연구가 심리학 이론과 교육 실제와 관련될 수 있는가, ② 뇌연구에 대한 심리학적, 교육적 관련으로부터 무엇을 알게 되었고 무엇을 더 알아야 하는가다. 이 장의 첫 부분은 이 두 질문에 답하는 것에 집중한다. 두 번째 부분의 목표는 최근 발간된 대중 잡지, 의사들을 대상으로 한 출판물, 부모를 대상으로 한 출판물에 나타난 뇌에 대한 주장을 평가하는 것이다.

1. 두뇌연구의 교육적 · 심리학적 관련성: 알려진 것과 알려지지 않은 것

이 책의 독자 중 특정한 종류의 정보를 찾기 위해 웹 검색을 한 적이 있다면 관련성의 문제에 마주쳤을 것이다. 웹 검색에서 어떤 사람이 하나의 주요 단어 또는 몇 개의 주요 단어를 검색 엔진에 입력(예: 감기(common cold) 치료법)하면 검색 엔진은 그 영역과 관련된다고 추측하는 웹 페이지 목록을 보여 준다(웹 검색 엔진에 의해). 그러나 이 목록들은 대개 관련된 사이트(예: 일반적인 감기에 대한 정보가 있는 건강 관련 사이트)를 보여 주기도 하지만 관련 없는 다른 사이트도 보여 준다(예: 사실혼(common law marriage) '냉담한' 관계로 바뀔 경우 어떻게 해야 하는가에 대한 정보가 있는 사이트). 아마도 사람들은 이들 중에서 자신이 필요로 하는 정보를 포함하고 있는 사이트만을 골라 계속 탐색할 것이다.

이러한 예에서 볼 수 있는 것처럼 사람들은 보통 자신의 목표를 달성하는 데 도움을 주는 정보인가를 판단한다(Pintrich & Schunk, 1996). 이와 같이 심리학자들은 연구가 마음이나 발달에 대해서 학습하려는 전문적인 목표를 성취하는 데 도움을 줄 수 있다고 믿을 때만 뇌에 대해서 더 많이 배우려고 노력할 것이다. 비슷하게 교육자들은 효과적인 수업이나 학생들을 더 잘 이해하기 위한 전문적인 목표를 달성하는 데 도움이 된다고 생각할 때 뇌에 대해서 더 많이 알려고 노력할 것이다. 이 책은 어떻게 뇌연구가(만약 이 연구가 특별한 방법으로 접근된다면) 마음, 발달 그리고 효과적인 교수 실제를 잘 이해하도록 하는 데 사용될 수 있는가를 보여 주기 위해 저술되었다.

이전 장에서 언급한 것처럼 이러한 '특정한 방법'은 심리학적 이론이 여러 요소와 하위 요소(예: 장기기억 대 단기기억)로 마음을 모형화하고 연구하는 것과 관련된다. 만약 현존하는 심리학적 기능이나 기술(예: 기억)을 설명하는 방법이 한 가지만 있다면 실험을 할 필요가 없을 것이다. 하지만 심리학적 기능을 구성 요소들로 나누는 데는 많은 방법이 있다. 이외에도 발달을 설명하는 많은 방법이 있다. 이러한 다양한 가능성 가운데서 이론적 결정을 내리기 위해 심리학자들은 어떤 모형을 '포함시키고' 어떤 모형은 '배제한' 실험을 수행해야 할 필요가 있다. 이 책과 다른 책(예: Kosslyn & Koenig, 1992)에서는 특정한 이론 설명을 지지하기 위해서 전통적인 심리 실험에서 나온 자료를 신경과학 연구 자료와 결합해야 한다고 주장한다. 이러한 공동의 노력이 계속되면 심리과정에 대한 매우 정교한 이론적 발달을 이끌 것이라고 기대된다.

정신과정에 대한 더 정밀한 이론의 발달에서 가장 중요한 결과는 그 이론들이 더 효과적인 수업 양식의 개념적인 기초를 구성할 것이라는 것이다(후자는 절차적 지식의 양식임). 효과적인 수업 양식은 마음의 설계와 양립하는 데 비하여, 비효과적인 수업 양식은 설계와 양립하지 않는다(Byrnes, 2001). 그러므로 어떤 학생이 수학에 대한 정확한 개념적 지식을 갖고 있다면 수학 절차들을 더 적절하게 사용할 수 있을 것이다(제7장 참고). 그리고 어떤 교사가 학생의 학습과 행동, 인지 발달, 동기에 대한 정확한 개념적 지식이 있다면 수업기술을 더 적절하게 사용할 수 있을 것이다.

선행 분석은 뇌연구가 마음, 발달, 학습에 도움을 주는 정도에 따라서 심리학과 교육 분야와 관련을 갖게 됨을 보여 준다. 뇌연구의 어떤 측면은 이런 이해를 증진시키는 데 도움이 되는 반면, 다른 측면은 직접적인 적용에서 몇몇 단계가 없기 때문에 그렇지 않을 수 있다. 예를 들어, 신경과학적 문헌에서 수집될 수 있는 다음의 두 가지 정보 항목을 생각해 보자. ① 언어와 공간적 작동기억을 위한 분리된 뇌 영역이 존재하는 듯 보인다(제3장 참고). ② 신경자극은 칼륨 이온의 흐름에 의존한다. 첫 번째 항목은 심리학자와 교육자의 목표에 직접적인 관련이 있는 반면, 두 번째 항목은 기껏해야 간접적인 관련이 있을 것이다. 효과적인 면에서 심리학자와 교육자는 첫 번째 항목과 같은 종류의 정보에 익숙해지도록 노력해야 한다.

어떻게 뇌연구가 관련될 수 있는가에 대한 문제를 논의하면서 나는 지금 관련된(여기서 세워진 기준에 따라) 연구 결과 중 일부분의 함의를 고려할 수 있다. 제2장 '뇌 발달' 에서 우리는 뇌의 초기와 후기 세포구축을 결정하는 두 가지 주된 처리 유형(내인과 외인)이 있다는 것을 배웠다. 내적인 요인(intrinsic factor)은 유전적 정보에 의해 결정되고, ① 뇌의 다른 부위에서 세포의 수, 유형, 최종 위치, ② 특정한 표적을 향하는 축색돌기, ③ 상호 연결에 대한 '이전 경험' 을 촉진시키기 위한 자발적인 발화(firing)와 같은 것을 포함한다. 외재적 요인(extrinsic factor)은 구심자극(예: 시각적, 다른 종류의 경험), 영양요소를 얻기 위한 세포들 간의 경쟁, 이웃 세포, 영양, 독소 간의 화학적 신호 같은 것을 포함한다. 적어도 이러한 설명은 성인 뇌의 신경조직이 태어났을 때부터 정해지지 않았다는 의미다. 즉, 어떤 두 사람의 뇌가 시간이 지남에 따라 나타날 수 있는 구조적인 차이를 설명하는 많은 방법이 있다(예: 유전, 경험, 태내의 영양 상태 등). 마찬가지로 관찰된 뇌의 차이를 하나의 특정 요인에 원인을 돌리는 것(확증적인 증거 없이)도 현명하지 않다. 예를 들어서, 유전, 경험, 영양 모두가 사람의 해부학적 연구에서 볼 수 있는 구조적 차이(예: 오른쪽 두정엽의 높은 뉴런 밀도)를 야기한다면, 그 차이가 반드시 유전으로 인해 발생했다고 가정하는 것은 부적절할 것이다(왜냐하면 경험이나 영양에 의해 야기될 수도 있기 때문에).

제3장 '기억'에서 우리는 ① 기억이 뇌의 전반에 걸쳐 널리 분포되어 있는 다면적인 과정이고, ② 기억에 대한 심리학과 신경과학의 관점이 많은 부분이 중첩된다는 것을 배웠다. 후자와 관련해서 기억 연구는 어떻게 심리학자와 신경학자가 서로 연계된 관점을 발전시키기 위해 협력할 수 있는가에 대한 전형적인 보기가 될 수 있다. 예를 들어, 심리학자들은 뇌손상 환자에 대한 연구에 부분적으로 기초해서 그들의 몇 가지 이론적 구분(예: 암묵적 기억 대 명시적 기억)을 했다. 신경과학자들은 자신들의 분야에서 뇌의 기억 특수적인 영역을 찾아내는 로드맵으로서 기억에 대한 심리학 이론을 자주 이용하였다. 그러나 이것을 통해 기억 분야의 모든 것이 다 해결된 것은 아니다. 여전히 개별 연구 사이에는 많은 차이점이 남아 있고(예: 뇌에서 기억과 관련된 위치한다고 추정되는 연구 결과가 서로 상충됨) 아직 해결되지 않은, 논쟁이 심한 주제(예: 장기 상승작용에 대한 현상)가 많다. 이를 위해서는 추가 연구를 통해 기억의 통합적 관점을 증명하고 재정의가 이루어져야 할 필요가 있다. 특히, 중요한 연구 방향은 기억기록의 기초가 되는 신경집합의 형성과 고정화(consolidation)와 같은 생물학적 기초를 가진 현상을 이해하는 것이다.

제4장 '주의'에서 우리는 주의가 정향망, 실행망, 각성망으로 구성되어 있다는 것을 알게 되었다. 이 연결망은 주로 양쪽 두정엽, 오른쪽 전두엽 그리고 앞쪽 띠이랑과 같은 특정 영역과 관련되어 있다. 덧붙여 우리는 각성과 관련된 도파민과 노르아드레날린 뉴런에 대한 특정한 관이 있으며, 섬광기억은 부신 호르몬과 혈액 내 포도당의 증가 그리고 초점 주의의 상호작용으로 발생한다는 것을 배웠

다. 신경과학과 심리학의 통합된 관점이 기억 분야에 동등하게 기여했다는 것과는 달리, 주의에 관한 문헌연구는 심리학적 관점(특히, 인지, 발달, 임상심리학자들의 관점)에 크게 지배되는 듯하다. 따라서 신경과학적 연구의 도입은 심리학적 관점을 세련되게 확장시키기 위해 필요한 것처럼 보인다. 덧붙여 주의결핍 과잉행동장애와 주의처리 과정에서 역전된 U자형의 발달곡선에 대한 신경과학적 기초를 이해하기 위해 더 많은 연구가 요구된다(즉, 유아에서 중기 유년기까지의 증가, 후기 성인기까지의 안정적인 수행, 노인기의 수행 감소). 더욱이 주의 선택을 책임지는 뇌 영역들에 대한 명확한 일치가 이루어지지 않았다. 그것은 시상인가, 바깥쪽 무릎핵(lateral geniculate nucleus)인가, 혹은 청반(locus ceruleus)인가?

제5장 '정서'에서 이 주제에 대한 심리학적, 신경과학적 관점이 별로 일치하지 않는다는 것을 알게 되었다. 말하자면 다양한 심리학적 이론은 정서가 평가요소와 반응요소 모두를 포함한다고 주장한다. 상대적으로 신경과학자들은 두 요소 중 하나가 관여될 때 활성화되는 뇌 영역의 위치를 밝히려고 시도하였다. 비슷하게 많은 신경과학적 연구는 두려움에 대한 신경해부를 이해하는 데 영향을 미쳤으나, 이러한 연구는 두려움에 대한 현대 심리학 이론(또는 일반적인 정서에 대한 심리학 이론)과는 거의 관계가 없다. 이러한 상호 영향에 따른 문제는 정서에 대한 신경과학적 연구의 많은 불일치를 야기했기 때문에 더 복잡해지고 있다. 따라서 유용한 심리학적, 신경과학적 연구에서 정서에 대한 통합적인 관점을 이끌어 내는 것은 아직 불가능하다(Davidson & Ekman, 1994; LeDoux, 1995). 그런 관점을 발전시킬 수 있는 한 가지 방법은 정서 분야 연구자들이 기억 분야 연

구자들의 본보기를 따르도록 격려하는 것이다. 또 다른 긍정적인 발전 방법은 동기 분야의 연구자들이 정서를 연구하는 심리학자와 신경과학자들과 서로 협력하는 것이다. 이런 움직임은 정서연구가 현재보다 교수 실제에 더 많은 영향을 줄 수 있도록 도와줄 것이다.

제6장 '읽기' 에서 우리는 읽기에 관한 심리학적, 신경과학적 연구가 두 가지 주요한 결론을 지지한다는 것을 배웠다. 첫 번째 결론은 읽기는 협력하여 수행되는 복합적인 과제로 구성되어 있다는 것이다. 예를 들어, ① 글자와 글자군을 인식하기, ② 글자와 단어 발음하기, ③ 기능어(예: '또는')와 어미(예: '-기')와 관련된 구문처리, ④ 단어 어미를 회상하게 하는 것과 관련되는 의미처리, ⑤ 추상적-구체적 연속체와 관련된 개념처리 과정이 있다. 두 번째 결론으로 이러한 과정들은 최소한 단위성이 약하고 중복적인 것처럼 보인다. 그래서 일반적인 수준에서 읽기에 관한 심리학적이고 신경과학적인 관점은 일치되고 공통된 이해로 수렴되는 듯하다. 하지만 더 특별한 수준에서 읽기장애, 조숙한 독자, 읽기 준비성에 대한 신경과학적 기초와 같은 연구의 주제는 확정적이지 않다. 더욱이 [그림 6-1]에 나타난 네 가지 과정에 대한 정확한 위치와 구성요소의 작용을 결정하기 위해서, 그리고 이 모형이 정교화될 필요가 있는지 알아보기 위해서 밝혀져야 할 연구가 여전히 남아 있다. 추가적인 연구에서 이 문제를 해결함으로써 우리는 읽기에 대한 더 적합한 모형을 발달시킬 수 있을 것이다. 더 나아가 이러한 모형들은 수업현장에서 직접적인 도움이 될 것이다.

제7장 '수학기술' 에서 우리는 신경과학적 설명보다 더 정교화된 수학능력에 대한 심리학적 기술에 대해서 알아보았다. 이와 관련해

서 심리학자와 교육자는 신경과학자들보다 훨씬 더 많은 수학적 수행에 대한 연구를 해 왔다. 그러나 이런 불일치에도 불구하고 수학에서 선언적, 절차적, 개념적 지식 간의 특징을 지지하는 전체적인 증거가 심리학자와 교육자들에 의해 주장되어 왔다. 더욱이 이중해리에 대한 관심은 뇌손상을 입은 환자의 사례 연구에서 등장했다. 장차 신경과학자들이 수학능력 요소를 구성하는 뇌활동의 가능한 영역을 찾기 위한 안내자로서 수학적 능력에 관한 더 정교한 심리학적 모형을 사용할 것으로 기대된다. 더욱이 연구자들은 수학적 능력이 부족하거나 수학적 재능이 뛰어난 경우의 신경해부학적 기초를 더 잘 이해하게 되기를 바란다. 후자의 결과는 교수 실제와 수학기술에서 성별 차이의 기원과 특징을 이해하는 데 많은 함의점을 지닌다.

전반적으로 어떤 분야(예: 기억, 읽기)의 연구자들은 흥미 있는 어떤 주제에 대한 심리학적, 신경학적 관점을 통합하는 노력에 있어 다른 분야(예: 정서, 수학)의 연구자들보다 앞선 입장에 있는 것처럼 보인다. 하지만 더 설명되어야 할 기초적인 질문과 문제가 여전히 많이 남아 있는 것이 사실이다. 이러한 질문과 문제는 다음과 같다.

① 우리는 유전과 후천적 과정이 뇌를 조직하기 위해 함께 작용하여 인간의 뇌가 형성된다는 것을 알고 있다. 어느 정도까지 후천적인 영향이 유전에 의해 제한받는가? 다시 말해서, 후천적 과정이 유전적 성향(예: 읽기에 문제가 있는 경우)을 극복할 수 있는가, 반대로 유전적인 성향이 없는 경우에도 문제가 발생할 수 있는가?

② 뇌가 무엇을 배울 준비가 되었다는 것은 정확히 무엇을 의미하

는가?

③ 남자와 여자, 영재아와 비영재아, Einstein과 나머지 사람들, 읽기장애가 있는 사람과 없는 사람에 대한 거시적 수준의 뇌 비교는 특정 영역의 상대적인 크기, 이 영역의 모양, 각각의 영역에서의 뉴런 수에 관해 명백하거나 일관적인 차이점을 밝히는 데 실패했다. 뇌의 어느 부분(뇌 영역)이 주어진 과제에서 높은 또는 낮은 수행을 지지해 주는가? 어떻게 이러한 뇌(뇌 영역)가 형성되는가?

④ 어떻게 뇌는 신경세포 연합으로 정보를 표상하는가? 이 연합이 어떻게 경험을 통해 형성되는가? 이 연합(또는 영구기억)이 이루어지는 데 얼마나 많은 시간이 걸리는가? 안정적인 연합을 형성하기 위해 뉴런들이 얼마나 많이 발화되어야 하는가?

⑤ 섬광기억이 얼마나 정확한가?

⑥ 정서처리와 특별히 관련하는 뇌 영역(편도체가 아닌 다른 곳)이 있는가?

⑦ 마음과 뇌 사이의 연결은 확률적인 것처럼 보인다. 예를 들어, 연구에 의하면 특정한 기능(예: 뺄셈)을 담당한다고 추정되는 뇌 영역이 개인이 그 기능을 수행할 때 활성화되지 않는 것을 때때로 볼 수 있다. 어떻게 이것이 가능한가? 다른 영역 피질의 손상이 어떻게 동일한 장애를 일으키는가?

이런 근본적인 질문은 우리가 마음과 뇌의 관계를 완전히 이해하려면 여전히 많은 문제를 해결해야 한다는 것을 시사한다. 우리가 제3장에서 제7장까지 토론한 뇌 영역에 대한 자료가 모아진다면 복잡한 문제는 명백해진다. 예를 들어, 전두엽은 단어 발견, 일화적 기억, 언어 작동기억, 추리, 기억 전략, 초기억, 주의적 경계, 스트레스, 각성, 억제와 관련된다고 발견되었다. 또한 전두엽은 정서적 얼굴표현 과정, 정서의 의미적 연합, 정서 상황 유지, 우울증, 긍정적 · 부정적 정서, 단어 읽기, 단어 정의하기, 시 짓기 그리고 고차원적 수준의 추리와 관련된다고 발견되었다. 대조적으로 측두엽은 청각적, 음성학적 정보처리 과정과 저장, 선언적 기억, 고정화, 회상, 재인, 의미론적 기억, 정서의 상승, 정서과정, 후천적 난독증과 관련되어 나타난다. 두정엽은 공간 작동기억, 일화적 기억, 주의(이탈, 정향, 경계)의 세 가지 측면, 그리고 단어의 처음과 마지막 부분의 부주의(이 엽이 손상되었을 때)와 관련해서 나타난다. 그리고 후두엽은 시각적으로 제시된 단어 처리과정과 공간 작동기억과 관련되며, 후두엽과 다른 엽들의 연결 부분은 도구 재인(양쪽 후두엽-측두엽-두정엽 연결), 단어 재인(왼쪽 후두엽-측두엽-두정엽 연결), 수 비교와 중요한 부호(양쪽 후두엽-측두엽-두정엽 연결), 시각적인 아라비아 숫자(왼쪽 후두엽-측두엽 연결), 동물의 재인(양쪽 중앙 후두엽-배쪽 측두엽 연결)에서 다른 엽과 후두엽 연결과 관련된다. 피질 하부 수준에서 줄무늬체는 감각운동 기능, 각성, 우울증, 분노, 두려움, 혐오감의 얼굴 표정을 인지하는 능력과 연관된다. 편도체는 두려움, 스트레스, 분노, 우울증과 연관된다. 소뇌는 고전적인 조건화된 운동 반응과 관련되며, 시상은 기계적 기억, 주의의 여과 측면, 각성, 공포 조건화, 우울과 관련된다.

이 모든 발견을 함께 고려할 때 주어진 뇌 영역은 다수의 과제를 수행한다는 것을 알 수 있다. 만약 우리가 왼쪽 전두엽의 브로카 영역만 생각한다면 이 부분은 단어 발견, 큰 소리로 읽기, 단어 정의, 말하기, 읽는 동안 구문적 관계 형성하기, 언어 작동기억, 우울증과 관련됨을 알 수 있다. 비록 모든 언어과제 기저에 발견되지 않은 능력이 있다고 주장함으로써 연구 결과의 대부분을 설명할 수 있을지라도 이런 주장은 우울증을 설명하는 데 그다지 좋은 정보를 제공해 주지 못한다. 이러한 증거와 직면했을 때 두 가지 선택을 할 수 있다. ① 해당 기능 모두가 브로카 영역에 의해 조절된다고 추측할 수 있다. 그리고 왜 그렇게 되는지 궁금해질 것이다(예: Posner & Raichle, 1994). ② 해당 기능 모두가 브로카 영역에 위치해 있는지 의문을 제기할 수 있으며 대안적인 모형으로 브로카 영역을 기능의 종착지가 아닌 경유하는 곳이라고 생각할 수 있다. 이런 딜레마들을 해결하는 동안 혈액 흐름의 결과가 제시하는 의미(활동이 증가하거나 감소하는 증거로 힘이 증가되는가)나 EEG 기록과 관련된 다른 해결되지 않은 문제(예: 혈액이 흘러 들어오고 나갈 때 뇌 영역이 활성화되는가)를 제기할 수 있다. 그러므로 이 장에서 보고된 많은 결과에 대해 독선적으로 맹신하지 말아야 한다. 하지만 이 장에서 해결할 수 없는 모든 것을 버리는 것도 잘못된 일이다. 왜냐하면 일부 연구 결과들이 전통적인 심리학 실험과 일치하기 때문이다.

2. 뇌에 대한 평가적 요구

제1장에서 언급한 것처럼 뇌연구는 대중 잡지와 교사를 대상으로 한 출판물에서 시작되었다(Branford, Brown, & Cocking, 1999). 거의

매달 *Time*이나 *Newsweek*에서 뇌연구에 초점을 맞춘 출판물이 발행된다. 더구나 교사가 뇌에 대해 가르칠 수 있는 방법에 대한 교사를 대상으로 한 책과 비디오 및 기사는 부족하지 않은 것 같다(예: Jensen, 1998; Sylwester, 1995). 이런 출판물에 기재된 주장이 얼마나 정확한가? 마지막 부분에서 우리는 활용 가능한 신경과학 연구에서 어떤 주장이 가장 주목받고 있는지에 대해서 고려해 볼 것이다. 이 절에 대한 근거는 "교육자는 유용한 것과 유용하지 않는 것을 구별하기 위해 비판적으로 읽고 분석할 필요가 있다는 것이다. 만약 교육자들이 뇌와 뇌의 처리과정에 대한 기능상의 이해를 하지 않는다면, 교육자들은 일시적으로 유행하는 사이비 과학, 부적절한 일반화, 오류 투성이의 프로그램에 쉽게 빠져들 것이다."라는 Wolfe와 Brandt(1998: 10)의 주장에 주의를 기울일 필요가 있을 것이다. Bransford 등(1999)은 "신경과학이 교육현장에 적절하게 적용되기 위해서(즉, 연구 결과들이 실행 가능한지 아닌지) 교사들이 접근 가능한 연구 정보의 형태에 대해서 비판적으로 생각할 시점이 되었다."고 덧붙였다. 비판적 사고를 통해 어떤 연구 결과가 실행될 수 있고 불가능한가를 구별하는 실제적인 측면에 관해 적절하게 해석될 수 있다고 하였다.

이 책에서 일반적인 사람을 대상으로 한 뇌연구를 비판적으로 읽고 분석하는 가장 좋은 방법은 ① 이 기술에서 발견될 수 있는 오류의 종류와 ② 오류가 있는 정보에 빠지지 않도록 하는 보호장치에 익숙해지는 것이다. 여기서 세 가지 종류의 오류가 발견될 수 있다. 첫 번째 오류는 특정 연구 결과 또는 면접된 사람의 신뢰성과 관련되기 때문에 '출처 신뢰 오류'라고 부를 수 있다. 이 오류에서 벗어나기 위해 독자는 '출처를 고려하는' 입장을 채택할 수 있다. 이런 점에서 언급되는 오류는 우선 연구가 근원적인 결함이 있을지라도 어떤 과학 잡지는 아무 것이나 출판하려 한다는 것이다. 그러므로 잡지에 기고된 연구 결과는 타당하고 의미 있으며 반복될 수 있다는 것을 말하지 않는다. 두 번째, 때때로 잡지의 실험 결과는 통계적 관점에서 '유의' 하지만 실제로는 중요하지 않을 수 있다는 것이다. 예를 들어, r = .20의 상관은 300명 피험자의 실험에서는 유의할 수 있지만 이 상관관계의 절대적인 크기는 매우 작다. 비슷하게 IQ점수의 집단 차이 4점은 통계적으로 유의할 수 있지만 이 차이는 IQ검사에서 한 문항 더 맞게 대답한 정도와 대등할 수 있다. 마지막으로 기자가 흥미로운 특정 연구의 저자와 인터뷰를 할 수 없을 때, 표면적으로 자신의 독자들이 믿을 만한 출처라고 간주될 수 있는 사람이나 그 연구에 정통한 다른 사람과 인터뷰할 수 있다는 것이다(예: 그 연구와 관련된 책의 저자, 의학박사 등). 하지만 오래 가지 않아서 언론에게 말하고 싶은 것과 당신이 무엇에 대해서 말하고 있는지를 아는 것 사이에는 역의 관계가 있다는 것을 알게 될 것이다. 최근 이런 현상은 다소 변했지만 여전히 주의를 해야 한다. 다음의 질문은 특정 주장의 장점을 평가할 때 고려해 볼 필요가 있는 질문들이다.

- 이 연구는 잘 설계된 연구에 기초하여 그 연구 결과가 엄격한 기준을 가진 잡지에 기고되었는가?
- 이 연구는 독립된 다른 실험실에서 똑같은 방법으로 반복된 적이 있는가?
- 그렇다면 기자는 연구의 저자들이나 다른 전문가와 인터뷰를

수행하였는가?

- 만약 다른 누군가가 있다면 그 사람은 신뢰할 수 있는 사람인가?(예를 들어, 그 사람은 같은 주제로 연구 논문을 정기적으로 발표하는가, 그 사람은 유명한 대학 소속인가?)

이제 위의 기준에 통과한 연구 결과에 기초한 주장에 대해서 이야기해 보자(즉, 그 연구는 잘 설계되어 있으며, 유명한 잡지에 출판되어 있다, 면접 대상자가 신뢰할 만하다). 두 번째 오류는 인터뷰하는 동안 듣거나 읽은 것에 대한 오해로 인해 기자나 책의 저자에게서 발생하는 '해석의 오류' 다. 나는 잡지나 신문기자와 여러 번 인터뷰하고 보고자가 내 연구 결과를 잘못 이해하거나 연구 결과에 나타나지 않은 함의를 이끌어 내는 경향(실제 함의는 그들이 원하는 만큼 많은 청중에게 관심을 일으키지 못하기 때문에)을 많이 보아 왔다. 불행히도 이런 문제를 피하는 유일한 방법은 본래 연구를 읽음으로써 어떤 주장이 정확한가를 확인하는 것이다. 그러나 대부분의 사람은 충분한 시간과 의지, 신경과학적 주장의 대부분을 확인하기 위한 전문 지식을 가지고 있지 않다는 것이 문제다.

이제 그 출처가 신뢰할 만하고 원정보에 어떤 왜곡도 발생하지 않았다고 가정해 보자. 세 번째 오류는 '근거 없는 추론적 비약의 오류' 라고 불릴 수 있을지도 모른다. 근거 없는 추론적 비약의 한 종류로 전문가를 인터뷰하거나 기자가 인터뷰하여 두 개 이상의 믿을 만한 연구 결과들을 받아들이고 (반드시 그럴 필요는 없지만) 그것을 묶는 것이다. 그 결과 제시된 주장은 간접적인 일련의 증거들에 기초한 탐색이지만, 기자는 마치 그 주장을 직접적으로 지지하는 실제

연구들이 수행된 것처럼 기술한다. 이 현상을 설명하기 위한 신뢰할 만한 연구에서는 ① 인간 뇌가 성 호르몬 수용기관을 가지고 있으며, ② 쥐의 뇌를 부검한 결과 성적으로 동종이형(同種二形, dimorphism)을 보여 준다는 것이 발견되었다(예: 더 큰 암컷의 뇌량). 이 두 가지 연구 결과로부터 많은 전문가들은 인간 뇌에도 성에서 동종이형이 있을 것이라고 추측했으며 이 정보를 언론에 제공했다(비록 전문가들이 인간 뇌의 경우에 이를 지지할 직접적인 증거가 없을지라도). 결국 인간의 뇌를 실제로 조사했을 때의 명백한 구조적 차이에 대한 증거를 보여 주진 못했다(제2장 참고). 이러한 고찰에 의해 오해되는 것을 막기 위한 가장 좋은 방법은 '이 주장을 지지하는 실제적인 연구가 이루어졌는가?' 하고 질문하는 것이다.

추론적 비약은 저자나 전문가들이 일련의 신경과학적 연구 결과들이 특정 심리학적 모형이나 교수방법을 지지한다고 말할 때 나타난다. 하지만 실제를 보면 그 연구 결과들 대부분이 어느 하나를 선택하여 주장되는 경우인 것이다. 이러한 문제의 실례와 관련하여 많은 과학자나 부모들이 유아들이 규칙적으로 물건을 입에 넣는 것을 보아 왔다. 이 행동을 설명하기 위해서 과학자들은 ① 이를 사물을 이해하려는 성향으로 보고, ② 아이들이 이런 종류의 행동을 하도록 강화되었으며(우유병을 입에 넣으면 우유가 나오는), ③ 그렇게 함으로써 성적 만족을 얻는다고 주장해 왔다. 아이들의 행동이 이러한 세 가지 주장과 일치한다는 사실은 역설적으로 적어도 이것들 중 하나는 틀렸다는 것을 의미할 수도 있다(결국 그것은 모호하다는 것이다). 이러한 문제에 대답할 수 있는 유일한 방법은 특정한 발견이 특정한 이론이나 도구적 접근에 일치하는가 질문하는 것이다. 예를 들어,

도구적 접근의 경우 첫 번째 단계는 사람들이 현재 사용하거나 최근에 사용한 경쟁적인 도구 전략을 생각해 보는 것이 될 수 있다. 두 번째 단계는 자료가 두 가지 접근 중 어느 하나와 일치할 수 있는지를 고려해 보는 것이다.

종합해 보면, 세 가지 중요한 오류에는 원자료를 의심하는 오류, 왜곡 오류, 근거 없는 추론 비약 오류가 포함된다. 마음속에 이러한 문제를 두고 그 문제와 관련해서 대중 잡지, 교사 대상의 출판물, 부모 대상의 출판물에서 최근 등장한 주장에 의지할 수 있다. 효율성을 높이기 위해서 이러한 출판물들에 등장하는 소수의 주장에 대해서만 분석해 본다. 더욱이 이러한 주장의 문제를 보여 주고 이 책에서 사용되는 정보와 증거를 비판적으로 해석함으로써 과정을 모형화하기를 희망한다. 지면을 절약하기 위해서 논문이나 책의 실제적인 인용을 제공하기보다는 각각의 주장을 부연 설명하고자 한다.

대중 출판물에 나타난 가장 일반적인 주장부터 시작해 보자.

> 주장 1: 경험은 뉴런 간의 새로운 시냅스를 만들어 내고 현재의 연결 형식을 바꾼다.

이 책의 앞 부분에서 제시된 정보로부터(예: 제2장, 제3장) 이 주장이 중요한 신경과학적 가정을 정확하게 묘사하고 있다는 것을 알 수 있었다. 하지만 이 주장보다 구체적으로 제시된 주장도 비판적 평가의 소지가 전혀 없는 것은 아니다. 예를 들어, 다음의 제안을 고려해 보자.

주장 1a: 어린이의 뇌는 적합한 시기에 충분한 양의 자극을 제공받지 않으면(충분히 효과가 있을 만큼) 적절하게 기능하지 않을 것이다.

이 주장을 지지하기 위해서 많은 저자들은 시각적 · 청각적 체계에서, 음악에 관여하는 뇌 영역에서 학습이 일어나기 위한 기회의 창(windows of opportunity)을 언급했다. 예를 들어, 시각적 체계에 대한 연구 결과가 시각적 정보를 보여 주는 것이 정상적인 시각을 발달시키는 데 왜 필요한지를 보여 주기 위해서 외과수술로 눈꺼풀을 봉합한 동물 실험 또는 백내장에 걸린 유아에 대한 연구 결과를 언급했다(Kosslyn & Koenig, 1994). 청각적 체계에서의 연구 결과는 신생아에게 모국어의 어떤 음소가 사용되지 않는다면(Kuhl, 1998) 태어난 날부터 특정한 음소를 구별할 능력을 잃게 된다고 주장한다. 그리고 다른 연구 결과는 12세가 넘어서 외국어를 학습하는 사람은 모국어의 억양이 유지된다고 주장한다. 음악과 관련된 어떤 연구에서 악기 연주와 관련된 행동이 운동피질의 일정한 영역을 활성화시킨다는 것을 발견했다고 한다. 그리고 10세가 되기 전에 훈련을 받기 시작한 음악가는 이후에 훈련을 받기 시작한 음악가보다 광범위한 활성화를 보여 준다(Elbert et al., 1995).

이러한 연구 결과들을 어떻게 해석할 수 있을까? 우선 논쟁 중인 논문들은 유명한 잡지에 처음 기고되었거나 핵심 연주자들과의 면담에서 비롯되었기 때문에 출처 신뢰 문제는 해결되었다고 볼 수 있다. 하지만 이러한 연구 결과는 어쩔 수 없는 것이라고 하더라도 실질적인 가치는 거의 없을 것이다. 예를 들어, 시각적 · 청각적 연구와 관련 자연은 대부분의 개체가 이 세상에 태어난 후에 낮은 수준의 감각적 경험을 갖도록 하지 않는다는 것이다. 즉, 자연 상태에서 대부분의 사람은 ① 백내장 없이 태어날 것이고, ② 눈꺼풀이 봉합되지 않을 것이고, ③ 환경 속에는 충분한 빛과 관찰될 수 있는 많은 사물이 있을 것이다. 이 세 가지 기대 모두가 일어날 수 있을 것 같다(Bruer, 1998). 두 번째로 학습이 일어날 수 있는 기회의 창을 분명히 가진 기능들은 언제 어디서나 자연의 물리적인 환경과 관련되어 있다는 것이다. 진화가 시각적, 청각적 체계의 특정한 측면을 선택해 온 것처럼 음악과 다른 문화적 인공물을 선택할 것이라고 생각할 근거는 없다는 것이다. 세 번째로 기초적 기능을 획득하는 데 필요한 최소 경험 또는 많은 양의 경험이 어떤 사람을 뛰어난 수행자(선수)가 되도록 만들 수 있다는 것을 의미하는 것은 아니다. 네 번째로 시각과 음성 처리 과정은 아주 작은 단위의 기능으로 구성된 복잡한 과정이다. 몇 가지 작은 기능들은 특정 시기 이전이나 이후와 관련하여 결정적 시기가 있다고 제안되지만, 어떤 사람들은 그러한 결정적 시기가 없다고 한다(Bruer, 1998). 그러므로 시각과 청각에 결정적 시기가 있다고 말하는 것은 의미가 없다. 마지막으로 악기 연주와 관련된 운동피질의 활성화 영역을 제안하고 있는 연구 결과들이 어떻게 후천적 경험과 관련되는지가 명확하지 않다. 예를 들어, 연구 결과들은 10세가 넘어서 훈련을 받기 시작한 음악가가 높은 수준의 기량을 가질 수 없다는 것을 보여 주지는 않는다. 대신 10세 이후에 훈련을 받은 기량이 뛰어난 음악가는 피질의 작은 영역만 활성화된다는 것을 보여 준다. 더욱이 전문적인 문헌연구는 언제 훈련을 시작했는가가 매일 얼마나 열심히 연습했는가만큼 중요하지 않다고 한다(Ericsson, 1996). 전문성을 갖기 위해서는 연습시간이 하루에 최소 3시간 30분씩 10년 동안 진행되어야 한다. 만약 이것이 사실이라면 명성 있는 음악학교에 들어갈 나이(예: 18세)가 될 시점을 기준으로 볼 때 높은 수준의 기교를 습득하기 위해서는 10세 이전에 음악을 시작해야만 할 것이다.

이러한 모든 관심에도 불구하고, 어떤 연구자들은 부모가 '많은 감각적 경험—맛보기, 접촉하기, 보기, 듣기, 냄새 맡기—을 제공할 필요가 있고 이러한 경험들이 어린이의 뇌를 구축하고 연결시킨다(Dodge & Heronman, 1999: 43)' 고 주장하기 위해 후천적 경험과 관련된 연구 결과를 활용해 왔다. 이와 관련해서 교육 잡지와 대중 잡지의 논문 저자들은 제2 외국어 학습과 음악교육이 경험과 관련된 기회의 창이 닫히기 전인 초등학교 입학 전에 시작되어야 한다고 주장하기도 하였다(예: Begley, 1996; Jensen, 1998; Weinberger, 1998). 하지만 이러한 주장은 근거 없는 추론적 비약이 될 수 있다. 나는 제2 외국어 학습과 음악교육을 일찍 시작해야 한다는 것에 동의하지만, 그런 주장은 뇌연구 전반에 대한 전체 주장에 기초하지는 않는다.

두 가지 다른 경험과 관련된 주장은 대중 잡지, 교사를 대상으로 한 출판물, 부모를 대상으로 한 출판물의 연구방법에서도 발견된다(앞으로 일괄하여 '과학자가 아닌 사람을 대상으로 한 출판물' 이라고 부른다).

주장 1b: 태어나기 이전과 이후의 어떤 경험은 뇌를 영원히 바꿀 수 있다.

주장 1c: 한 영역의 경험이 그 영역에서의 능숙한 수행을 지원할 뿐 아니라 다른 영역의 능숙한 수행을 지원하도록 하는 적합한 뇌 구조를 만든다.

우선 주장 1b를 살펴보자. 과학자가 아닌 사람들을 대상으로 한 출판물은 스트레스가 뇌에 영향을 미친다는 것에 많은 주의를 기울인다. 특히, 다양한 연구자들은 과도한 수준의 코르티솔(스트레스에 저항하는 동안 부신에서 분비되는 물질)이 뇌의 일부 영역인 해마(기억에 중요한)와 청반 영역(선택 주의에 중요한)에 영구적인 손상을 일으킨다고 주장하고, 이 주장을 지지하기 위해서 중요한 세 가지 근거를 언급했다. 첫째, 보호시설의 어린이는 통제집단의 어린이보다 작은 측두엽 구조를 가진다. 둘째, 뇌영상 기술은 외상 후 스트레스 장애(PTSD) 증상이 있는 성인의 해마가 장애가 없는 성인의 해마보다 더 작다는 것을 보여 준다(Bremner, 1999; Sapolsky, 1999). 셋째, 위험이 높은 환경에 노출된 어린이는 코르티솔의 수준이 높아지고 주의와 기억에 문제가 발생한다는 생각과 일치하는 인지적, 행동적 모습을 보여 준다(Gunnar & Barr, 1998).

이 증거를 비판적으로 평가하기 위해서 다음의 두 가지 질문을 하는 것이 유용할 것이다. ① 코르티솔이 그 영역의 뇌에 손상을 일으킨다고 여기는 것이 타당한가? ② 연구자가 주의 깊게 증거를 보아야 하는 불확실한 영역들이 존재하는가? 첫 번째 질문과 관련해서 그 영역에 코르티솔 수용기관이 있기 때문에 그 영역의 뇌에 손상을 일으킬 수 있다고 생각하는 것이 타당하다(Sapolsky, 1999). 더욱이 동물을 대상으로 한 실험은 높은 수준의 코르티솔이 실험적으로 수용기관이 존재하는 영역에만 분비되면 크기 감소가 발생할 수 있다는 것을 제시하고 있다(Sapolsky, 1999). 사람에게 코르티솔이 갑자기 주입되면 일시적으로 기억과 주의에 문제가 야기될 수 있다(예: Schmidt et al., 1999).

그렇지만 두 번째 질문과 관련해서 이러한 제안에는 중요한 영역에 있어 불확실성이 존재하는 것이 사실이다. 예를 들어, 해마는 태어난 후 새로운 뉴런을 생산하는 몇 개 안 되는 뇌 영역 중 하나이며 나이가 들면서도 지속적으로 능력이 유지되는 부분이다(Sapolsky, 1999). 그렇다면 어떻게 외상이 그 구조에 영구적이거나 회복 불가능한 손상을 일으키는지가 확실하지 않다. 사실 최근 연구에서는 코르티솔 감소가 코르티솔과 관련된 증상을 일으키는 환자의 해마 퇴화를 완전히 다시 회복시킬 수 있다는 것을 보여 주었다(Starkman et al., 1999). 이 재생과 관련된 주장은 뇌의 많은 부분을 제거한 후 놀랄 만한 유연성을 보여 주었던 어린아이들을 통해 사실로 드러났다(제2장 참고). 이와 관련하여 외상을 입은 사람들이 기억과 주의 측정에서 수행이 서투르다는 증거를 어떻게 해석해야 하는지는 명확하지 않다. 이러한 낮은 수행이 뇌의 초기 외상에 의한 손상 때문인가, 아니면 혈액 내에 높은 수준의 코르티솔이 있다는 것을 반영하기 때문인가?

또 다른 문제는 인지적 문제가 확인되기 전에 발생한 손실된 세포의 양과 관련된다. 비록 남자의 평균 뇌 크기가 여자의 그것보다 9% 더 크지만, 남자와 여자의 지능에는 어떤 성차도 발견되지 않았다. 코르티솔에 대한 어떤 연구에서는 남녀 간에 뇌 크기에 있어서 9%보다 적은 차이가 발견되었다. 이 적은 차이가 인지적인 문제를 발생시키는가? 마지막으로 세포를 세는 방법이 이런 편견 때문에 비판

받아 왔다. 편견에 대한 한 가지 원인은 세포를 세는 방법을 사용하는 연구자들이 뇌의 감소된 영역 또는 그 정도를 찾는다는 것이다. 또 하나의 편견은 연구자가 개인의 전체 코르티솔 양을 측정하는 대신에, 한 집단(예: 외상 후 스트레스 장애 성인)의 원세포(raw cell) 수와 다른 집단의 원세포(예: 통제집단) 수를 비교할 때 발생한다(Sapolsky, 1999). 세 번째 문제는 미래에 발생할 외상 환자를 예견하기 어렵고, 이런 환자에게 사전 검사를 하는 것이 어렵기 때문에 외상 이전의 인지와 주의 측정이 이루어지지 않는다는 점이다. 스트레스에 노출되기 이전에 존재한 인지와 주의에 있어서 집단 차이, 능력 차이는 초점집단(focal group)이 스트레스 영향에 더 취약하다는 것을 의미한다(Mastern & Coatsworth, 1998; Sapolsky, 1999). 전체적으로 불확실한 이러한 영역은 앞서 논의된 출처 오류 문제를 반영한다고 할 수 있다.

비슷한 주장을 이용해서 1999년 9월 27일 발간된 *Newsweek*에 기술된 연구 결과 내용에 대해 의문을 가질 수 있다. '생물학자들은 발, 손가락, 귀, 팔꿈치와 같은 특징에서 비대칭을 이룬 사람들에 대한 연구를 보고했다. 비대칭을 이룬 사람들의 경우 측정이 완벽한 대칭에서 벗어난 것만큼 IQ가 더 낮았다. 태아기 동안의 어떤 종류의 스트레스는 비대칭을 유발한다. 같은 스트레스가 감각을 느끼고 기억하고 사고하는 뉴런의 효과를 떨어뜨리는 신경체계 발달의 불완전함을 유발시킬 수도 있다. 이런 연구 결과가 유아의 유연성에 대해서 우리가 알고 있는 모든 것과 대조적이라는 사실은 차지하더라도, 의문시되는 논문들은 이류 잡지에 출판된 연구에 기초한 것이다. 더욱이 손 크기의 비대칭과 IQ의 상관은 단지 $r = -.24$(비대칭이 심할수록 IQ점수는 더 낮다)이었다.

앞의 인용문은 태내의 사건이 태아의 생리 기능을 바꾼다고(예: 더 작게 만든다) 설명하는 태아 프로그램 논문에서 비롯되었다. 태아 프로그램에 관한 책(자궁에서의 삶: 건강과 질병의 기원)에서 Peter Nathanielsz(1999)에 의해 주장된 것처럼, '자궁에서 어떤 일이 발생했는가가 일생 동안의 당신의 건강을 결정한다.'는 이 이론은 역학(epidemology) 분야에 고정되었지만 이를 지지하기 위해 축적된 증거에는 문제들이 존재하는 것이 사실이다(Trafford, 1999). 첫째, 질병은 많은 유전적·환경적 요소들에 의해 결정된다. 이와 같이 태내 환경 하나의 요인만 영향을 주는 것이 아니다. 둘째, 태어날 때의 몸무게와 결과 요인들 사이의 대부분의 관련은 단지 상관을 의미한다. 두 가지가 동시에 발생할 때 하나가 반드시 다른 것을 유발시키지는 않는다. 또한 이러한 상관은 비교적 작다(비록 매우 큰 표본에 한해서 유의하지만). 셋째, 태어날 때 적은 몸무게는 높은 비율의 건강 문제와 관련되지만, 적은 몸무게로 태어나는 대부분의 유아에게 이 문제는 거의 발생하지 않는다. 마지막으로 '자궁운명(womb doom)' 이론은 여러 종류의 외상에 저항하는 유아의 놀라운 능력을 인식하는 데 실패했다고 할 수 있다(제2장 참고).

이와 같이 1b의 주장(어떤 경험이 뇌를 영원히 바꿀 수 있다)에 대해서는 여전히 의문이 남아 있다. 한 영역의 경험이 그 영역의 능숙한 수행을 지지하는 것뿐 아니라 다른 영역의 능숙한 수행도 지지한다는 1c의 주장은 어떠한가? 세 가지 예를 고려해 봄으로써 이 주장에 대한 비판을 시작해 보자. 첫 번째 예로 과학자가 아닌 사람을 대상으로 한 문헌연구에서는 음악훈련이 음악적 기교 향상뿐 아니라 수학기술과 공간기술도 향상시킨다고 주장한다. 저자는 ① 음악훈련이 우반구의 특정 구조를 바꾸고, ② 음악적 능력, 수학적 능력, 공간적 능력 모두가 이 구조에 의지한다고 주장하면서 이런 향상을 설명했다(Dodge & Heronman, 1999; Begley, 1999). 두 번째 예로 문헌연구에서는 육체적인 활동이 운동 영역(예: 소뇌와 운동피질)의 뇌 발달을 촉진시킬 뿐 아니라 다른 영역의 뇌 발달도 촉진한다고 주장한다(Dodge & Heronman, 1999; Jensen, 1998; Sylwester, 1995). 세 번째 예로 문헌연구에서는 풍부한 뇌환경이 두꺼운 피질, 큰 세포체(cell body)와 더 많이 확장된 수상돌기 가지를 만들며 이 변화가 높은 수준의 지능과 수행에 관련된다고 주장한다(Begley, 1996; Jensen, 1998).

이러한 연구 결과를 평가하기 위해 다음과 같이 질문할 수 있다. ① 연구 결과가 믿을 만한가? ② 저자들이 연구 결과를 잘못 해석하지는 않았는가? ③ 저자들이 근거 없는 추론적 비약을 하지 않았는가? 이러한 연구 결과는 음악과 체육 활동의 실례에서 신뢰할 수 없는 것으로 판명되었다. 예를 들어, 음악연구는 신뢰성이 확보되지 않은 기준을 제시한 잡지에서 출판되었고, 독립적으로 이루어진 연구에서 같은 결과가 산출되지 않았다(Steele, Bass, & Crook, 1999). 대부분 인용된 연구(Rauscher et al., 1997)에서 어린이들은 피아노 수업, 컴퓨터 키보드 연습이나 다른 활동들을 배웠다. 피아노 수업만을 받은 어린이는 공간능력이 향상됨을 보여 주었지만 아이들이 각 실험 · 비교 집단에 무선적으로 배치되지 않았다. 부모들에게는 실험 · 비교 집단을 선택할 수 있도록 허락되었지만, 얼마나 많이 이들이 연구의 목적을 알고 있었는지는 분명하지 않다. 음악과 체육을 옹호하는 사람들은 이 과목이 교육과정의 중심이 되어야 한다는 자신의 주장을 지지하기 위해 뇌연구 방법 외에 다른 연구방법을 또 찾아나설 것이다(예: Jensen, 1998; Sylwester, 1995).

뇌구조와 관련해서 풍부한 환경 영향에 관련된 세 번째 예의 연구 결과는 신뢰할 수 있으며 잘 정리되었다. 저자는 이러한 점에서 증거를 잘 해석했지만, 그들은 근거 없는 추론을 만드는 데 몰두했다는 비판이 있다. 더욱이 풍부한 환경이 쥐의 뇌에서 신체적 변화를 일으킨다는 것은 사실이며, 이러한 변화는 소뇌피질에서 구체적이고 매우 국지적이다(Kleim et al., 1998). 이 변화가 동물을 더욱 지적(이 용어는 대부분의 인간에게 적용되는 것이다)으로 만든다는 증거는 없다. 사실 인지적 발달이 더 정교하고 섬세한 구조를 지닌 능률적인 거시구조의 '정수'를 만든다고 생각할 충분한 이유가 있다. 그러므로 '양적으로' 많은 것이 항상 더 좋은 것은 아니다. 본질적으로 우리는 풍부한 환경이 뇌구조를 변화시킨다고 확신할 수 있지만, 여전히 이 과정이 어떻게 어린이에게 혜택을 줄 수 있는지는 알지 못한다(Bransford et al., 1999; Bruer, 1998). 과학이나 역사의 몇 가지 '중요한 아이디어'에 많은 시간을 사용하고 많은 사소한 아이디어를 무시해야 한다는 것이 유리한 점이 더 많은가? 풍부한 환경이란 무엇인가? 더 많이 뇌를 발달시킬 다른 접근법이 있는가?

주장 2: 뇌연구는 효과적인 교수에 대해 오랫동안 지속되어 온 원칙을 타당화한다.

교사를 대상으로 한 출판물에서 어떤 저자들은 뇌연구가 구성주의 교수의 원칙과 의미 있는 교수의 중요성, 심지어 Madeline

Hunter의 완전교수 접근(Mastery Teaching Approach)과 일치한다고 주장해 왔다(Caine & Caine, 1997; Lowery, 1998; Wolfe, 1998). 구성주의를 지지하기 위해 그들은 뇌의 몇 가지 유사 증상에서 얻은 정보를 널리 보급시키고 사고가 발생할 때 모두 고려되어야 한다고 주장한다(예: 연합주의). 의미의 중요성을 지지하기 위해서 그들은 뇌가 의미를 만드는 기관이고 본질적으로 사회적이라고 주장한다. 제1장에서 언급한 것처럼 의미는 생물학적인 영역이 아니라 심리학적인 영역에 있다. 어떤 것을 의미 있게 만드는 신경 연합은 없다. Hunter의 접근법을 지지하기 위해서 절차기억에 대한 연구, 과제분석, 시연이 설명되었다. 하지만 어떻게 이 연구가 신경과학적인가는 명확하지 않다. 전통적으로 이것은 심리학적인 것으로 보는 것이 더 적절하다. 집단적으로 볼 때 저자들은 근거 없는 추론적 비약을 범하고 있다고 할 수 있다. 뇌연구 자체가 특별한 교수 실천을 지지하는 데 직접적으로 사용될 수 없지만, 적어도 학습에 대한 심리학적 이론을 지지하는 데는 사용될 수 있다. 또한 이것은 후에 보다 효과적인 교수 양식을 설계하는 데에 사용될 수 있다.

3. 마지막으로 고려할 점

발달심리학자, 교육심리학자, 교사는 신경과학적 연구를 바라보는 자신의 방향 관점에서 다음의 네 가지 부류 중 하나에 빠지는 경향이 있다(Byrnes & Fox, 1998). ① 신경과학적 연구 결과를 수용하려는(그리고 때로 과도하게 해석하는) 사람, ② 신경과학적 접근법을 완전히 거부하고 신경과학적인 결과가 의미 없다고 생각하는 사람, ③ 신경과학적 연구에 익숙하지 않고 무관심한 사람, ④ 인지와 신경과학의 여러 가지 차이에서 발생하는 전체 연구결과에서 흥미를 유발하는 부분으로서 신경과학적 연구 결과를 조심스럽게 수용하는 사람. 이 장은 네 번째 방향의 관점을 지지하는 주장을 하기 위해 쓰였다. 이 책의 독자 중 아직 어느 것을 받아들일지 결정하지 못했다면 네 번째 유형을 선택하기를 희망한다. 더욱이 교육자와 발달론자들은 내가 앞에서 기록한 기본적인 질문들에 대한 답을 찾기 위해서 신경과학자들과 협력하게 되기를 희망한다. 이러한 노력을 통해서 우리는 심리학적 · 신경과학적 통합이 실제로 가능한가의 여부를 알게 될 것이다.

용어 목록

- **구심성 자극**(Afferent Stimulation): 손, 발 등에 있는 감각운동세포와 운동신경세포들로부터 뇌에 이르는 신경궤도를 따라 흐르는 자극. 감각정보를 뇌에 전달하는 입력섬유와 관련.
- **무동성 무언증**(Akinetic Mutism): 뇌손상 또는 뇌의 중앙, 전두부의 손상으로 때때로 일어나는 장애. 장애가 있는 개인은 방향감각을 잃고 무기력하며 말을 할 수 없음.
- **편도체**(Amygdala): 측두엽의 안쪽 표면 보다 아래쪽에 위치한 구조. 정서과정에 중요한 것으로 생각됨(특히 분노와 공포).
- **무뇌증**(Anencephalic): 미숙한 뇌(대뇌반구가 없고 단지 뇌간 흔적만 있음)와 불완전한 두개골 구조를 가진 태아의 장애.
- **모이랑**(Angular Gyrus): 측두엽과 두정엽의 경계 근처에 위치한 대뇌피질의 부풀어 오른 부분(당신의 오른 쪽 귀 위와 뒤쪽에 손가락을 올려놓으면 찾을 수 있음).
- **전부**(위치 용어: Anterior-location term): 측면, 즉 옆에서 봤을 때의 얼굴 부분 또는 구조의 전두표면(예: 머리의 경우, 사람의 얼굴은 왼쪽, 머리의 뒤쪽은 오른 쪽). 집을 옆에서 본다면, 앞문은 전 방향이고 뒷

문은 후 방향에 위치함. 전부에 관한 다른 용어로는 입쪽(옆에서 관찰된 네 발 달린 동물의 코끝 방향).

- **앞 띠이랑**(Anterior Cingulate Gyrus): 띠이랑의 전두방향. 전두엽과 뇌량 사이에 위치함. 행동을 위한 준비를 위하여 중요하게 생각됨. 또한 거의 모든 인지과업에서 활성화됨.
- **수지상부**(Arborization): 뉴런에 새로운 수상돌기가 돋아나는 과정. 뉴런이 새로운 가지들이 돋아나는 나무들처럼 보이는 사실로부터 이름 붙여짐.
- **영역조직**(Areal Organization): 특수한 기능을 가진 대뇌피질의 영역들의 조직(예: 측두엽에 있는 주요청각영역 대 후두엽에 있는 주요 시각영역).
- **축색돌기**(Axon): 핵과 세포체로부터 뻗어 나와 다른 뉴런들과 시냅스를 형성하는 뉴런의 부분. 충동력(잠재력)은 세포체로부터 나와서 축색돌기를 따라 새로운 뉴런들의 열로 이동함.
- **브로카 영역**(Broca' s Area): 말할 수 있고, 문법적인 처리와 단어를 찾을 수 있는 것, 우울과 관련된 왼쪽전두엽 부위. 브로드만 44번 영역과 대충 일치함.
- **브로드만 영역**(Brodmann Areas): 브로드만이라는 신경해부학자에 의해 지정된 피질의 기능적 영역. 최근까지, 과학자들 사이에서 의사소통을 용이하게 하기 위해 가장 흔히 사용된 뇌 참조 체계(예: "손상이 어느 부위에서 일어났는가?" 또는 "사람들이 단어를 읽을 때 피질의 어떤 영역이 활성화되는가?" 와 같은 질문에 관하여).
- **꼬리쪽**(위치 용어: Caudal-location term): 구조의 끝인 꼬리(사람의 얼굴쪽인 입, 코 쪽과 반대). 일반적으로 후부와 동의어임. 사람의 머리

를 옆에서 바라봤을 때 머리의 뒤는 머리의 꼬리쪽 방향(얼굴은 입 쪽 방향).

- 소뇌(Cerebellum): 중뇌 후방 대뇌피질 후부인 머리 뒤쪽에 위치한 줄무늬 구조(끈 모양을 가진), 동작조정, 균형, 몇몇 인지적 과업에 관련됨.
- 대뇌피질(Cerebral Cortex): 구근모양의 또는 매우 복잡하게 나선모양으로 얽혀 있는 뇌의 상층 표면. 시각, 청각, 동작, 언어, 계산, 추론 등등의 다양한 기능을 가진 하부구조로 나뉨.
- 콜린성 관(Cholinergic Tract): 신경전달물질인 아세틸콜린을 시냅스로 보내는 뉴런관. 근육을 수축케 하는 뉴런이 콜린으로 활성화됨.
- 띠이랑(Cingulate Gyrus): 대뇌피질의 안쪽에 따라 있는 이랑 또는 확장된 중배. 전두엽 밑에서부터 후두엽 근처까지 뻗어 있으며, 앞에서 뒤까지 본래 뇌량을 덮고 있음.
- 컴퓨터단층촬영술(Cumputed Tomography: CT): 뇌와 같은 부드러운 조직들의 영상을 만들어 내는 방법. 기계장치는 구조물 주위를 360도 회전함. 탐지기의 아크링은 구조물을 통과한 약화된 X선을 기록하고 복합선들로부터 이차원영상을 계산, 만들어 냄.
- 뇌량(Corpus Callosum): 두 개의 대뇌반구부분을 함께 연결하는 섬유다발. 피질 밑에 위치하며 뇌의 전부방향에서 후부 방향으로 뻗어 있음.
- 코르티솔(Cortisol): 신장 상부의 부신에 의해 분비되는 호르몬의 일종. 혈당수준에 영향을 미치는, 스트레스 상황 하에서 방출되는 호르몬의 일종임. 뇌 안에 코르티솔 수용체가 있음. 일부 과학자들은 코르티솔이 뇌세포의 사멸을 촉진시킬 수 있으며 해마 안에

있는 뉴런의 재생을 지연시킬 수 있다고 믿음.

- 세포구축(Cytoarchitecture): 뇌 안의 뉴런들과 신경아교세포들의 특별한 배열(예: 특정한 곳에 위치하고 특별한 방식으로 서로 연결된 일정한 유형의 세포들이 있다는 사실). 벽돌과 재목이 집의 구조를 만드는 것처럼 뇌세포는 뇌의 세포구축을 함.
- 수상돌기(Dendrite): 체세포 또는 세포로부터 가지처럼 뻗어 나온 뉴런의 일부. 다른 뉴런으로부터의 충격을 받아들일 수 있는 역량을 가짐. 시냅스는 흔히 그 표면을 따라 형성됨. 신경전달물질을 받아들이기 위한 수상돌기내의 수용기가 신경전달물질을 받아들일 때, 활동 전위가 시작됨(예: 뉴런의 '발화').
- 도파민(Dopamine): 뇌 안에 있는 신경전달물질의 일종.
- 도파민성 뉴런(Dopaminergic Neurons): 도파민을 실어 나르고 도파민을 위한 수용체를 가진 뉴런.
- 등쪽(위치 용어: Dorsal-location term): 정상, 바닥, 앞, 뒤를 가진 구조의 상부 또는 위쪽 방향. 상부와 동의어임.
- 후외쪽 전전두엽 피질(Dorsolateral Prefrontal Cortex: DFPC): 두 반구에 있는 엽들의 위(상부에서 유래한)와 옆(측면에서 유래한)에 위치한 전두엽 부분. 작동기억, 행동억제와 같은 고도의 인지형성에 중요한 것으로 여겨짐.
- 이중해리(Double Dissociation): 관련된 인지기능의 선택적인 결핍에 있어서의 한 쌍의 실험 결과들. 예를 들면, 오른쪽 두정엽 영역의 손상이 공간적인 작동기억의 결핍을 만들어내나 언어작동기억은 손상되지 않은 채로 남아있음을 상상하라(결과 1). 다음, 왼쪽 전두엽 영역의 손상이 언어작동기억의 결핍을 만들어 내나 공간적

작동기억은 손상되지 않은 채로 남아 있음을 상상하라(결과 2). 두 결과가 발생되었을 때, 이중해리를 갖게 됨.

- 원심자극(Efferent Stimulation): 뇌에서부터 말단의 감각과 동작뉴런으로 흐르는 자극(예: 손이나 눈).
- 뇌전도(Electroencephalogram: EEG): 뇌의 전기적인 활동기록. 출력물은 1, 2초 간격으로 교대로 발생하는 부적 요소(골짜기)와 정적 요소(봉우리)를 가진 파도 같은 패턴임. 과학자들은 이 봉우리들과 골짜기들을 특수한 인지적 사건에 연결시키려고 노력함(예: 표적 자극물 탐지하기).
- 에피네프린(Epinephrine): 교감신경의 각성을 증가시키는 신장 상부의 부신에 의해 분비되는 호르몬의 일종(또한 아드레날린으로 알려짐).
- 실행망(Executive Network): 뇌에 있어서의 세 가지 가정된 주의망이론 중의 하나.
- 경험의존 가소성(Experience-Dependent Plasticity): 새로운 시냅스 연결을 형성하고 경험에 대한 이전의 연결 형태를 재배열하는 신경체계의 능력. 가소성은 뇌의 '배선' (연결패턴)이 시간의 흐름에 따라 일정한 것이 아니라 역동적이라는 것을 보여 줌.
- 경험기대 가소성(Experience-Expectant Plasticity): 뇌의 신경연결이 태어날 때, 또는 그 전에, 형성되기 시작했다는 개념. '배선 끝내기'에 필요한 모든 것은 주어진 종에 대한 정형적인 환경자극임.
- 외줄무늬(선조외)영역(Extrastriate Area): 후두엽의 줄무늬영역 바로 바깥(이름 하여 외측의)에서 발견되는 후두엽의 한 영역. 줄무늬영역(초기 시각영역)은 줄무늬가 있는 외관 때문에 그렇게 이름 붙여짐. 동심원을 상상하라. 외줄무늬영역은 보다 바깥원의 나와 같고 줄

무늬영역은 중앙 홈을 둘러싼 가장 안쪽의 원과 같음.

- 전두엽(Frontal Lobes): 뇌의 전부에 위치한 대뇌피질의 엽(이마 바로 밑).
- 기능적 자기공명 영상(Functional Magnetic Resonance Imaging: fMRI): 특수 과제들을 하 는 동안 고도로 활성화된 뇌 영역을 보여주는 MRI의 일종. 피가 이러한 활성화된 영역을 흐른다는 가정에 의존. 영상은 혈액(예: 물)과 주변조직들안에 있는 물질의 자성을 이용하여 산출됨.
- 방추이랑(Fusiform Gyrus): 측두엽 밑면, 전방 끝 근처에 위치한 이랑.
- 감마 아미노부르트산(Gamma-Aminobutyric Acid: GABA): 시냅스후 세포에 억제하는 영향을 갖는 것으로 생각되는 신경전달물질.
- 신경아교세포(Glial Cells): 뉴런 외에 주요한 다른 종류의 뇌세포임. 정보처리에는 관여하지 않는 것처럼 보이나, 구조적 제공과 수초(미엘린)코팅, 신경전달물질을 들어 올리는 것과 같은 역할을 함.
- 이랑(Gyrus): 복잡하게 뒤얽힌 피질의 외관을 특징짓는 길게 늘어난 팽창된 부분들 중의 하나(복수는 gyri).
- 해마(Hippocampus): 안쪽, 중앙표면에 위치한 측두엽의 한 부분. 새로운 장기기억의 형성이나 통합에 중요하게 생각됨.
- 하부(위치 용어: Inferior-location term): 뇌구조의 하부 쪽, 밑면, 아래의 방향. 바닥 위에 있는 공의 아랫방향은 바닥면과 닿는 부분임.
- 뇌섬엽(Insula): 전두엽과 측두엽을 나누는 틈 안쪽에 있는 뇌 부분.
- 판형(Laminar Organization): 6개의 수평 층에 있는 피질 세포조직으로, 각각이 다른 종류의 세포를 가짐.
- 측면도(Lateral View): 옆에서 바라볼 때 구조물의 조망. 사람얼굴을

옆에서 바라본 용어가 옆얼굴(profile)임.

- 손상(Lesion): 머리에 타격을 받거나, (뇌졸중 등의) 발작 등으로 뇌 부분에 일어난 손상.
- 청반(Locus Ceruleus: also Locus Coeruleus): 뇌간에 위치한 뇌교의 핵. 대개 청반의 뉴런들은 신경전달물질로서 노르에피네프린을 사용, 주의와 각성에서 중요한 역할을 하는 것으로 보임.
- 자기공명영상(Magnetic Resonance Imaging: MRI): 뇌조직이나 다른 내부기관들의 절편들을 촬영하는 영상기술. 물과 다른 물질의 자성에 의존함.
- 이동(Migration): 발달하는 동안, 신경관 내의 증식영역으로부터 뇌의 적절한 위치로 뇌세포 를 이동하는 과정.
- 수초 형성(Myelination): 보다 큰 뉴런들의 축색돌기에 미엘린이라는 지방산 코팅을 더하는 과정임. 미엘린이 있는 뉴런들은 없는 뉴런들보다 100배 빠르게 충격을 전도시킴.
- 대뇌의 신피질(Neocortex): 문자 그대로 '새로 돋아난 나무껍질'을 의미함. 고등 유기체에게만 나타나는 것으로 전뇌의 외피를 둘러싸고 있는 것을 일컬음. 간단하게 말하면, 피질(cortex)이라고도 함. 전두엽, 두정엽, 측두엽, 후두엽으로 구성됨.
- 신경관(Neural Tube): 태아기 발달(처음에 둥근 태아의 표면을 따라)에 나타나는 관 같은 구조이며 최종적으로 뇌척수를 만들어냄.
- 뉴런(Neuron): 신경아교세포 외의 다른 종류의 뇌세포. 신경(계)의 활동유형은 사고와 정보처리과정과 일치하는 것으로 생각됨.
- 뉴런발육인자(Neuronal Growth Factor): 뉴런의 발달을 촉진하는 물질(예: 새로운 수상돌기의 싹을 틔우는).

- 신경과학(Neuroscience): 신경체계의 활동과 관련된 과학.
- 신경관 형성(Neurulation): 뇌의 발달에서 신경관이 태아의 표면을 따라 형성하는 과정.
- 노르아드레날린성 뉴런(Noradrenergic Neurons): 신경전달물질인 노르에피네프린을 나오게 하고 거기에 반응하는 뉴런.
- 후두엽(Occipital Lobe): 머리 뒤(피질의 후부)쪽에 있는 엽. 후두엽 영역은 주로 시각처리과정과 관련되었음.
- 정향망(Orienting network): 주의를 조절하는 세 가지 가정된 주의망 중의 하나임. 환경의변화에 주의를 기울이도록 하는 책임이 있음.
- 팔리덤(Pallidum): 담창구로도 알려짐. 편도체, 미상핵, 경막과 함께 기저핵으로 알려진 피질하 전체를 구성함. 시상에 인접하게 위치함.
- 두정엽(Parietal Lobe): 전두엽의 후부, 후두엽의 전부와 상부에 위치한 피질의 네 가지 엽중의 하나(대략 정수리 아래에 있는). 공간추리, 수 추리, 작동기억에 중요한 것으로 생각됨.
- 페리실비안영역(Perisylvian Areas): 측두엽으로부터 전두엽과 두정엽을 분리시키는 실비우스 열구 근처에 위치한 피질의 영역. 브로카영역과 베르니케영역은 페리실비안 영역에 있는 두 영역임.
- 페닐케톤뇨증(Phenylketonuria: PKU): 페닐케톤뇨증을 가진 아이들은 아니노산 페닐알라닌을 아미노산 티로신으로 전환할 수 없음. 결과적으로 페닐케톤뇨증 아이들은 두 가지 중요한 문제를 경험함. 첫째, 혈류에 존재하는 높은 수준의 페닐알라닌은 진행성 뇌손상과 정신지체의 원인이 됨. 둘째, 페닐케톤뇨증 아이들에게 부족한 티로신은 도파민의 전구체인데 도파민에 민감한 뉴런이 포함된 회로는 도파민이 너무 낮은 수준일 때 적절히 작동할 수 없음.

- 편평 측두엽(Planum Temporale): 측두엽과 두정엽 접합부 근처에 위치한 피질 지역(상부 측두뇌회의 후부와 상부 표면). 음성처리와 소리를 문자로 연결시키는데 중요한 것으로 생각됨.
- 가소성(Plasticity): 경험과 손상에 대응하기 위해서 새로운 시냅스를 연결하고 기존의 연결을 증식하게 하는 신경체계의 능력. 가소성은 뇌의 '배선' (연결양식)이 시간의 흐름에 따라 한결같지 않고 역동적임을 보여줌.
- 양전자 방출 단층촬영술(Positron Emission Tomography: PET): 과제를 하는 동안 특히 활성화된 뇌영역으로 혈액이 보내진다는 가정 하에서 뇌영상을 촬영하는 방법. 이 기계는 혈액 내의 동위원소의 위치를 기록함.
- 후부(Posterior: location term): 구조의 뒷부분(사람 머리의 왼쪽 면을 바라볼 때 오른쪽). 집을 왼쪽 면에서 바라본다면, 정면현관은 왼쪽에 있고, 뒷문은 오른쪽에 있음.
- 쐐기앞소엽(Precuneus): 두정엽의 중앙부위에 있는 이랑(또한 상부두정이랑으로 알려져 있음). 주변열구와 두정-후두열구(두정엽과 후두엽을 나누는)에 의해 묶여짐.
- 증식(Proliferation): 뇌 발달 동안 새로운 뇌세포를 생성하는 과정.
- 증식영역(Proliferative Zones): 뇌 발달 동안 새로운 뇌세포가 나타나는 신경관벽 내부에 있는 지역.
- 시상베개핵(Pulvinar Nucleus): 시상의 후부에 위치한 핵.
- 피라미드 뉴런(Pyramidal Neurons): 세포체가 다소 피라미드처럼 생긴 뉴런. 뇌에 있는 뉴런의 80% 이상을 이룸.
- 솔기핵(Raphe Nuclei): 후뇌에 있는 연수에 위치한 핵(뇌교와 소뇌 아

래).

- 입쪽(Rostral-location term): 전부(앞쪽)와 동의어. 동물을 옆에서 봤을 때의 코 또는 앞머리(왼쪽 면에서 보면 머리가 왼쪽, 꼬리가 오른쪽). 사람 얼굴의 코는 사람 머리 뒤의 전부임.
- 세로토닌(Serotonin); 뇌세포, 특히 솔기핵에 의해 사용되는 신경전달물질.
- 팽대(Splenium): 뇌량 후부의 두꺼워진 부분.
- 별세포(Stellate Cells): 별모양의 뇌세포.
- 줄무늬체(Corpus: Striatum): 각 대뇌반구에 있는 시상의 앞과 옆에 위치한 기저핵의 구성요소들 중의 하나.
- 피질하부의 구조(Subcortical Structures): 피질 아래에 위치한 여러 가지 뇌구조(예: 시상).
- 흑색질(Substantia Nigra): 도파민이 농축되어있는 기저핵 근처에 위치한 구조. 그 섬유질은 시상 전부에 있는, 핵들을 포함하는 많은 구조들에 투입됨.
- 감산기법(Subtraction Technique): 특정한 인지기능을 맡고 있는 뇌영역을 분리시키는 데 사용되는 실험방법. 예를 들면, 단어읽기과제는 시각고착, 주의집중, 글자 형태재인과 관련되어 있음. 특히 글자재인을 맡고 있는 영역을 분리하기 위해서, 시각고착과 주의 집중을 요구하는 과제만을 활성화시켜야 함. 그 다음에 특히 글자재인을 활성화시키는 영역을 결정하기 위해서 글자재인을 위한 활성화로부터 고착과 주의집중 활성화를 뺌.
- 대뇌고랑(Sulcus): 피질에 있는 홈.
- 상부(Superior-location term): 등쪽과 동의어. 구조의 위쪽 방향(또는

꼭대기 표면).

- 상부둔덕(Superior Colliculus): 시상 바로 아래에 위치한 피질하부의 구조. 안구운동과 주의를 바꾸는 데 중요한 것으로 생각됨.
- 상부측두구(Superior Temporal Sulcus): 측두엽 꼭대기표면을 따라서 지나는 홈.
- 시냅스밀도(Synaptic Density): 단위면적당 시냅스의 수(예: 1 미크론 당 천 개의 시냅스).
- 시냅스의 발생(Synaptogenesis): 뉴런들 간에 새롭고 안정적인 시냅스를 형성하는 과정.
- 피개영역(Tegmental Area): 뇌교 부분과 뇌간에 인접한 부분.
- 측두엽(Temporal Robe): 관자놀이 아래에 놓여 있는 뇌의 네 가지 엽 중의 하나. 측두엽은 전두엽과 두정엽 하부에 있음. 측두엽은 두 반구 모두 청각과정과 관련됨. 어느 정도 언어 기술도 관련됨(대체로 오른손잡이는 좌반구가 담당하고 그 역도 같음).
- 기형유발물질(Teratogen): 태아 발달에 있어 기형의 원인이 되는 이질적인 물질.
- 시상(Thalamus): 피질의 특수한 영역에 수입(구심)자극을 보내는 피질하부구조. 수입자극을 위한 연결 장소로도 불림.
- 가슴샘(Thymus): 사람의 흉골 아래 상부 흉곽에 위치한 샘. 태아기에서 시작하며 인체의 면역체계에 중요한 역할을 함. 임파구로 알려진 백혈구를 생산하며, 임파구는 외부세포를 죽이고 항체를 만들도록 면역세포를 자극함. 샘은 유년 시대를 지나 사춘기까지 자라며 그러고 나서 크기가 점차 줄어듦.
- 경두개자기자극법(Transcranial Magnetic Stimulation): 피질부분들 기능

을 국부적으로 모이게 하는 비침습성기술로 두개골을 지나 뇌조직 하부에 자기장을 보내는 것과 관련됨. 일시적인 가상적 손상을 일으킨다고 일컬어짐.

- **미주신경긴장**(Vagal Tone): 미주신경을 통해서 심장의 신경을 조절. 항상성의 지표로서 감시됨.
- **배쪽**(Ventral–location term): 하부와 동의어. 구조의 바닥 또는 아랫방향으로 말해짐.
- **경계망**(Vigilance Network): 주의를 조절하는 세 가지 가정된 주의망 중의 하나임. 주의망은 사람들이 어떤 사건의 발생을 기다릴 때 활동함.
- **베르니케 실어증**(Wernicke' s Aphasia): 참여는 하나 모순된 말을 하는 언어장애. 게다가 자신에게 말해진 것을 이해할 수 없음. 이 장애는 주로 좌반구에 있는 22번, 39번 브로드만 영역이 손상되었을 때 발생(측두엽의 상부와 후부, 모이랑).
- **여키즈–닷슨 법칙**(Yerkes–Dodson Law): 동물들(사람을 포함한)은 낮거나 높은 각성상태 일 때보다 적당한 각성상태일 때 더 잘 배우는 것처럼 보인다는 관찰에 기초한 과학 법칙(역전 된 U자형 학습곡선 그래프를 그릴 수 있음).

참고문헌

Adams, M. J. (1990). *Beginning to read.* Cambridge, MA: Harvard University Press.

Alba, J. W., & Hasher, L. (1982). Is memory schematic? *Psychological Bulletin, 93,* 203–231.

Alexander, J. E., O' Boyle, M. W., & Benbow, C. P. (1996). Developmentally advanced EEG alpha power in gifted male and female adolescents. *International Journal of Psychophysiology, 23,* 25–31.

American Psychiatric Association. (1994). *Diagnostic and statistical manual of mental disorders* (4th ed.). Washington, DC: Author.

Anderson, J. R. (1990). *Cognitive psychology and its implications* (3rd ed.). New York: Freeman.

Anderson, J. R. (1993). Problem solving and learning. *American Psychologist, 48,* 35–44.

Anderson, J. R. (1995). *Learning and memory: An integrated approach.* New York: Wiley.

Anderson, J. R., & Schooler, L. J. (1991). Reflections on the environment in memory. *Psychological Science, 2,* 396–408.

Applegate, B., Lahey, B. B., Hart, E. L., Biederman, J., Hynd, G. W.,

Barkley, R. A., Ollendick, T., Frick, P. J., Greenhill, L., McBurnett, K., Newcorn, J. H., Kerdyk, L., Garfinkel, B., Waldman, I., & Shaffer, D. (1997). Validity of the age-of-onset criterion for ADHD: A report from the DSM-IV field trials. *Journal of the American Academy of Child and Adolescent Psychiatry, 36,* 1211-1221.

Aston-Jones, G., Rajkowski, J., & Cohen, J. (1999). Role of locus coeruleus in attention and behavioral flexibility. *Biological Psychiatry, 46,* 1309-1320.

Atkinson, R. C., & Shiffrin, R. M. (1968). Human memory: A proposed system and its control processes. In K. W. Spence & J. T. Spence (Eds.), *The Psychology of learning and motivation: Advanced in research and theory* (Vol. 2, pp. 89-195). New York: Academic Press.

Baddeley, A. (1999). *Essentials of human memory.* Philadelphia: Psychology Press.

Barch, D. M., Braver, T. S., Nystrom, L. E., Forman, S. D., Noll, D. C., & Cohen, J. D. (1997). Dissociating working memory from task difficulty in human prefrontal cortex. *Neuropsychologia, 35,* 1373-1380.

Barkley, R. A. (1997). Behavioral inhibiton, sustained attention, and executive functions: Constructing a unifying theory of ADHD. *Psychological Review, 121,* 65-94.

Barkley, R. A., & Bierderman, J. (1997). Toward a broader definition of the age-of-onset criterion for attention-deficit hyperactivity disorder. *Journal of the American Academy of Child and Adolescent Psychiatry, 36,* 1204-1210.

Barr, H. M., & Streissguth, A. P. (1991). Caffeine use during pregnancy and child outcome: A 7-year prospective study. *Neurotoxicology and Treatology, 13,* 441-448.

Barr, H. M., Stressguth, A. P., Darby, B. L., & Sampson, P. D. (1990). Prenatal exposure to alcohol, caffeine, tobacco, and aspirin: Effects on fine and gross motor performance in 4-year-old children. *Developmental Psychology, 26,* 339-348.

Beaton, A. (1997). The relation of planum temporale asymmetry and morphology of the corpus callosum to handedness, gender, and dyslexia: A review of the evidence. *Brain and Language, 60,* 255-322.

Begley, S. (1996, February). Your child' s brain. *Newsweek,* 55-62.

Bellinger, D., & Needleman, H. L. (1994). Developmental toxicity of methyl mercury. In H. L. Needleman & D. Bellinger (Eds.), *Prenatal exposure to toxicants: Developmental consequences* (pp. 89-111). Baltimore: Johns Hopkins University Press.

Benbow, C. P. (1986). Physiological correlates of extreme intellectual precocity. *Neuropsychologia, 24,* 719-725.

Benbow, C. P. (1988). Sex differences in mathematical reasoning ability in intellectually talented preadolescents: Their nature, effects, and possible causes. *Behavioral and Brain Sciences, 11,* 169-232.

Benton, S. L., Glover, J. A., Monkowski, P. G., & Shaughnessy, M. (1983). Decision difficulty and recall of prose. *Journal of Educational Psychology, 75,* 727-742.

Bernstein, P. L. (1996). *Against the gods: The remarkable story of risk.* New York: Wiley.

Block, N. (1990). The computer model of the mind. In D. N. Osherson & E. E. Smith (Eds.), *Thinking* (pp. 245-289). Cambridge, MA: MIT Press.

Bransford, J. D., Brown, A. L., & Cocking, R. R. (1999). *How people learn: Brain, mind, experience, and school.* Washington, DC: National Academy Press.

Breedlove, S. M. (1994). Sexual differentiation of the human nervous system. *Annual Review of Psychology, 45,* 389–418.

Bremner, J. D. (1999). Does stress damage the brain? *Biological Psychiatry, 45,* 797–805.

Broadbent, D. E. (1958). *Perception and communication.* London: Pergamon Press.

Bruer, J. T. (1997). Education and the brain: A bridge too far. *Educational Researcher, 26,* 4–16.

Bruer, J. T. (1998). Brain science, brain fiction. *Educational Leadership, 56,* 14–18.

Bruner, J. S. (1966). *Toward a theory of instruction.* Cambridge, MA: Belknap Press of Harvard University Press.

Bryant, P. E., MacLean, M., Bradley, L., & Crossland, J. (1990). Rhyme and alliteration, phoneme detection, and learning to read. *Developmental Psychology, 26,* 429–438.

Bryden, M. P., McManus, I. C., & Bulman–Fleming, M. B. (1994). Evaluating the empirical support for the Geschwind–Behan–Galaburda model of cerebral lateralization. *Brain and Cognition, 26,* 103–167.

Bullock, M., Gelman, R., & Baillargeon, R. (1982). The development of causal reasoning. In W. J. Friedman (Ed.), *The developmental psychology of time* (pp. 209–254). New York: Academic Press.

Byrnes, J. P. (1992). The conceptual basis of procedural learning. *Cognitive Development, 7,* 235–257.

Byrnes, J. P. (1999). The nature and development of representation:

Forging a synthesis of competing approaches. In I. Siegel (Ed.), *Developmental of representation* (pp. 273–294). Mahwah, NJ: Erlbaum.

Byrnes, J. P. (2001). *Cognitive development and learning in instructional contexts.* Needlham Heights, MA: Allyn & Bacon.

Byrnes, J. P., & Fox, N. A. (1998). The educational relevance of research in cognitive neuroscience. *Educational Psychology Review, 10,* 297–342.

Byrnes, J. P., & Takahira, S. (1994). Why some students perform well and others perform poorly on SAT-math items. *Contemporary Educational Psychology, 19,* 63–78.

Cahill, L., & McGaugh, J. L. (1998). Modulation of memory storage. In L. R. Squire & S. M. Kosslyn (Eds.), *Findings and current opinion in cognitive neuroscience* (pp. 85–90). Cambridge, MA: MIT Press.

Caine, G., & Caine, R. N. (1997). *Education on the edge of possibility.* Alexandria, VA: Association for Supervision and Curriculum Development.

Camras, L. A. (1994). Two aspects of emotional development: Expression and elicitation. In P. Ekman & R. J. Davidson (Eds.), *The nature of emotion* (pp. 347–351). New York: Oxford University Press.

Canli, T., Desmond, J. E., Zhao, Z., Glover, G., & Gabrieli, J. D. E. (1998). Hemispheric asymmetry for emotional stimuli detected with fMRI. *Neuroreport, 9,* 3233–3239.

Case, R., & Okamoto, Y. (1996). The role of central conceptual structures in the development of children' s thought. *Monograph of the Society for Research in Child Development, 61,* v–265.

Casey, B. J., Cohen, J. D., Noll, D. C., Schneider, W., Giedd, J. N., & Rappaport, J. L. (1996). Functional magnetic resonance imaging:

Studies of cognition. In E. D. Bigler (Ed.), *Neuroimaging: Vol. 2. Clinical applications* (pp. 299–230). New York: Plenum Press.

Chenn, A., Braisted, J. E., McConnell, S. K., & O' Leary, D. D. M. (1997). Development of the cerebral cortex: Mechanisms controlling cell fate, laminar and areal patterning, and axonal connectivity. In W. M. Cowan, T. M. Jessell, & S. L. Zipursky (Eds.), *Molecular and cellular approaches to mental development* (pp. 440–473). New York: Oxford University Press.

Cherry, S. R., & Phelps, M. E. (1996). Imaging brain function with positron emission tomography. In A. W. Toga & J. C. Mazziota (Eds.), *Brain mapping: The methods* (pp. 191–219). Orlando, FL: Academic Press.

Clore, G. L. (1994). Why emotions require cognition. In P. Ekman & R. J. Davidson (Eds.), *The nature of emotion* (pp. 181–191). New York: Oxford University Press.

Cohen, M. S. (1996). Rapid MRI and functional applications. In A. W. Toga & J. C. Mazziotta (Eds.), *Brain mapping: The methods* (pp. 191–219). Orlando, FL: Academic Press.

Coyle, J, T., Oster–Granite, M. L., Reeves, R. H., & Gearhart, J. D. (1988). Down syndrome, Alzheimer' s disease, and the trisomy 16 mouse. *Trends in the Neurosciences, 11,* 390–394.

Craik, F. I. M., & Lockhart, R. S. (1972). Levels of processing: A framework for memory research. *Journal of Verbal Learning and Verbal Behavior, 11,* 671–684.

Csikszentmihalyi, M. (1998). *Finding flow: The psychology of engagement with everyday life.* New York: Basic Books.

Davidson, R. J. (1992). Emotion and affective style. *Psychological Science, 3,* 39–43.

Davidson, R. J., & Ekman, P. (1994). Afterword. In P. Ekamn & R. J. Davidson (Eds.), *The nature of emotion* (pp. 261–262). New York: Oxford University Press.

DeFries, J. C., Gillis, J. J., & Wadsworth, S. J. (1993). Genes and genders: A twin study of reading disability. In A. M. Galaburda (Ed.), *Dyslexia and development: Neurobiological development of extraordinary brains* (pp. 187–204). Cambridge, MA: Harvard Unviersity Press.

Dehaene, S. (1996). The organizational of brain activations in number comparison: Event related potentials and the additive factors method. *Journal of Cognitive Neuroscience, 8,* 47–68.

Dehaene, S., & Cohen, L. (1997). Cerebral pathways for calculation: Double dissociation between rote verbal and quantitative knowledge of arithmetic. *Cortex, 33,* 219–250.

Dehaene, S., Tzourio, N., Frak, V., Raynaud, L., Cohen, L., Mehler, J., & Mazoyer, B. (1996). Cerebral activations during number multiplication and comparison: A PET study. *Neuropsychologia, 34,* 1097–1106.

Diamond, A., Prevor, M. B., Callender, G., & Druin, D. P. (1997). Prefrontal cortex cognitive deficits in children treated early and continuously for PKU. *Monographs of the Society for Research in Child Development, 62* (Serial No. 252, 1–205).

Dix, T., Ruble, D. N., Grusec, J. E., & Nixon, S. (1986). Social cognition in parents: Inferential and affective reactions to children of three age levels. *Child Development, 57,* 879–894.

Dodge, D. T., & Heronman, C. (1999). *Building your baby's brain: A parent's guide to the first five years.* Washington, DC: Teaching Strategies.

Drevets, W. C., & Raichle, M. E. (1995). Positron emission tomographic imaging studies of human emotional disorders. In M. S. Gazzaniga (Ed.), *The cognitive neurosciences* (pp. 1153–1164). Cambridge, MA: MIT Press.

Driesen, N. R., & Raz, N. (1995). The influence of sex, age, and handedness on corpus callosum morphology: A meta-analysis. *Psychobiology, 23,* 240–247.

Dunn, J. (1994). Experience and understanding of emotions, relationships, and membership in a particular culture. In P. Ekman & R. J. Davidson (Eds.), *The nature of emotion* (pp. 353–355). New York: Oxford University Press.

Edelman, G. R. (1992). *Bright air, brilliant fire: On the matter of the mind.* New York: Basic Books.

Ekman, P. (1994). All emotions are basic. In P. Ekman, & R. J. Davidson (Eds.), *The nature of emotion* (pp. 15–19). New York: Oxford University Press.

Ekman, P., & Davidson, R. J. (Eds.). (1994). *The nature of emotion.* New York: Oxford University Press.

Elbert, T., Pantev, C., Wienbruch, C., Rockstroh, B., & Taub, E. (1995). Increased cortical representation of the fingers of the left hand in string players. *Science, 270,* 305–307.

Engel, S. A., Rumelhart, D. E., Wandell, B. A., Lee, A. T., Glover, G. H., Chichilnisky, E. J., & Shaden, M. N. (1994). fMRI of human visual cortex. *Nature, 369,* 525–526.

Ericsoon, K. A. (1996). *The road to excellence: The acquisition of expert performance in the arts and science, sports, and games.* Mahwah, NJ: Erlbaum.

Feitelson, D., Tehori, B. Z., & Levinberg-Green, D. (1982). How effective is early instruction in reading? Experimental evidence. *Merrill-Palmer Quarterly, 28,* 485-494.

Finaly, B. L., & Darlington, R. B. (1995). Linked regularities in the developmental and evolution of mammalian brains. *Science, 268,* 1578-1584.

Fisher, H., Wik, G., & Fredrikson, M. (1996). Functional neuroanatomy of robbery reexperience. Affective memories studied with PET. *Neuroreport, 7,* 2081-2086.

Flavell, J. H., Miller, P. H., & Miller, S. A. (1993). *Cognitive development* (3rd ed.). Englewood Cliffs, NJ: Prentice-Hall.

Folstein, S. E. (1989). *Huntington's disease: A disorder of families.* Baltimore: Johns Hopkins University Press.

Fowler, W. (1971). A developmental learning strategy for early reading in a laboratory nursery school. *Interchange, 2,* 106-124.

Fox, N. A. (1991). If it's not left, it's right: Electroencephalograph asymmetry and the development of emotion. *American Psychologist, 46,* 863-872.

Fox, N. A., & Bell, M. A. (1990). Electrophysiolocial indices of frontal lobe development: Relations to cognitive and affective behavior in human infants over the first year of life. In A. Diamond (Ed.), *The development and neural bases of higher cortical functions* (pp. 677-704). New York: New York Academy of Sciences.

Frijda, N. (1994). Emotions are functional, most of the time. In P. Ekman & R. J. Davidson (Eds.), *The nature of emotion* (pp. 112-122). New York: Oxford University Press.

Galaburda, A. M. (1993). *Dyslexia and development: Neurobiological aspects of extra-ordinary brains.* Cambridge, MA: Harvard University Press.

Garber, J., & Dodge, K. A. (1991). *The development of emotion regulation and dysregulation.* New York: Cambridge University Press.

Garner, R. (1987). Strategies for reading and studying expository texts. *Educational Psychologist, 22,* 299–312.

Garrett, M. F. (1990). Sentence processing. In D. N. Osherson & H. Lasnki (Eds.), *An invitation to cognitive science: Vol. 1. Language* (pp. 133–175). Cambridge, MA: MIT Press.

Gayan, J., Smith, S. D., Cherny, S. S., Cardon, L. R., Fulker, D. W., Brower, A. M., Olson, R. K., Pennington, B. F., & DeFries, J. C. (1999). Quantitative–trait locus for specific language and reading deficits. *American Journal of Human Genetics, 64,* 157–164.

Geary, D. C. (1993). Mathematical disabilities: Cognitive, neuropsychological, and genetic components. *Psychological Bulletin, 114,* 345–362.

Geary, D. C. (1998). What is the function of mind and brain? *Educational Psychology Review, 10,* 377–388.

Geschwind, N., & Behan, P. (1982). Left–handedness: Association with immune disease, migraine, and development learning disorder. *Proceedings of the National Academy of Sciences, 79,* 5097–5100.

Geschwind, N., & Galaburda, A. M. (1985). Cerebral lateralization: Biological mechanisms, associations, and pathology, 1: A hypothesis and a program for research. *Archives of Neurology, 42,* 428–459.

Geschwind, N., & Galaburda, A. M. (1987). *Cerebral laterlaization.* Cambridge, MA: MIT Press.

Gevins, A. (1996). Electrophysiological imaging of brain function. In A. W. Toga & J. C. Mazziotta (Eds.), *Brain mapping: The methods* (pp. 259–274). Orlando, FL: Academic Press.

Gick, M. L., & Holyoak, K. J. (1983). Schema induction and analogical transfer. *Cognitive Psychology, 15,* 1–38.

Giedd, J. N., Rumsey, J. M., Castellanos, F. X., Rajapakse, J. C., Kaysen, D., Vaituzis, A. C., Vauss, Y. C., Hamburger, S. D., & Rapoport, J. L. (1996). A quanitative MRI Study of the corpus callosum in children and adolescents. *Developmental Brain Research, 91,* 274–280.

Glover, J. A., Ronning, R. R., & Bruning, R. H. (1990). *Cognitive psychology for teachers.* New York: Macmillan.

Goldman–Rakic, P. S. (1986). Setting the stage: Neural development before birth. In S. L. Peterson, K. A. Klivington, & R. W. Peterson (Eds.), *The brain, cognition, and education* (pp. 233–258). New York: Academic Press.

Goldman–Rakic, P. S. (1992). Working memory and the mind. *Scientific American, 90,* 111–117.

Goldman–Rakic, P. S. (1994). Specification of higher cortical functions. In S. H. Broman & J. Grafman (Eds.), *Atypical cognitive deficits in developmental disorders: Implications for brain function* (pp. 3–18). Mahwah, NJ: Erlbaum.

Goldstein, D. M. (1978). Cognitive–linguistic functioning and learning to read in preschoolers. *Journal of Educational Psychology, 68,* 680–688.

Goodman, C. S., & Tessier–Lavigne, M. (1997). Molecular mechanisms of axon guidance and target recognition. In W. M. Cowan, T. M. Jessell, & S. L. Zipursky (Eds.), *Molecular and cellular approaches to neural development* (pp. 108–137). New York: Oxford University Press.

Graesser, A., Golding, J. M., & Long, D. L. (1991). Narrative representation and comprehension. In R. Barr, M. L. Kamil, P. Mosenthal, & P. D. Pearson (Eds.), *Handbook of reading research* (Vol. 2, pp. 171–205). New York: Longman.

Greenough, W. T., Black, J. E., & Wallace, C. S. (1987). Experience and brain development. *Child Development, 58,* 539–559.

Gunnar, M. R., & Barr, R. G. (1998). Stress, early brain development, and behavior. *Infants and Young Children, 11,* 1–14.

Halgren, E., & Marinkovic, K. (1995). Neurophysiological networks integrating human emotions. In M. S. Gazzaniga (Ed.), *The cognitive neurosciences* (pp. 1137–1151). Cambridge, MA: MIT Press.

Halpern, D. F. (1992). *Sex differences in cognitive abilities* (2nd ed.). Hillsdale, NJ: Erlbaum.

Hassold, T., Sherman, S., & Hunt, P. A. (1995). The origin of trisomy in humans. In C. J. Epstein, T. Hassold, I. T. Lott, L. Nadel, & D. Patterson (Eds.), *Etiology and pathogenesis of Down syndrome* (pp. 1–12). New York: Wiley–Liss.

Hibert, J., & LeFever, P. (1987). Conceptual and procedural knowledge in mathematics: An introductory analysis. In J. Hiebert (Ed.), *Conceptual and procedural knowledge in mathematics* (pp. 1–27). Hillsdale, NJ: Erlbaum.

Hillyard, S. A., Mangun, G. R., Woldorff, M. G., & Luck, S. J. (1995). Neural systems mediating selective attention. In M. S. Gazzaniga (Ed.), *The cognitive neurosciences* (pp. 665–681). Cambridge, MA: MIT Press.

Hinds, T. S., West, W. L., Knight, E. M., & Harland, B. F. (1996). The effect of caffeine on pregnancy outcome variables. *Nutrition*

Review, 54, 203–207.

Hintzman, D. L. (1986). "Schema abstraction" in a multiple–trace memory model. *Psychological Review, 93,* 411–428.

Hittmair–Delazer, M., Semenza, C., & Denes, G. (1994). Concepts and facts in calculation. *Brain, 117,* 715–728.

Hubel, D. H., & Wiesel, T. N. (1962). Receptive fields, binocular interaction, and functional architecture in the cat' s visual cortex. *Journal of Physiology, 160,* 106–154.

Huttenlocher, P. R. (1993). Morphometric study of human cerebral cortex development. In M. H. Johnson (Ed.), *Brain development and cognition: A reader* (pp. 112–124). Cambridge, MA: Blackwell.

Hynd, G. W., Marshall, R., & Gonzales, J. (1991). Learning disabilities and presumed central nervous system dysfunction. *Learning Disability Quarterly, 14,* 283–296.

Iran–Nejad, A., Hidi, S., & Wittrock, M. C. (1992). Reconceptualizing relevance in education from a biological perspective. *Educational Psychologist, 27,* 407–414.

Izard, C. E. (1994). Intersystem connections. In P. Ekman, & R. J. Davidson (Eds.), *The nature of emotion* (pp. 356–361). New York: Oxford University Press.

Izard, C. E., Fantauzzo, C. A., Castle, J. M., Haynes, O. M., Rayias, M. F., & Putnam, P. H. (1995). The ontogeny and significance of infant' s facial expressions in the first nine months of life. *Developmental Psychology, 31,* 997–1013.

Jackson, N. E. (1992). Precocious reading ability: Origins, structure, and predictive significance. In P. S. Klein & A. J. Tannenbaum (Eds.), *To be young and gifted* (pp. 171–203). Norwood, NJ: Ablex.

James, W. (1890). *The principles of psychology.* New York: Holt.

Jensen, E. (1998). *Teaching with the brain in mind.* Alexandria, VA: Association for Supervision and Curriculum Development.

Johnson, M. H. (1993). *Brain development and cognition: A reader.* Cambridge, MA: Blackwell.

Johnson, M. H. (1997). *Developmental cognitive neuroscience: An introduction.* Cambridge, MA: Blackwell.

Just, M. A., & Carpenter, P. A. (1987). *The psychology of reading and language comprehension.* Boston: Allyn & Bacon.

Kandel, E. R. (1991). Nerve cells and behavior. In E. R. Kandel, J. H. Schwartz, & T. M. Jessell (Eds.), *Principles of neural science* (3rd ed., pp. 18–32). Norwalk, CT: Appleton & Lange.

Kelley, D. B. (1993). Androgens and brain development: Possible contributions to developmental dyslexia. In A. M. Galaburda (Ed.), *Dyslexia and development: Neurobiological aspects of extra-ordinary brains* (pp. 21–41). Cambridge, MA: Harvard University Press.

Kemper, T. L. (1988). Neuropathology of Down Syndrome. In L. Nadel (Ed.), *The psychobiology of Down syndrome* (pp. 269–289). Cambridge, MA: MIT Press.

Killcross, S., Robbins, T. W., & Everitt, B. J. (1997). Different types of fear-conditioned behaviour mediated by separate nuclei within amygdala. *Nature, 388,* 377–380.

Kintsch, W. (1974). *The representation of meaning in memory.* Hillsdale, NJ: Erlbaum.

Kintsch, W. (1982). Text representations. In W. Otto & S. White (Eds.), *Reading expository material* (pp. 87–102). New York: Academic Press.

Kleim, J. A., Swain, R. A., Armstrong, K. A., Napper, R. M. A., Jones, T.

A., & Greenough, W. T. (1998). Selective synaptic plasticity within the cerebellar cortex following complex motor skill learning. *Neurobiology of Learning and Memory, 69,* 274–289.

Knopik, V. S., Alarson, M., & DeFries, J. C. (1997). Common and specific gender influences on individual differences in reading performance: A twin study. *Personality and Individual Differences, 25,* 269–277.

Kosslyn, S. M., & Intriligator, J. M. (1992). Is cognitive neuropsychology plausible?: The perils of sitting on a one-legged stool. *Journal of Cognitive Neuroscience, 4,* 96–106.

Kosslyn, S. M., & Koenig, O. (1992). *Wet mind: The new cognitive neuroscience.* New York: Free Press.

Kuhl, P. K. (1998). Learning and representation in speech and language. In L. R. Squire & S. M. Kosslyn (Eds.), *Findings and current opinion in cognitive neuroscience* (pp. 353–364). Cambridge, MA: MIT Press.

Kutas, M., & Van Petten, C. (1988). Event-related brain potential studies of language. In P. Ackles, J. R. Jennings, & M. Coles (Eds.), *Advances in psychophysiology* (pp. 139–153). Greenwich, CT: JAI Press.

Lane, R. D., Reiman, E. M., Ahern, G. L., Schwartz, G. E., & Davidson, R. J. (1997). Neuroanatomical correlates of happiness, sadness, and disgust. *American Journal of Psychiatry, 154,* 926–933.

Lasnick, H. (1990). Syntax. In D. N. Osherson & H. Lasnik (Eds.), *An invitations to cognitive science: Vol. 1. Language* (pp. 5–22). Cambridge, MA: MIT Press.

Lazarus, R. S. (1991). *Emotion and adaptation.* New York: Oxford University Press.

Lazarus, R. S. (1994). Meaning and emotional development. In P. Ekman & R. J. Davidson (Eds.), *The nature of emotion* (pp. 362–366). New York: Oxford University Press.

LeDoux, J. E. (1995). In search of an emotional system in the brain: Leaping from fear to emotion and consciousness. In M. S. Gazzaniga (Ed.), *The cognitive neurosciences* (pp. 1049–1061). Cabridge, MA: MIT Press.

Lindsley, D. B., & Wicke, J. D. (1974). The EEG: Autonomous electrical activity in man and animals. In R. Thompson & M. N. Patterson (Eds.), *Bioelectrical recording techniques* (pp. 3–83). New York: Academic Press.

Lowery, L. (1998). How new science curriculums reflect brain research. *Educational Leadership, 56,* 27–30.

Luria, A. R. (1973). *The working brain.* New York: Basic Books.

Markman, E. M. (1981). Comprehensive monitoring. In W. P. Dickson (Ed.), *Children's oral communication skills* (pp. 61–84). New York: Academic Press.

Markovits, Z., & Sowder, J. (1994). Developing number sense: An intervention study in grade 7. *Journal for Research in Mathematics Education, 25,* 4–29.

Marr, D. (1982). *Vision: A computational investigation into the human representation and processing of visual information.* San Francisco: Freeman.

Martin, A., Haxby, J. V., Lalonder, F. M., Wiggs, C. L., & Ungerleider, L. G. (1995, October). Discrete cortical regions associated with knowledge of color and knowledge of action. *Science, 270,* 102–105.

Martin, A., Wiggs, C. L., Ungerleider, L. G., & Haxby, J. V. (1996). Neural correlates of category-specific knowledge. *Nature, 379,* 649-652.

Masten, A. S., & Coatsworth, J. D. (1998). The development of competence in favorable and unfavorable environments. *American Psychologist, 53,* 205-220.

Mayer, R. E. (1982). Memory for algebra story problems. *Journal of Educational Psychology, 74,* 199-216.

McCarthy, R. A., & Warrington, E. K. (1990). *Cognitive neuropsychology: A clinical introduction.* San Diego, CA: Academic Press.

McCloskey, M., Aliminosa, D., & Sokol, S. M. (1991). Facts, rules, and procedures in normal calculation: Evidence from multiple single-patient studies of impaired arithmetic fact retrieval. *Brain and Cognition, 17,* 154-203.

McCloskey, M., Caramazza, A., & Basili, A. (1985). Cognitive mechanisms in number processing and calculation: Evidence from dyscalculia. *Brain and Cognition, 4,* 171-196.

McDaniel, M. A., Einstein, G. O., Dunay, P. K., & Cobb, R. S. (1986). Encoding difficulty and memory: Toward a unifying theory. *Journal of Memory and Language, 25,* 645-656.

McDaniel, M. A., Waddell, P. J., & Einstein, G. O. (1988). A contextual account of the generation effect: A three factor theory. *Journal of Memory and Language, 27,* 521-536.

McEwen, B. S. (1995). Stressful experience, brain, and emotions: Developmental, genetic, and hormonal influences. In M. S. Gazzaniga (Ed.), *The cognitive neurosciences* (pp. 1117-1135). Cambridge MA: MIT Press.

Metasala, J. L. (1999). Young children' s phonological awareness and nonword repetition as a function of vocabulary development. *Journal of Educational Psychology, 91,* 3-19.

Meyer, B. J. F. (1985). Prose analysis: Purposes, procedures, and problem. In B. K. Britton & J. B. Black (Eds.), *Understanding expository text* (pp. 11–66). Hillsdale, NJ: Erlbaum.

Mishkin, M., & Murray, E. A. (1998). Stimulus recognition. In L. R. Squire & S. M. Kosslyn (Eds.), *Findings and current opinion in cognitive neuroscience* (pp. 67–74). Cambridge, MA: MIT Press.

Moonen, C. T. W. (1995). Imaging of human brain activation with functional MRI. *Biological Psychiatry, 37,* 141–143.

Morphett, M., & Washburn, C. (1931). When should children begin to read? *Elementary School Journal, 31,* 496–503.

Morris, J. S., Frith, C. D., Perrett, D. I., Rowland, D., Young, A. W., Calder, A. J., & Dolan, R. J. (1996). A differential neural response in the human amygdala for fearful and happy facial expressions. *Nature, 383,* 812–815.

Moyer, K. E. (1980). *Neuroanatomy.* New York: Harper & Row.

Nathanielsz, P. W. (1999). *Life in the womb: The origin of health and disease.* New York: Prometheon Press.

National Council of Teachers of Mathematics. (1998). *Principles and standards for school mathematics: Discussion draft.* Reston, VA: Author.

Neisser, U. (1967). *Cognitive psychology.* New York: Appleton–Century–Crofts.

Newell, A., & Rosenbloom, P. S. (1981). Mechanisms of skills acquisition and the law of practice. In J. R. Anderson (Ed.), *Cognitive skills and their acquisition* (pp. 1–55). Hillsdale, NJ: Erlbaum.

Newell, A., & Simon, H. A. (1972). *Human problem solving.* Englewood Cliffs, NJ: Prentice–Hall.

O' Boyle, M. W., & Benbow, C. P. (1990). Enhanced right hemisphere involvement during cognitive processing may relate to intellectual precocity. *Neuropsychologia, 28,* 211–216.

O' Boyle, M. W., & Gill, H. S. (1998). On the relevance of research findings in cognitive neuroscience to educational practice. *Educational Psychology Review, 10,* 397–410.

Oldfield, R. C. (1971). The assessment and analysis of handedness: Edinburgh inventory. *Neuropsychologia, 9,* 97–113.

Paivio, A. (1971). *Imagery and verbal processes.* New York: Holt, Rinehart & Winston.

Paris, S. G., Wasik, B. A., & Turner, J. C. (1991). The development of strategic readers. In R. Barr, M. L. Kamil, P. B. Mosenthal, & P. D. Pearson (Eds.), *Handbook of reading research* (Vol. 2, pp. 609–640). New York: Longman.

Pesenti, M., Seron, X., & Van Der Linden, M. (1994). Selective impairment as evidence for mental organization of arithmetical facts: BB, a case of preserved subtraction? *Cortex, 30,* 661–671.

Peterson, S. E., Fox, P. T., Snyder, A. Z., & Raichle, M. E. (1990). Activation of extrastriate and frontal cortical areas by visual words and word-like stimuli. *Science, 240,* 1041–1044.

Peterson, P. L., Fennema, E., Carpenter, T. P., & Loef, M. (1989). Teacher' s pedagogical content beliefs in mathematics. *Cognition and Instruction, 6,* 1–40.

Pinker, S. (1997). *How the mind works.* New York: Norton.

Pintrich, P. R., & Schunk, D. H. (1996). *Motivation in education: Theory, research, and applications,* Englewood Cliffs, NJ: Merrill.

Plude, D. J., Enns, J. T., & Brodeur, D. (1994). The development of selective attention: A life span view. *Acta Psychologia, 86,* 227–272.

Pollit, E., Gorman, K. S., Engle, P. L., Martorell, R., & Rivera, J. (1993). Early supplemental feeding and cognition: Effects over two decades. *Monographs of the Society for Research in Child Development, 58* (Serial No. 235, pp. v–99).

Porges, S. W. (1995). Orienting in a defensive world: Mammalian modification of our evolutionary heritage. A polyvagal theory. *Psychophysiology, 32*, 301–318.

Posner, M. I. (1995). Attention in cognitive neuroscience: An overview. In M. S. Gazzaniga (Ed.), *The cognitive neurosciences* (pp. 615–624). Cambridge MA: MIT Press.

Posner, M. I. (1997, April). *Cognitive neuroscience and the development of attention.* Address delivered at the biennial meeting of the Society for Research in Child Development, Washington, DC.

Posner, M. I., Peterson, S. E., Fox, P. T., & Raichle, M. E. (1988). Localization of cognitive operations in the human brain. *Science, 240*, 1627–1631.

Posner, M. I., & Raichle, M. E. (1994). *Images of mind.* New York: Scientific American Library.

Pressley, M. (1997). The cognitive science of reading: Comments. *Contemporary Educational Psychology, 22*, 247–259.

Pressley, M., Almasi, J., Schuder, T., Bergman, J., Hite, S., El–Dinary, P. B., & Brown, R. (1994). Transactional instruction of comprehension strategies: The Montgomery Country Maryland SAIL program. *Reading and Writing Quarterly, 10*, 5–19.

Pressley, M., Levin, J., & Delaney, H. D. (1982). The mnemonic keyword method. *Review of Educational Research, 52*, 61–92.

Purves, D., & Lichtman, J. W. (1985). *Principles of neural development.* Sunderland, MA: Sinauer Associates.

Putnam, H. (1973). Reductionism and the nature of psychology. *Cognition, 2,* 131–146.

Pylyshyn, Z. W. (1984). *Computation and cognition: toward a foundation for cognitive science.* Cambridge, MA: MIT Press.

Pylyshyn, Z. W. (1989). Computing in cognitive science. In M. I. Posner (Ed.), *Foundations of cognitive science* (pp. 49–92). Cambridge, MA: MIT Press.

Quartz, S. R., & Sejnowski, T. J. (1997). The neural basis of cognitive development: A constructive manifesto. *Behavioral and Brain Sciences, 20,* 537–596.

Rakic, P. (1993). Intrinsic and extrinsic determinants of neocortical parcellation: A radial unit model. In M. H. Johnson (Ed.), *Brain maturation and cognition: A reader* (pp. 93–111). Oxford, UK: Blackwell.

Rauscher, F. H., Shaw, G. L., Levine, L. J., Wright, E. L., Dennis, W. R., & Newcomb, R. L. (1997). Music training causes long–term enhancement of preschool children' s spatial–temporal reasoning. *Neurological Research, 19,* 2–8.

Raynor, K., & Pollatsek, A. (1989). *The psychology of reading.* Englewood Cliffs, NJ: Prentice–Hall.

Recanzone, G. H., & Schreiner, C. E., & Merzenich, M. M. (1993). Plasticity in the frequency representation of primary auditory cortex following discrimination training in adult owl monkeys. *Journal of Neuroscience, 13,* 87–103.

Reichardt, L. F., & Farinas, I. (1997). Neurotrophic factors and their receptors. In W. M. Cowan, T. M. Jessell, & S. L. Zipursky (Eds.), *Molecular and cellular approaches to neural development* (pp. 220–258). New York: Oxford University Press.

Reschly, D. J., & Gresham, F. M. (1989). Current neurophychological diagnosis of learning problems: A leap of faith. In C. R. Reynolds & E. Fletcher-Janzen (Eds.), *Handbook of clinical child neuropsychology* (pp. 503–519). New York: Plenum Press.

Resnick, L. B., & Omanson, S. F. (1987). Learning to understand arithmetic. In R. Glaser (Ed.), *Advances in instructional psychology* (Vol. 3, pp. 41–95). Hillsdale, NJ: Erlbaum.

Robbins, T. W., & Everitt, B. J. (1995). Arousal systems and attention. In M. S. Gazzaniga (Ed.), *The cognitive neurosciences* (pp. 703–720). Cambridge, MA: MIT Press.

Rothbart, M. K. (1994). Emotional development: Changes in reactivity and self-regulation. In P. Ekman & R. J. Davidson (Eds.), *The nature of emotion* (pp. 369–372). New York: Oxford University Press.

Rumelhart, D. E. (1989). The architecture of mind: A connectionist approach. In M. I. Posner (Ed.), *Foundations of cognitive science* (pp. 133–160). Cambridge, MA: MIT Press.

Sapolsky, R. M. (1999). Glucocoricoids, stress, and their adverse neurological effects: Relevance to aging. *Experimental Geronthology, 34,* 721–732.

Schmidt, L. A. (1999). Frontal brain electrical activity in shyness and sociability. *Psychological Science, 10,* 316–320.

Schmidt, L. A., Fox, N. A., Goldberg, M. C., Smith, C. C., & Schulkin, J. (1999). Effects of acute prednisone administration on memory, attention and emotion in healthy human adults. *Psychoneuroendocrinology, 24,* 461–483.

Schneider, F., Grodd, W., Weiss, U., Klose, U., Mayer, K. R., Nagele, T., & Gur, R. C. (1997). Functional MRI reveals left amygdala activation during emotion. *Psychiatry Research–Neuroimaging,*

76, 75–82.

Scott, S. K., Young, A. W., Calder, A. J., Hellawell, D. J., Aggleton, J. P., & Johnson, M. (1997). Impaired auditory recognition of fear and anger following bilateral amygdala lesions. *Nature, 385,* 254–257.

Searle, J. R. (1992). *The rediscovery of the mind.* Cambridge, MA: MIT Press.

Segal, N. L. (1989). Origins and implications of handedness and relative birth weight for IQ in monozygotic twin pairs. *Neuropsychologia, 27,* 549–561.

Seidenberg, M. S., & McClelland, J. L. (1989). A distributed, developmental model of word recognition and naming. *Psychological Review, 96,* 523–568.

Sejnowski, T. J., & Churchland, P. S. (1989). Brain and cognition. In M. I. Posner (Ed.), *Foundations of cognitive science* (pp. 301–358). Cambridge, MA: MIT Press.

Shaywitz, S. E. (1996). Dyslexia. *Scientific American, 94,* 98–104.

Shaywitz, S. E., Escobar, M. D., Shaywitz, B. A., Fletcher, J. M., & Makuch, R. (1992). Evidence that dyslexia may represent the lower tail of a normal distribution of reading ability. *New England Journal of Medicine, 326,* 144–150.

Shaywitz, S. E., Shaywitz, B., Fletcher, J. M., & Escobar, M. D. (1990). Prevalence of reading disability in boys and girls. *Journal of the American Medical Association, 264,* 998–1005.

Shaywitz, S. E., Shaywitz, B., Pugh, K. R., Fulbright, R. K., Constable, R. T. Mencl, W. E., Shankweiler, D. P., Liberman, A. M., Skudlarksi, P., Fletcher, J. M., Katz, L., Marchione, K. E., Lacadie, C., Gatenby, C., & Gore, J. C. (1998). Functional disruption in the organization of the brain for reading in dyslexia. *Proceedings of the National Academy of Science, 95,* 2636–2641.

Shimamura, A. P. (1995). Memory and frontal lobe function. In M. S. Gazzaniga (Ed.), *The cognitive neurosciences* (pp. 803–813). Cambridge, MA: MIT Press.

Siegler, R. S. (1991a). *Children's thinking* (2nd ed.). Englewood Cliffs, NJ: Prentice–Hall.

Siegler, R. S. (1991b). Strategy choice and strategy discovery. *Learning and Instruction, 1,* 89–102.

Simon, H. A .(1996). *The sciences of the articfical* (3rd ed.). Cambridge, MA: MIT Press.

Smith, E. E., Jonides, J., & Koeppe, R. A. (1996). Dissociating verbal and spatial working memory using PET. *Cerebral Cortex, 6,* 11–20.

Solanto, M. V. (1998). Neuropsychopharmacological mechanisms of stimulant drug action in attention–deficit hyperactivity disorder: A review and integration. *Behavioural Brain Research, 94,* 127–152.

Sprengelmeyer, R., Young, A. W., Calder, A. J., Karnat, A., Lange, H., Homberg, V., Perrett, D. I., & Rowland, D. (1996). Loss of disgust–perception of faces and emotions in Huntington's disease. *Brain, 119,* 1647–1665.

Squire, L. R. (1987). *Memory and brain.* New York: Oxford University Press.

Squire, L. R. (1989). On the course of forgetting in very long term memory. *Journal of Experimental Psychology: Learning, Memory, and Cognition, 15,* 241–245.

Squire, L. R., & Alvarez, P. (1998). Retrograde amnesia and memory consolidation: A neurobiological perspective. In L. R. Squire & S. M. Kosslyn (Eds.), *Findings and current opinion in cognitive neuroscience* (pp. 75–84). Cambridge, MA: MIT Press.

Squire, L. R., & Knowlton, B. J. (1995). Memory, hippocampus, and brain systems. In M. S. Gazzaniga (Ed.), *The cognitive neurosciences* (pp. 825–837). Cambridge, MA: MIT Press.

Stanovich, K. E. (1980). Toward an interactive–compensatory model of individual differences in the acquisition of literacy. *Reading Research Quarterly, 21,* 360–407.

Stanovich, K. E. (1988a). The right and wrong places to look for the cognitive locus of reading disability. *Annals of Dyslexia, 38,* 154–177.

Stanovich, K. E. (1988b). Explaining the differences between the dyslexic and the garden variety poor reader: The phonological–core variable–difference mode. *Journal of Learning Disabilities, 21,* 590–604, 612.

Stanovich, K. E. (1998). Cognitive neuroscience and educational psychology: What season is it? *Educational Psychology Review, 10,* 419–426.

Stanovich, K. E., & Siegel, L. S. (1994). Phenotpic performance profile of children with reading disabilities: A regression–based test of the phonological–core variable–difference model. *Journal of Educational Psychology, 86,* 24–53.

Starkman, M. N., Giodani, B., Gebarski, S. S., Berent, S., Schork, M. A., & Schteingart, D. E. (1999). Decrease in cortisol reverse human hippocampal atrophy following treatment of Cushing' s disease. *Biological Psychiatry, 46,* 1595–1602.

Steele, K. M., Bass, K. E., & Crook, M. D. (1999). The mystery of the Mozart effect: Failure to replicate. *Psychological Science, 10,* 366–369.

Steinmetz, H., Herzog, A., Schlaug, G., Huang, Y., & Lanke, R. (1995).

Brain (a)symmetry in monozygotic twins. *Cerebral Cortex, 5,* 296–300.

Streissguth, A. P., Barr, H. M., Sampson, P. D., Darby, B. L., & Martin, D. C. (1989). IQ at age 4 in relation to maternal alcohol use and smoking during pregnancy. *Developmental Psychology, 25,* 3–11.

Streissguth, A. P., Sampson, P. D., Barr, H. M., Bookstein, F. L., & Olson, H. C. (1994). The effects of prenatal exposure to alcohol and tobacco: Contributions from the Seattle Longitudinal Prospective Study and implications for public policy. In H. L. Needleman & D. Bellinger (Eds.), *Prenatal exposure to toxicants: Developmental consequences* (pp. 148–183). Baltimore: Johns Hopkins University Press.

Sweller, J., & Cooper, G. A. (1985). The use of examples as a substitute for problem solving in learning algebra. *Cognition and Instruction, 2,* 59–89.

Sylwester, R. (1995). *A celebration of neurons: An educator's guide to the brain.* Alexandria, VA: Association for Supervision and Curriculum Development.

Talairach, J., & Tournoux, P. (1988). *Co–planar stereotaxic atlas of the human brain.* New York: Thieme Medical.

Teasdale, J. D., Howard, R. J., Cox, S. G., Ha, Y., Brammer, M. J., Williams, S. C. R., & Checkley, S. A. (1999). Functional MRI study of the cognitive generation of affect. *American Journal Psychiatry, 156,* 209–215.

Thompson, R. A. (1991). Emotion regulation and emotional development. *Educational Psychology Review, 3,* 269–307.

Trafford, A. (1999, September 28). Don't blame the womb. *Washington Post (Health),* 6.

Tranel, D., Damasio, H., & Damasio, A. R. (1997). A neural basis for the retrieval of conceptual knowledge. *Neuropsychologia, 35,* 1319–1327.

Tulving, E. (1983). *Elements of episodic memory.* New York: Oxford University Press.

Tulving, E., Kapur, S., Markowitsch, H. J., Craik, F. I. M., Habib, R., & Houle, S. (1994). Neuroanatomical correlates of retrieval in episodic memory: Auditory sentence recognition. *Proceedings of the National Academy of Sciences, 91,* 2012–2015.

Tulving, E., & Psotka, J. (1971). Retroactive inhibition in free recall: Inaccessibility of information available in the memory store. *Journal of Experimental Psychology, 87,* 1–8.

van Dijk, T. A., & Kintsch, W. (1983). *Strategies of discourse comprehension.* New York: Academic Press.

Vellutino, F. R., Scanlon, D. M., Sipay, E. R., Small, S. G., Pratt, A., Chen, R., & Denckla, M. B. (1996). Cognitive profiles of difficult–to–remediate and readily remediated poor readers: Early intervention as a vehicle for distinguishing between cognitive and experiential deficits as basic causes of reading disability. *Journal of Educational Psychology, 88,* 601–638.

Vygotsky, L. S. (1978). *Mind in society: The development of higher psychological processes.* Cambridge, MA: Harvard University Press.

Walsh, V., & Rushworth, M. (1999). A primer on magnetic stimulation as a tool for neuropsychology. *Neuropsychologia, 37,* 125–135.

Weaver, C. A., & Kintsch, W. (1991). Expository text. In R. Barr, M. L. Kamil, P. Mosenthal, & P. D. Pearson (Eds.), *Handbook of reading research* (Vol. 2, pp. 230–245). New York: Longman.

Weinberger, N. M. (1998). The music in our minds. *Educational Leadership, 56,* 36–40.

Weiner, B. (1985). An attributional theory of achievement motivation and emotion. *Psychological Review, 92,* 548–573.

Weinstein, C. E., & Mayer, R. E. (1986). The teaching of learning strategies. In M. C. Wittrock (Ed.), *Handbook of research on teaching* (3rd ed., pp. 315–327). New York: Macmillan.

Wentzel, K. R. (1997). Student motivation in middle school: The role of perceived pedagogical caring. *Journal of Educational Psychology, 89,* 411–419.

Whittlesea, B. W. A., & Cantwell, A. L. (1987). Enduring influence of the purpose of experiences: Encoding–retrieval interactions in word and pseudoword perception. *Memory and Cognition, 15,* 465–472.

Wigfield, A., & Eccles, J. S. (1992). The development of achievement task values: A theoretical analysis. *Developmental Review, 12,* 265–310.

Winick, M. (1984). Nutrition and brain development. In M. Winick (Ed.), *Nutrition in the 20th century* (pp. 71–86). New York: Wiley.

Wittrock, M. C. (1991). Relations among educational research and neural and cognitive sciences. *Learning and Individual Differences, 3,* 257–263.

Wolfe, P. (1998). Revisiting effective teaching. *Educational Leadership, 56,* 61–64.

Wolfe, P., & Brandt, R. (1998). What do we know from brain research? *Educational Leadership, 56,* 8–13.

Yerkes, R. M., & Dodson, J. D. (1908). The relation of strength of stimulus to rapidity of habit–formation. *Journal of Comparative*

Neurology and Psychology, 18, 459–482.

Zakzanis, K. K. (1998). The subcortical dementia of Huntington's disease. *Journal of Clinical and Experimental Neuropsychology, 20*, 565–578.

찾아보기

인 명

내 용

저자 소개

■ James P. Byrnes, Ph.D.

James P. Byrnes 박사는 미국 메릴랜드 주립대학교 교수로(인간발달영역), 신경과학과 인지과학 프로그램을 맡고 있다. 그는 수학교육, 의사결정, 언어, 연역추론, 인지에서 성차, 학업성취에서 인종차이 등에 대한 많은 연구들을 수행하였다. 피아제학회의 부회장을 역임했으며, 현재 *The Journal of Educational Psychology, Child Development, American Educational Research Journal, The Journal of Cognition and Development*와 같은 저널들의 편집위원으로 일하고 있다.

역자 소개

■ 김종백

고려대학교 사범대학 교육학과 졸업
고려대학교 일반대학원 교육학 석사
미국 University of Wisconsin-Madison 교육심리학과 졸업, 교수-학습 전공
전 한국교원대학교 제1대학 교육학과 전임강사
현 홍익대학교 사범대학 교육학과 조교수

〈역서〉
교육심리학(공역, 학지사, 2006)

■ 신종호

서울대학교 사범대학 교육학과 졸업
서울대학교 사범대학 교육학과 교육학 석사
미네소타대학교 교육심리학과 철학박사
전 미네소타대학교 조기교육연구소 박사 후 연구원
세종대학교 인문대학 교육학과 교수
현 서울대학교 사범대학 교육학과 교수(교육심리학)

〈저서 및 역서〉
학습장애아동의 이해와 교육(공저, 학지사, 2003)
교육심리학(공역, 학지사, 2006)
학습과학(공역, 학지사, 2007)

〈연구관심 분야〉
텍스트이해, 학업수월성, 자기주도학습, 뇌기반교육

마음, 뇌 그리고 학습

Minds, Brains, and Learning

2008년 1월 15일 1판 1쇄 인쇄
2008년 1월 20일 1판 1쇄 발행

지은이 · James P. Byrnes
옮긴이 · 김종백 · 신종호
펴낸이 · 김진환
펴낸곳 · 학지사
121-837 서울특별시 마포구 서교동 352-29 마인드월드빌딩 5층
대표전화 · 02)326-1500 / 팩스 02)324-2345
홈페이지 · http://www.hakjisa.co.kr
등 록 · 1992년 2월 19일 제2-1329호

ISBN 978-89-5891-585-0 93370

정가 15,000 원